"十二五"职业教育国家规划教材
经全国职业教育教材审定委员会审定

21世纪高等职业教育精品教材 · 金融类

资产评估

（第六版）

朱柯 主编 | 曾瑞玲 李萍 副主编

ZICHAN PINGGU

东北财经大学出版社
Dongbei University of Finance & Economics Press | 大连

图书在版编目（CIP）数据

资产评估 / 朱柯主编. —6版. —大连：东北财经大学出版社，2021.8（2025.2重印）
（21世纪高等职业教育精品教材·金融类）
ISBN 978-7-5654-4288-9

Ⅰ. 资… Ⅱ. 朱… Ⅲ. 资产评估-高等职业教育-教材 Ⅳ. F20

中国版本图书馆CIP数据核字（2021）第157690号

东北财经大学出版社出版
（大连市黑石礁尖山街217号 邮政编码 116025）
网 址：http://www.dufep.cn
读者信箱：dufep@dufe.edu.cn

大连永盛印业有限公司印刷 东北财经大学出版社发行

幅面尺寸：185mm×260mm 字数：335千字 印张：14.75
2021年8月第6版 2025年2月第4次印刷

责任编辑：李丽娟 徐 群 刘 佳 责任校对：王 娟 石建华
封面设计：冀贵收 版式设计：原 皓

定价：42.00元

教学支持 售后服务 联系电话：（0411）84710309

如有印装质量问题，请联系营销部：（0411）84710711

第六版前言

习近平总书记在党的二十大报告中提出："实施科教兴国战略，强化现代化建设人才支撑。""必须坚持科技是第一生产力、人才是第一资源、创新是第一动力，深入实施科教兴国战略、人才强国战略、创新驱动发展战略，开辟发展新领域新赛道，不断塑造发展新动能新优势。"为此，我们在本次《资产评估》（第六版）的修订过程中围绕人才强国战略，强化了科技、创新等课程建设的内容，根据高等职业教育科学发展的现实需要，对原教材的内容进行了补充、调整和更新，以更好地适应经济社会发展对高素质技能型人才培养的需求。

本次修订参考了资产评估业内专业人士的意见，利用深圳市各行业协会等组织、行业资源和人才优势，力求编写出体现行业要求、突出行业特色的专业课程的实习实训教材。本书由朱柯任主编，曾瑞玲和李萍任副主编。

本教材在编写过程中，借鉴了国内同仁的一些资料，中勤信评估事务所的邹帆为本书提供了评估的实际案例，在此向他们表示诚挚的谢意。还要特别感谢东北财经大学出版社的各位编辑，他们为本教材的出版做了大量的后期工作。

由于作者水平有限，书中难免存在疏漏和不足之处，敬请广大读者批评指正。

编 者

2023年7月

第一版前言

近年来，我国资产评估业发展迅速，在产权转让和企业的重组、清算以及资产的拍卖、转让、抵押、担保等社会经济活动中发挥着重要的作用，已经成为我国经济不可或缺的组成部分。“资产评估”作为一门新兴的学科，既有其理论性，又有较强的实践性，我国的资产评估行业无论是在理论上还是在实践方面都取得了显著的成果。随着行业的发展，对资产评估专业人才的需求也在不断增加。高职高专院校作为培养应用型人才的摇篮，针对日益旺盛的市场需求，纷纷开始培养资产评估人才。为满足这种新形势的需要，作者编写了本书。

本书根据高职高专院校的教学特点，主要阐述了资产评估的基本原理和基本方法，针对不同类型的资产，详细说明了其评估方法的运用、参数的确定和影响因素等，并列举了大量的例题和评估实例，以便于读者正确理解和掌握。

本书主要适宜作为高职高专院校的教学用书，也可以作为广大资产评估工作者或学习者的参考资料。

本书共分为9章，第1章和第2章介绍了资产评估的基本理论和方法，第3章到第9章介绍了资产评估的具体理论和方法，以及在各类资产评估中的应用。其中，第1章、第3章和第6章由曾瑞玲编写，第2章、第4章和第5章由李萍编写，第7章、第8章和第9章由朱柯编写。在编写过程中，我们借鉴了国内同仁的一些资料，邹帆为本书友情提供了评估的实际案例，在此一并表示诚挚的谢意。

由于作者水平有限，书中难免存在疏漏和不足之处，恳请读者批评指正。

编　者

2007年1月于深圳西丽湖

目录

第1章
资产评估概论

【学习目标】

通过本章的学习，掌握什么是资产评估，了解资产评估形成与发展的历史，对资产评估的理论基础、基本假设以及原则有初步的认识，初步建立起资产评估的概念与思维方式。

现代资产评估业大约产生于18世纪末，经过200多年的发展，已经具有比较成熟的理论体系。资产评估是一种具有鉴证功能的管理咨询性服务，是市场经济中不可或缺的公正性中介行业。

1.1 资产评估及其产生与发展

资产评估是市场经济条件下动态化、市场化的社会经济活动。随着我国社会主义市场经济体制的确立和发展，资产评估作为一项社会性和公正性的活动，在产权转让、企业重组、破产清算、资产抵押、财产保险、财产纳税等方面发挥着越来越重要的作用，成为社会经济生活中新兴的、不可或缺的行业。

1.1.1 资产评估的含义

1）什么是资产评估

简单地说，评估就是对价值的估算。之所以将评估定义为估算，是因为它既不是对价值的说明，也不是对价值的确定。一项评估只是某人根据其拥有的技巧、经验、数据、专业知识对价值所做的一种个人判断。人们在购买住房、汽车甚至生活日用品时，常常会将一件商品的价格与类似商品的价格进行比较，然后对其价格的合理性做出判断。从某种意义上说，这就是一种评估行为。然而，这仅仅是消费者凭借经验和直觉对商品的价值所做的一种简单的、非正式的评估，并不是我们所说的资产评估。

2016年7月2日，我国颁布的《中华人民共和国资产评估法》(以下简称《资产评估法》从资产评估执业的角度，将资产评估的概念界定为："评估机构及其评估专业人员根据委托对不动产、动产、无形资产、企业价值、资产损失或者其他经济权益进行评定、估算，并出具评估报告的专业服务行为。"

这一定义包含以下几个要点：

（1）资产评估的主体

《资产评估法》规定资产评估机构及其评估专业人员是资产评估的主体。其中，资产评估专业人员包括评估师和其他具有评估专业知识及实践经验的评估从业人员。

（2）资产评估的客体

资产评估的客体是指资产评估的对象，包括不动产、动产、无形资产、企业价值、资产损失或者其他经济权益等。

（3）资产评估服务的内容及成果

资产评估是对评估对象进行评定、估算的专业服务，资产评估机构出具的资产评估报告是向委托人提供的服务成果。

（4）资产评估服务的法律关系

资产评估是根据委托人的要求进行的专业服务，属于受托民事行为。因此，资产评估法规定委托人应当与评估机构订立委托合同，资产评估应当按照法律法规的规定和委托合同的约定进行。

2）资产评估中"资产"的含义

资产评估的对象是资产，那么，什么是资产？

（1）会计学中“资产”的定义

美国财务会计准则委员会（FASB）在1985年公开发布的第六号《财务会计概念公告》（SFAC NO.6）对资产的定义是：“资产是可能的未来经济利益，它是特定个体从已经发生的交易或事项中所取得或加以控制的。”

我国1992年颁布的《企业会计准则——基本准则》首次对资产进行了定义，2000年财政部颁布的《企业财务会计报告条例》对资产的概念进一步做了修订，2014年修改的《企业会计准则——基本准则》中使用的资产概念为：“资产是指过去的交易或者事项形成的并由企业所拥有或者控制的、预期会给企业带来经济利益的资源。”

从会计学的角度来看，尽管国际上不同国家和组织对资产定义的表述略有不同，但对资产的基本解释是趋于一致的。也就是说，对于一项资源，只有其具备以下基本特征，才能被认为是会计上的资产：

①资产是由过去的交易或事项所形成的。资产定义中的“过去的交易或事项”，包括购买、生产、建造行为或其他交易或事项。预期在未来发生的交易或事项不形成资产。也就是说，资产必须是现实的资产，而不能是预期的资产。只有过去发生的交易或事项才能增加或减少企业的资产，而不能根据谈判中的交易或计划中的经济业务来确认资产。例如，已经发生的固定资产购买交易会形成企业的资产，而计划中的固定资产购买交易则不会形成企业的资产。

②资产是企业所拥有或者控制的。资产定义中的“由企业所拥有或者控制”，是指企业享有某项资源的所有权，或者虽然不享有某项资源的所有权，但该资源能被企业所控制。企业拥有资产，就能够排他性地从资产中获取经济利益。有些资产虽然不为企业所拥有，但是企业能够支配这些资产，因此同样能够排他性地从资产中获取经济利益。如果企业不能拥有或控制资产所能带来的经济利益，那么就不能作为企业的资产。例如，对于以融资租赁方式租入的固定资产，虽然企业对其不拥有所有权，但是由于以下三点，应被视为企业的资产：第一，租赁合同规定的租赁期限相当长，接近于该资产的使用寿命；第二，租赁期结束时，承租企业有优先购买该资产的选择权；第三，在租赁期内，承租企业有权支配资产并从中受益。对于以经营租赁方式租入的固定资产来说，由于企业不能控制它并从中受益，所以，以经营租赁方式租入的固定资产不应视为企业的资产。

③资产预期会给企业带来经济利益。这也是资产最重要的特征。所谓给企业带来未来经济利益，是指直接或间接地增加流入企业的现金或现金等价物的潜力，这种潜力可以单独或与其他资产结合起来产生净现金流入。预期不能带来经济利益的，就不能作为企业的资产。同样，对于企业已经取得的某项资产，如果其内含的未来经济利益已经不复存在，就应该将其剔除。例如，库存已失效或已毁损的货物，它们已经不能给企业带来未来经济利益，就不应该再作为企业的资产，否则，将会虚增企业的资产。

（2）经济学中“资产”的定义

资产在经济学中比在会计学中具有更广泛的含义。经济学中的资产泛指一切财产，即一定时点的财富总量，由一定数量的物质资料和权利构成。

从经济学的角度来看，资产应当具有以下特征：

①效用性。经济资源能够给当事人带来某种程度的满足，这是资产的自然属性。效用是一个相对的或存在比较意义的概念，而不是一个绝对的概念。具有效用的经济资源，无

论是有形的，还是无形的，也无论是单项的，还是整体的，都具备作为资产的必备条件。效用是经济资源成为资产在自然属性上的必要条件。

②稀缺性。稀缺性是资产的社会属性。稀缺性意味着获得经济资源要付出代价，它与该项经济资源最初形成和控制是否付出代价没有本质的联系。例如，在国家无偿授予土地使用权，且法人间土地转让实行无偿划转时，土地使用权并不能成为法人的资产，而当国家对土地使用实行收费制度时，土地使用权也随之成为法人的资产。可见，稀缺性是经济资源成为资产在社会属性上的充分条件。

(3) 评估学中"资产"的定义

国际评估准则委员会制定的《国际评估准则》认为："在会计术语中，资产是指投资者所拥有和控制的、可以从中合理预计的未来获取经济利益的资源。某项资产的所有权本身是无形资产，但所拥有的资产既可能是有形的，也可能是无形的。"我国评估界较权威的定义是全国资产评估师职业资格考试辅导教材《资产评估基础》给出的定义："在资产评估中，资产是指由特定权利主体拥有或控制的、预期能够给该主体带来未来经济利益的经济资源。"

根据不同学科的定义可以看出，资产评估学和会计学对资产的定义服从于经济学对资产的定义。经济学中资产的特征是有效性和稀缺性，而会计学和资产评估学也强调资产的"未来收益"。

3) 资产评估中的"资产"含义与会计学中的"资产"含义的区别

会计学对资产的定义更具有会计行为的实用性。由于会计是经济单位的记账行为，因此会计学强调货币计量，资产表述为能够以货币计量的、能为企业提供经济效益的经济资源。资产评估学也注重资产价值的可计量属性，但与会计学中强调的资产还是有区别的，主要表现在以下几个方面：

①会计学中将资产作为负债和所有者权益的总和，用会计恒等式表示为：资产=负债+所有者权益。在会计学中，资产被认为是以各种形态被占用或运用的资金的存在形态，强调的是资金投入与运用后形成的资产。一些在现实中确实存在却未耗费或占用资金的资产被排除在外，如划拨土地的价值等，而资产评估中的资产却要一一考虑这些重要因素，不能遗漏。

②会计通过对企业单项资产的记账累加得出企业整体资产的价值，而资产评估中整体资产的概念与会计中的概念不同。在资产评估中，整体资产是把企业看作一个整体，对其盈利能力的价值计量。

③会计对资产的计价一般应当采用历史成本，采用重置成本、可变现净值、现值、公允价值计量的，应当保证所确定的资产金额能够取得并被可靠计量。而资产评估计量的是资产的现实价值。

④个人家庭财产往往不纳入会计计价范围，而资产评估中资产的范围可包括这一部分财产。

4) 资产评估对象的基本特征

资产评估对象是指资产评估的标的物，即被评估的资产。作为资产评估对象的资产具有以下基本特征：

(1) 资产必须是经济主体拥有或者控制的

依法取得财产权利是经济主体拥有并支配资产的前提条件。由于市场经济的深化，财产所有权形成不同的排列与组合不仅成为必要，而且成为可能。如果将这些排列与组合称为产权，那么，在资产评估中应了解被评估资产的产权构成。例如，对于一些以特殊方式形成的资产，经济主体虽然对其不拥有完全的所有权，但依据合法程序能够实际控制的，如融资租入固定资产、土地使用权等，按照实质重于形式原则的要求，也应当将其作为经济主体资产予以确认。

（2）资产是能够给经济主体带来经济利益的资源

资产是有望给经济主体带来现金流入的资源。也就是说，资产具有能够带来未来利益的潜在能力。如果被恰当使用，资产的获利潜力就能够实现，进而使资产具有使用价值和交换价值。具有使用价值和交换价值，并能给经济主体带来未来效益的经济资源，才能作为资产予以确认。

（3）资产的价值应当能以货币计量

资产的价值应当能够运用货币进行计量，否则就不能作为资产予以确认。能够给经济主体带来可用货币计量的效用或利益的资产才是资产评估中所涉及的资产。

5）资产评估客体的分类

作为资产评估客体的资产，其存在形式是多种多样的，为了科学地进行资产评估，可对资产进行适当的分类。

（1）按企业会计制度及资产流动性的不同分类

按企业会计制度及资产流动性的不同，资产可分为流动资产、长期投资性资产、固定资产、无形资产及其他资产。

目前，在我国资产评估实务工作中，企业资产评估项目在通常情况下是与企业会计报表相联系的，了解这些不同类型的资产，有利于合理地组织和顺利地完成企业整体资产评估项目，同时，也便于被评估单位在评估对象发生产权变动后根据评估结果进行会计账务处理。

（2）按资产存在形态的不同分类

按资产存在形态的不同，资产可分为有形资产和无形资产。

有形资产是指那些具有实物形态的资产，如机器设备、房屋建筑物、库存商品、材料等。由于这类资产具有不同的功能和特性，通常具有较强的专业性，所以应根据资产的不同特点分别进行评估。无形资产是指特定主体拥有或者控制的，不具有实物形态，能持续发挥作用并且能带来经济利益的资源。无形资产主要包括专利权、商标权、著作权、专有技术、销售网络、客户关系、特许经营权、合同权益、域名、商誉等。无形资产通常具有较强的综合性，影响因素较为复杂，评估难度也较大。

（3）按资产的构成和是否具有综合获利能力分类

按资产的构成和是否具有综合获利能力，资产可分为单项资产和整体资产。

单项资产是指单台、单件的资产，如一台设备、一栋房子等。整体资产是指由一组单项资产组成的具有整体获利能力的资产综合体，如一家具有正常经营活动能力的企业的所有资产、一个独立的部门或车间等。在一些情况下，企业各单项资产之和并不一定等于企业的整体资产，也就是说，在企业的整体资产中，有一部分资产无法以单项资产的形式存在。在资产评估工作中，区分单项资产和整体资产便于合理安排评估人员顺利完成资产评估任务。

（4）按资产能否独立存在分类

按资产能否独立存在，资产可分为可确指的资产和不可确指的资产。

可确指的资产是指能独立存在的资产，前面所列示的有形资产和无形资产，除商誉以外都是可确指的资产。不可确指的资产是指不能脱离企业有形资产而单独存在的资产，如商誉。商誉是指企业基于地理位置优越、信誉卓著、生产经营出色、劳动效率高、历史悠久、经验丰富、技术先进等原因，所获得的投资收益率高于一般正常投资收益率所形成的超额收益。商誉是一种特殊的无形资产，它不能以独立的形式存在，通常表现为企业整体资产与企业各单项资产之和的差额。

（5）按资产与生产经营过程的关系不同分类

按资产与生产经营过程的关系不同，资产可分为经营性资产和非经营性资产。

经营性资产是指处于生产经营过程中的资产，如企业中的机器设备、厂房、交通工具等。经营性资产又可按是否对盈利产生贡献分为有效资产和无效资产。区分有效资产和无效资产是开展资产评估工作的一项重要内容。非经营性资产是指处于生产经营过程以外的资产，如政府机关用房、办公设备等。

（6）按资产的法律意义不同分类

按资产的法律意义不同，资产可分为不动产、动产和合法权利。

不动产是指不能离开原有固定位置而存在的资产，如森林资源资产、房地产等。动产是指能脱离原有位置而存在的资产，如各种流动资产、长期资产。合法权利是指受国家法律保护并能取得预期收益的特权，如专利权、商标权、特许经营权等。

1.1.2 资产评估的基本内容和特点

1）资产评估的基本内容

一般认为，资产评估应当包括以下基本内容：

（1）资产评估工作是由专门从事资产评估的机构和人员进行的

资产评估机构和人员是资产评估的主体，是开展资产评估工作的主导者，必须是符合国家有关规定、具有从事资产评估资格的机构和人员，资产评估人员只有取得相应的评估执业资格，才能开展资产评估业务。

（2）资产评估是对拟发生产权交易或变动的资产进行的评估

客户委托评估的资产是资产评估的客体，它是资产评估的具体对象，也称评估对象。一般情况下，拟发生产权交易或变动是资产需要评估的前提。

（3）资产评估是评估人员依据有关的法律、法规和在对被评估资产有关信息全面了解的基础上做出的价值判断

资产评估是由专业人员对被评估资产在某一时点的价值量大小所做的判断，但这种判断不是随意的估算，必须具有科学的依据。一般情况下，资产评估的依据包括四个方面的内容：一是与资产评估相关的法律、法规，如《中华人民共和国公司法》《国有资产评估管理办法》等，这些法律、法规是开展资产评估工作必须遵守的；二是反映资产评估经济行为的文件，如国家证券管理部门同意公司上市的有关批文、资产管理部门同意公司与外方合作组建中外合资公司的有关批文等，这些反映经济行为的有关文件是开展资产评估的基本前提；三是与被评估资产相关的重大合同协议，如产品的销售合同、产品的技术转让协议、资产的租赁合同、资产的使用合同等，这些合同、协议往往对被评估资产的产权、使用范围、对企业盈利的贡献等方面产生影响，从而影响被评估资产的价值，因此，它们

也是评估人员对资产价值做出判断时依据的重要资料；四是与被评估资产有关的取费标准和其他参考资料，如被评估资产所在地的房屋建筑物造价标准、各种费率取费标准、土地基准地价、行业协会发布的有关信息等，这些资料是对被评估资产价值做出判断的重要依据。

（4）资产评估具有明确的目的

资产评估的目的是指资产业务引发的经济行为，如企业进行股份制改造、上市、资产抵押贷款等对资产评估结果的要求。资产评估的目的反映了资产评估结果的具体用途，它直接或间接地决定和制约了资产评估的条件及价值类型的选择。

（5）资产评估应当遵循一定的原则

资产评估的原则是资产评估的行为规范，是调节评估当事人各方关系、处理评估业务的行为准则。只有在一定的评估原则的指导下做出的评估结果，才具有可信性。

（6）资产评估必须按照一定的程序进行

评估程序是指资产评估工作从开始准备到最后结束的工作顺序。为了保证资产评估结果的科学性，任何一项资产评估业务，无论是规模较大的企业整体资产，还是单独的一台设备，在进行资产评估时，都必须按照国家有关规定，进行评估现场调查、收集整理评估资料、评定估算、形成结论等工作程序，否则将影响资产评估的质量。

（7）资产评估价值类型

资产评估价值类型即对评估价值质的规定，它对资产评估参数的选择具有约束性。

（8）资产评估方法

资产评估方法即资产评估所采用的特定技术，是分析和判断资产评估价值的手段和途径。

（9）资产评估假设

资产评估假设即资产评估得以进行的前提条件的假定说明等。

（10）资产评估基准日

资产评估基准日即资产评估的时间基准。

以上基本要素构成了资产评估活动的有机整体。

2）资产评估的特点

资产评估是资产交易等资产业务的中介环节，它是市场经济条件下资产交易和相关资产业务顺利进行的基础。以提供资产价值估计和判断为主要内容的资产评估与其他资产计价业务和社会中介活动相比，具有以下鲜明的特点：

（1）现实性

现实性是指以资产评估基准日为时间参照，按这一时点的资产实际状况对资产进行的评定估算。

资产评估基准日是确定资产评估价格的基准时间。由于各种资产都是处于不断运动和变化中的，资产的数量、结构、状态和价格不可能固定不变，因此，资产评估只能是评估某一时点资产的价格，评估基准期一般以“日”为基准时点，它不能准确反映评估基准日以外时期资产的状况。为了科学地进行资产评估，使评估结果具有可解释性，也为了使客户和公众能够合理利用评估结果，评估时必须确定基准日。评估基准日一般选择与资产业务或评估作业时间较接近的时间。

资产评估的现实性具体表现在以下三个方面：

①完全以现实存在为依据。资产评估直接以现实存在的资产作为估价的依据，只要求说明当前资产状况，而不需要说明为什么形成这个状况，以及如何由过去的那种状况变成当前状况，即不与过去业务及其记录进行衔接、均衡，因此不受连续会计程序滞后性的影响。例如，一台设备已使用10年，年折旧率为5%，根据财务会计的计量，该设备的成新率为50%。但资产评估不以会计上已计提多少折旧为评估现状的依据，而是以资产的实际状况为依据，如根据工程技术检测，该设备还可使用15年，那么该设备的成新率为60%（15÷（10+15）×100%）。

②以现实状况为基础反映未来。资产评估经常涉及对未来的预测。预测需要根据资产过去和现实的状况来考虑未来的发展变化，以及引起变化的因素等。资产评估中的预测更强调现实，它把资产的未来状况抽象成现实状况在时间维度下的逻辑延伸。例如，对某企业进行评估，预测其未来若干年的收益有两种思路：一种是从企业的现实出发，即考虑其筹资能力、市场和产品开发能力、现实经营状况和未来改善的可能等，来预测其未来收益；另一种也考虑现实，但较多地考虑转让后新业主的筹资开发能力、经营管理能力的改善等因素，来预测其未来收益。显然，后一种预测思路不符合资产评估的现实性要求，因为资产评估中的预测只能通过现实在未来的逻辑延伸来捕捉现实资产的走势。

③强调客观存在。形式上存在而实际上已消失的资产、形式上不存在而事实上存在的资产，在资产评估时都要以实质上的客观存在为依据来修正。例如，呆滞的债权、现实中已无资产或权利对应的待摊费用等，在评估时应将它们从资产目录中删除，而账外资产则应通过资产评估予以反映。

（2）市场性

资产评估是适应市场经济需要和要求而产生的专业中介服务活动，其基本目标就是根据资产业务的不同性质，通过模拟市场对资产价值做出经得起市场检验的评定估算和报告。资产评估是来源于市场、服务于市场的活动。没有资产产权变动和资产交易的普遍进行，就不会有资产评估的存在。资产评估一般要估算的是资产的市场价值，因而资产评估专业人员必须凭借着自己对资产性质、功能等的认识及市场经验，模拟市场对特定条件下的资产价值进行估计和判断，评估结果是否客观需要接受市场标准的检验。因此，资产评估结论要经得起市场的检验。资产评估结论能否经得起市场检验是判断资产评估活动是否合理、规范，以及评估人员是否合格的根本标准。

（3）专业性

资产评估人员在对被评估资产价值做出专业判断的过程中，需要依据大量的数据资料，经过复杂细致的技术性处理和必要的计算，不具备相应的专业知识就难以完成评估工作。例如，在对厂房或有关建筑物进行评估时，需要对其进行测量，了解建筑构造、工程造价、使用磨损程度等情况，缺乏建筑专业基础知识则难以进行。又如，在对机器设备进行评估时，需要对被评估设备的有关技术性能、磨损程度、预计经济寿命等情况做出判断，这些都需要具有较强的专业技术性，不具备相关专业知识则难以得出客观的评估结果。

资产评估的专业性要求评估人员应当由具备一定专业知识的专业技术人员构成，如建筑、土地、机电设备、经济、财务等方面的专业知识。

（4）公正性

公正性是指资产评估行为对于评估当事人具有独立性，它服务于资产业务并满足社会公共利益的需要，而不能只满足资产业务当事人中任何一方的需要。资产评估是站在独立客观的立场上对资产的价值发表专家的意见。资产评估的公正性主要体现在资产评估是由交易双方以外的独立第三方站在客观公正的立场上对被评估资产所做出的价值判断，评估结果具有公正性。资产评估的结果密切关系着资产业务有关各方的经济利益，如果背离客观公正的基本要求，就会使资产业务的一方或几方蒙受不必要的损失，资产评估就失去了其存在的前提。

资产评估的公正性要求评估人员必须站在公正的立场上，采取独立、公正、客观、中立的态度，不屈服于任何外来的压力和任何一方的片面要求，客观、公正地做出价值判断。对于资产评估机构而言，资产评估的公正性也是十分重要的，只有以客观公正的评估结果为客户提供优质的服务，赢得客户的信任，逐步树立自己的品牌，才能不断发展，否则，必将逐步丧失信誉、丧失市场，最终走向破产。因此，资产评估人员必须树立正确的世界观、人生观、价值观，把实现个人价值同党和国家的前途命运紧密联系在一起。

（5）咨询性

咨询性是指资产评估是为资产业务提供专业化估价意见。这个意见本身并无强制执行的效力，评估师只对结论本身是否合乎职业规范要求负责，而不对资产业务定价决策负责。资产评估结论是评估人员在评估时点根据所能搜集到的数据资料，模拟市场对资产价值所做出的主观推论和判断。不论评估人员的评估依据有多么充分，评估结论仍然是评估人员的一种主观判断，而不是客观事实。因此，资产评估不是一种给资产定价的社会经济活动，它只是一种经济咨询或专家咨询活动。评估结果本身并没有强制执行的效力，评估人员只对评估结论的客观性负责，而不对资产交易价格的确定负责。评估结果只是为资产业务提供一个参考价值，最终的成交价格取决于当事人的决策动机、谈判地位和谈判技巧等综合因素。

1.1.3 资产评估的产生与发展

1）资产评估产生的客观必然性

企业或个人在发生产权交易或产权变动等经济行为时，往往要聘请专业资产评估师对其所拥有的资产的价值进行评估，为确定资产的交易价格做准备。其原因就在于这些资产本身具有以下特点：

（1）资产的专用性

有些资产具有较强的专用性，其他资产很难代替，并且不同资产之间的交易价格又缺少可比性。专用性越强，资产的替代物越少，交易价格的确定就越困难。对于这样的资产，交易双方都希望在发生资产交易之前对资产价格的市场行情有一个了解，这就需要专业资产评估机构和评估人员对资产的市场价值提供相关的咨询服务，这样，资产评估就成为一种客观需要。

（2）交易频率低

通常情况下，企业拥有资产是为创造更大的价值服务的，特别是房地产、机器设备等固定资产及无形资产等资产项目，主要是作为生产手段参与生产过程的，与一般商品的交易相比，交易频率较低，只有在企业发生产权变动时，才涉及这些资产。由于交易频率低，一次交易与上一次交易之间的时间间隔较长，市场因素往往发生变化，上次交易的成交价格难以作为本次交易的参考价格。由于相同或类似资产的交易价格可比性较低，所以每次发生资产交易时，都要重新进行评估，以确定资产在交易时点的市场价值。

（3）信息不完全

资产交易双方充分占有市场信息是资产能够顺利成交的基础。由于受客观条件的限制，交易双方往往对取得资产的历史价格比较了解，而对资产现行价格的信息掌握较少。另外，资产的专用性和交易的低频率等特点又使其他资产以往的交易事实难以作为待交易资产价格确定的依据。因此，需要一个掌握较多市场交易信息并能站在客观立场上具有一定的权威性的中介机构，用双方可以接受的程序和方法估算一个值，为交易双方确定成交价格提供参考。这种需求的不断增多是资产评估业产生的客观前提。

（4）大宗交易的发生

资产交易的数额一般都比较大，对双方利益的影响也较大，双方都希望在理性的基础上进行交易，由此产生了对评估信息的需求。此外，交易额的增大使评估费用相对于资产价值的比率降低，委托方支付的评估费用远远低于在缺少评估信息情况下交易所带来的预期损失，资产评估成为一种能够支付得起的客观需求。

2）资产评估的产生与发展

资产评估的产生与发展大体上经历了三个阶段：

第一阶段为原始评估。原始评估是偶然地、直观地对财产的评价。原始评估是资产评估的最早形式，它产生于原始社会向奴隶社会过渡的时期。因为房屋、土地、牲畜等财产是最早与人类生存攸关的重要财富，社会生产力在发展到一定阶段出现商品生产和商品交换以后，房屋、土地、牲畜等财产也被作为商品进行买卖。在交易这些财产的过程中，买卖双方都期望有个第三者出面说公正话，以公平的价格成交。这时充当这种角色的一般都是双方熟悉并能信得过的人，被人请出来充当这种角色的人，实际上扮演了类似现在评估员的角色。原始评估具有直观性、偶然性和非专业性的特点。

第二阶段为经验评估。经验评估是在原始评估的基础上发展而来的。这种评估的特点是，评估人员由于对某一商品了解较多，以经验数据为依据进行估价。经验评估比原始评估更具可靠性，但还没能实现评估工作的规范化和科学化。经验评估阶段是以16世纪欧洲的安特卫普（现在的比利时）成立世界上第一个商品和证券交易所为标志的。15世纪末、16世纪初，新大陆的发现大大推进了资本主义发展的进程，世界范围内的商品贸易急剧增加，商品交易量的增加和市场的扩大，为资本主义手工工场的发展创造了市场和资本积累等条件，同时也极大地刺激了商业资本的发展。在这样的历史背景下，为适应资本主义初期商品和资本市场的发展需要，世界上第一个商品和证券交易所成立了。商品和证券交易所的成立，使资产的交易行为越来越频繁，为那些以提供商品或资本交易估价中介服务为主要工作的评估人员的发展提供了广阔的空间。这些评估人员由于长期从事资产交易估价服务，积累了较为丰富的评估经验，评估结果也往往容易被交易双方所接受，因此，资产交易双方都愿意委托他们进行评估。这时的评估已经不再是偶然的、个别的行为，而是成为一种经常性的、专业性的评估活动，资产评估成为市场上不可缺少的、独立的、有特色的中介行业。

经验评估主要有以下几个方面的特点：①评估是由具有一定的评估经验和专业知识的人员进行的；②评估人员对资产评估业务进行有偿服务，并对评估结果承担一定的责任；③评估结果的准确性主要取决于评估人员积累的评估经验。因此，处于经验评估阶段的资产评估，还是一种个体的、无组织约束的、凭个人经验的估价行为，是资产评估的雏形阶段。

第三阶段为科学评估。科学评估形成于200多年以前。随着社会经济的不断发展、现代科学技术的不断进步和管理水平的不断提高，以资产交易为主的资产业务急剧扩大，资产业务中的分工现象变得日益明显，作为中介组织的资产评估机构也逐渐产生和发展起来，资产评估行业应运而生。评估人员也不再只依靠自身所积累的经验来开展资产评估业务，而是把现代科学技术和管理方式引入资产评估工作中，采用科学的方法和手段来对被评估资产进行评估，以专业评估机构和专职评估人员的出现为主要标志的科学评估逐渐形成。一般认为，1792年英国测量师学会的成立是科学评估阶段的开始。英国测量师学会是现在的英国皇家特许测量师学会（The Royal Institution of Chartered Surveyors）的前身，是目前世界上影响最大的评估行业专业组织之一。该组织于1881年由英国维多利亚女王授予“特许”状，并于1921年获得“皇家”荣誉。其后，1896年，美国的穆思·约翰和杨·威廉在美国威斯康星州密尔沃基市创立了世界上最早的专业评估机构——美国评估公司（American Appraisal Company），该公司目前仍然是国际上较有影响力的资产评估专业机构。

科学评估阶段的资产评估主要具有以下特点：①资产评估成为一种有组织的社会活动，资产评估业务是由从事资产评估的专业机构进行的；②科学的评估手段和方法在资产评估工作中得到广泛运用，大大提高了资产评估的准确性和科学性；③资产评估的范围得到拓展，内容也越来越丰富，不仅包括个人财产、自然资源的评估，还涉及企业整体资产、无形资产等评估领域；④资产评估活动向规范化、法制化方向发展。

3）发达国家资产评估业的现状

市场经济相对发达的国家，资产业务同样也十分发达，资产评估行业也因此发达起来，它们代表着国际范围内资产评估行业的领先程度。当前，经济发达国家资产评估业的基本现状如下：

（1）资产评估主体的公司化

所谓公司化，就是指评估机构以自主经营、自负盈亏的企业法人形式进行经营管理，完全符合一般服务性企业的特点。其客户就是参与资产业务的各方，其产品就是为客户提供优质的评估报告。发达国家的资产评估公司分为两大类：一种是专业化的资产评估公司，为客户提供几乎所有的资产评估业务，其专业化程度较高。例如，美国资产评估联合公司至今已有100多年的历史，评估人员达2 000余人，业务范围也遍及资产评估的各个领域。另一种是兼营资产评估业务的各类管理咨询公司、会计师事务所等，它们利用自身的人才优势，除了从事企业财务管理、市场营销管理、战略管理、生产作业管理、人力资源管理等方面的咨询业务以外，还兼营资产评估业务，表现出多元化经营的特点。

（2）资产评估管理科学化

资产评估由经验评估阶段转向科学评估阶段以后，资产评估的管理工作也向科学化方向迈进，这主要表现在评估管理机构健全、评估规则统一和监测评估结果三个方面。在美国、加拿大等发达国家，政府一般不干预评估行业的管理与发展，以避免影响评估的独立性和专业性，评估行业的管理主要以专业协会自律性管理为主。虽然一个国家可能存在着若干个行业协会，但其中几个主要的评估行业协会一般会制定一套全国统一的资产评估准则，且定期修改、发布。准则的内容包括评估公司的组织、评估师的资格、评估师的职业道德规范、资产评估的操作规范，以及资产评估应遵循的一般原则等。此外，为了防止评估人员在评估中违反职业道德规范、恶意损害一方利益情况的发生，一般都由行业管理部门对评估结果进行监测。在美国，评估人员必须在共同完成的评估报告上签字，作为追诉的法律依据。如果评估结果因恶意而出现法律纠纷，则评估人员必须为此承担法律责任。有些国家还采用评估人员之间互相负连带责任的制度来规范评估人员的行为。

（3）资产评估业的多元化

传统的资产评估业务主要以不动产评估为主，在英国及英联邦体系国家尤其明显，至今仍然保持着这种业务优势。然而，随着经济向全球化方向发展和资本市场的不断成熟，资本运营的大规模运用已从单个资产交易发展到社会大规模的资产运作。各类资产都活跃起来，大规模资产的流动为资产评估提供了广阔的发展空间。同时，资产评估浓厚的不动产色彩也因此受到很大的冲击，由不动产发展而来的资产评估业逐渐扩展到其他资产领域，如企业价值评估、无形资产评估、各种金融资产评估等。

4）中国资产评估业的发展与展望

中国的资产评估业是在20世纪80年代末，随着改革开放和社会主义市场经济的发展而产生和发展壮大的，并成为市场经济发展中不可或缺的行业。1989年，大连市政府率先做出尝试，在规定国有企业与外资企业进行合营时，必须对中方资产进行评估，这标志着资产评估业在中国的诞生。迄今为止，中国的资产评估已有近30年的历史。中国的评估行业从无到有，从小到大，已经走过了不平凡的初创阶段。总体来说，中国资产评估行业的发展体现在以下几个方面：

（1）资产评估业务量不断增长

随着中国市场经济的发展，资产评估业务量显著增加。在中国资产评估产生的起步阶段（1989—1991年），全国资产评估行业共完成评估项目4 985项，评估价值共404亿元。1992年，评估项目数量上升至11 846项，是前3年业务量总和的2.4倍。从1992年开始，随着中国市场经济体制的建立和完善，资产评估业务也呈现出十分明显的上升趋势。到1998年，全国资产评估业务量达到105 853项，评估价值达19 572亿元。截至2018年末，全国资产评估机构总数量为4 272家，全行业资产评估师人数为36 232人，资产评估行业实现业务收入总额约181.26亿元。

（2）资产评估管理逐渐规范

1991年11月，国务院第91号令发布了《国有资产评估管理办法》（以下简称《办法》）。该《办法》对我国开展资产评估工作的程序、目的、法定评估范围、评估应遵循的原则、评估工作管理主体、评估操作机构的资格认定、评估的基本方法和评估行为各方面法律责任作了系统的规定，确立了我国资产评估工作的基本依据、基本方针和基本政策。这是我国第一部对全国的资产评估行业进行政府管理的最高法规。国家国有资产管理局围绕着贯彻落实第91号令也制定了一系列配套的规章制度，地方省、市人民政府也制定了一些地方评估管理的法规条例，为保证全国资产评估活动的有序开展和逐步形成全国统一的资产评估行业体系提供了法律保障。

（3）成立了行业组织

1993年12月10日，中国资产评估协会成立。评估协会的成立标志着我国资产评估行业由政府直接管理开始向在政府监督指导下行业自律性管理过渡。资产评估作为社会公正性中介服务组织，必须坚持独立、客观、公正的原则，不仅承担维护国有资产所有者权益的责任，还要承担维护其他产权主体权益的责任。中国资产评估协会是一个行业自律性组织，其主要职责是负责协会会员管理，制定评估准则和标准，代拟行业管理法规，开展评估理论及政策的研究，主办刊物，开展教育培训、国际交流、信息服务，调解仲裁纠纷，维护会员合法权益。

1995年3月，中国资产评估协会代表中国资产评估行业加入国际评估标准委员会，使中国资产评估行业开始走向世界。目前，全国各省、自治区、直辖市和计划单列市基本上都成立了资产评估协会，形成了较完整的组织体系。

2023年5月，中国资产评估协会第六次会员代表大会在北京召开。这次会议明确了资产评估行业要以党的二十大精神为指导，坚决贯彻落实党中央决策部署，按照财政部党组要求，推动行业更好地服务经济社会发展，已成长为在市场经济中占据重要位置、发挥重要作用的专业服务行业。资产评估行业要全面加强党的领导，充分发挥行业党建引领作用；创新推进专业建设，不断积蓄行业发展新势能；加强行业自律管理，营造诚信规范的执业环境；健全行业依法治理体系，提升行业治理效能；完善人才培养体系，建设高素质人才队伍；强化协会自身建设，完善行业自律管理组织体系。

（4）出台了资产评估行业首部基本大法——《资产评估法》

全国人大财经委于2006年启动资产评估法的立法工作，直到2012年2月初次审议，草案形成经过了6年时间，从初审到四审又过了4年，2016年7月2日第十二届全国人民代表大会常务委员会第二十一次会议审议通过了《资产评估法》，自2016年12月1日起施行。

资产评估法从酝酿到表决通过，在评估史上具有里程碑的意义，不仅促进了评估行业中的各个专业协调和统筹，也使评估师与注册会计师、律师享有同样的法律地位。资产评估法在评估行业发展战略层面上进行了制度创新，在国家治理现代化和简政放权的大背景下为评估行业设计了崭新的制度。

（5）修订了资产评估执业准则

2018年，为贯彻落实《资产评估法》，规范资产评估执业行为，保证资产评估执业质量，保护资产评估当事人合法权益和公共利益，在财政部指导下，中国资产评估协会根据《资产评估基本准则》，对《资产评估执业准则——资产评估报告》《资产评估执业准则——资产评估程序》《资产评估执业准则——资产评估档案》《资产评估执业准则——企业价值》进行了修订，自2019年1月1日起施行。

对《资产评估执业准则——资产评估报告》的修订，在贯彻落实《资产评估法》的基础上，从指导评估实践的角度出发，进一步提升了准则的操作性与指导性，为厘清评估报告使用责任、保护评估机构合法权益提供了更为有效的依据；对《资产评估执业准则——资产评估程序》的修订，对资产评估机构和资产评估专业人员提出了进一步的执业要求，顺应了新形势下我国资产评估行业的业务实践特点和监管要求；对《资产评估执业准则——资产评估档案》的修订，提升了准则执行的有效性，有助于推进档案管理的信息化，彰显依法编制、管理资产评估档案的重要性；对《资产评估执业准则——企业价值》的修订，明确了资产评估专业人员是企业未来收益预测的责任主体，对资产评估机构、评估专业人员的能力提出了更高的要求，有助于提高资产评估报告质量，使评估行业更好地服务于资本市场发展。

2018年对资产评估准则的最新修订，顺应了资产评估业务不断增长的需求，进一步为资产评估行业在国民经济中发挥价值发现功能提供了强大和坚实的专业基础。此外，为加强和规范资产评估报告管理，中国资产评估协会还制定发布了《中国资产评估协会资产评估报告统一编码管理暂行办法》，组织设计开发配套信息系统并进入试运行阶段。

2023年2月22日，中央统战部和财政部召开注册会计师行业和资产评估行业统战工作座谈会，深入学习贯彻党的二十大精神和中央统战工作会议精神，总结推广各地各有关部门贯彻落实中央统战部、财政部党组《关于加强注册会计师行业和资产评估行业统战工作的意见》的经验做法，持续推动行业统战工作高质量发展。会议强调，党的二十大报告对做好新时代统一战线工作作出了新的部署，习近平总书记关于做好新时代党的统一战线工作的重要思想，是党的统一战线百年发展史的智慧结晶，是习近平新时代中国特色社会主义思想的重要组成部分，为巩固和发展新时代爱国统一战线提供了强大思想武器和行动指南。

小资料 1-1　　充分发挥资产评估在市场经济中的作用

随着社会主义市场经济的发展，各种经济活动和经济行为日益复杂，在资产及产权交易等经济活动中，需要聘请独立的第三方对资产及权利的价值发表专业意见，为资产交易等经济行为提供价值尺度。

根据我国有关法律、法规的规定，资产评估是许多重要经济活动的必备程序。同时，社会自发的评估需求也在不断增加，这也促使资产评估服务逐步社会化、市场化和职业化。在资产评估行业兴起和发展的近30年里，其最初主要是为国有经济服务的，但目前已经扩展到为各种所有制经济成分服务，渗透到企业改制、证券市场、金融监管、房地产市场、珠宝市场、财产征税、司法鉴证等经济生活的各个领域。资产评估是许多经济活动决策的重要参考，在促进资源合理配置、维护市场交易秩序等方面做出了积极贡献。

资产价值的影响因素非常复杂。有关交易各方的信息不对称、资产或者权利价值的合理确定，不仅关系到交易各方的利益，在国企改革、证券及其他金融等领域的资产评估中，还影响国家和公众的利益，关系到经济能否健康发展。当前，国家正在积极推进国有企业的股份制改革，加快调整国有经济的布局和结构。国有企业的改革涉及出资人、债权人、企业和职工等多方面的利益，需要很好地进行协调。在资产交易时，主要依据资产评估的结果确定交易底价。如果资产评估结果不实，则可能造成国有资产流失，也可能侵害职工的合法权益，甚至还会影响社会稳定。在上市公司的资产评估中，评估结果不当会影响投资者对股票市场的信心，影响投资者做出正确决策，还可能损害股民的合法权益，影响证券市场的健康运行。在银行的抵押贷款中，如果以高估的资产价值为依据发放贷款，就可能增加不良贷款。因此，在很多情况下，资产评估虽然只是市场交易活动的中介，但是其对经济的影响非常广泛，而且经常存在时滞性，对后续经济活动产生影响。因此，资产评估人员在承担专业责任的同时，也要承担很大的社会责任，不仅要为委托方服务，同时要为公众服务，维护公众利益。

小思考 1-1

资产评估在市场经济中有哪些作用？

答：第一，为资产业务提供价值尺度；第二，界定与维护各产权主体的合法权益；第三，优化资源配置；第四，促进企业账实相符、足额补偿和资产完整；第五，防止国有资产流失，推动国有企业改革顺利进行。

1.2 资产评估的理论基础

资产评估需要解决的一个最基本的问题就是要计算出资产的价值。不同的理论对价值内涵的阐释是有差异的。从早期的重商主义和重农学派到近现代的经济学都对商品价值的形成进行了探讨，以当时的经济环境为背景形成了各种价值观和不同的经济学流派。这些经济学流派从不同的侧面探讨了价值形成的途径，对于如何评定资产的价值有着重要的影响。

1.2.1 劳动价值论

由英国经济学家大卫·李嘉图所创立、在马克思经济学说中发展到成熟阶段的劳动价值论认为，劳动创造价值，即商品的价值由生产该项资产的社会必要劳动时间决定。

资产也是一种商品，体现在资产评估方面。劳动价值论提示我们：

首先，资产的价值由劳动所决定，即由生产该项资产的社会必要劳动时间所决定。社会必要劳动时间越长，资产的价值就越大。换句话说，劳动是形成资产价值的决定因素。

其次，生产某项资产的社会必要劳动时间会随着社会技术水平的进步和劳动条件的改善，以及劳动者技能的提高而不断变化，表现出下降趋势，即资产的价值随着社会技术水平和劳动者技能的提高而下降。这种价值的下降称为技术性贬值。在资产评估中，必须注意到资产的技术性贬值，有时这样的贬值非常明显，如果被忽略，资产评估的结果就不够公正合理，更不具有科学性。

从根本上说，劳动价值论认为，资产的价值由凝聚在资产中的物化劳动和活劳动所决定。这是典型的生产成本决定价值论，它从资产供给者的角度来度量资产的价值。因此，劳动价值论是成本法评估资产价值的理论基础之一。

1.2.2 效用价值论

效用价值论源于19世纪70年代边际效用学派创始人英国的威廉姆·斯坦利·杰文思（W. S.Jevons）、法国的里昂·瓦尔拉斯（M. E. L. Walras）和奥地利的卡尔·门格尔（K. Menger）等提出的商品价值决定论。效用价值论认为，商品的价值取决于商品的效用，即商品价值是人对商品效用的主观心理评价。换句话说，无论商品的生产成本如何，只要能够为其占有者带来较大的效用，商品的价值就会较高。可见，该理论是从需求者的角度来衡量商品的价值的。

效用价值论的基本思想是资产的价值由资产为其拥有者带来的效用所决定，效用越大，资产的价值就越高。这里，效用是指资产为其拥有者带来的未来收益，即货币收入。由于货币收入具有时间价值，为了用未来的收益体现现时的资产的价值，必须将未来收益进行折现，以此来表示资产的收益，这样才能确定资产的现时价值，从而评估其价值。以上所述正是资产评估中收益法的基本思想，可见，效用价值论是收益法的理论基础之一。

1.2.3 均衡价值论

19世纪末、20世纪初，以马歇尔为代表的新古典经济学派成功地把效用价值论和劳动价值论结合起来，认为市场力量将趋于形成供求平衡，供给与需求共同决定了价值，形成了均衡价值论。

马歇尔直接将交换价值视为价值。他认为商品的价值是由供给与需求双方的力量所形成的均衡价格决定的。在任何社会中，稀缺性的商品或劳务的客观效用或满足欲望的程度都必须用一个共同的标准来衡量，以便人们能做出主观但合理的选择，这个共同标准就是价格。在均衡价格中有需求价格，它取决于消费者对商品效用的主观评价，因此，需求价格是买方愿意支付的最高价格；在均衡价格中也有供给价格，它取决于生产费用，是生产者愿意接受的最低价格。因此，均衡价格是供求双方的意愿达成一致时的价格，在均衡价格中，效用与生产费用是影响价格的两个均等因素。

无论在理论上还是在实践上，均衡价值论对于资产评估来说都具有重要意义：

（1）资产评估要考虑资产的生产或购建成本

生产成本主要包括人力成本、资金成本、资本成本和地租成本等。

（2）资产评估要考虑资产的市场需求

市场需求一般取决于资产为其持有者带来的预期收益，预期收益越大，市场需求越大，资产的价格越高；反之，资产的价格就越低。

（3）资产评估要综合考虑生产成本和市场需求的影响

资产的价格既不单纯取决于生产或购建资产的成本，也不单纯取决于市场需求，而是取决于两者的综合影响。假定一项资产的生产成本很高，但如果给其持有者带来的收益很小，则市场需求也就不大，这样的资产的价值就不会很高；相反，在短期内，也可能出现这样的情况，一项资产的生产成本很低，但为其持有者带来的收益很大，这样的资产的价格也不会很高，因为随着市场的变化，资产的收益会随之发生变化。

（4）资产评估要充分考虑市场波动因素的影响

在一个竞争的市场上，商品或资产的市场价格都会随市场的波动而变化，而影响市场波动的因素非常多，有经济本身的因素，也有非经济的因素，各种因素相互作用，造成市场供求变化，从而影响资产的市场价格，而这些因素有时和资产本身不一定有很大关系。当宏观经济中总需求大于总供给、经济快速增长时，资产的市场价格通常会上升；反之，当总需求小于总供给、经济萧条、经济严重紧缩时，资产的市场价格通常会下降。但是，一般来说，资产的市场价格都是以实际价格（价值）为基础而上下波动的。一台数码相机的市场价格无论如何波动也不会高于一辆汽车的价格；同样，一辆汽车的市场价格无论如何波动也不会低于一台数码相机的价格。因此，在对资产进行评估时，必须充分考虑市场波动因素对资产价格的影响，但同时又不能因为市场价格的波动而掩盖了资产的实际价格。

新古典经济学派的均衡价值论认为，充分的市场竞争可以起到价值发现的作用，市场竞争的均衡价格就是商品的价值。均衡价值论是市场法评估资产的理论依据。

小资料 1-2　　劳动价值论和效用价值论

马克思创立的劳动价值理论是从分析资本主义的经济细胞——商品开始的。马克思的劳动价值论认为，商品是用来交换的劳动产品，只有劳动产品才有价值可言。生产商品的同一劳动具有二重性：一方面是具体劳动，创造使用价值；另一方面是抽象劳动，创造价值。商品的价值是凝结在商品中的人类抽象劳动，人类抽象劳动是商品价值的唯一源泉；商品的价值量由生产该商品的社会必要劳动时间所决定；商品价值的实质是商品生产者相互交换劳动的社会经济关系；商品的交换遵循价值规律——等价交换；商品的价格以其价值为中心，随着供求关系的变化而上下波动。

在劳动价值论的对立面上，人们也曾广泛认为，只要有用（无论是对生产还是对消费），就有“价值”。根据经验观察也不难发现，无论某产品内含有多少劳动量、耗费了多高的成本，如果“没有用”，以致无人问津，就卖不出去；相反，即使不含任何劳动量、不耗费任何成本的自然资源或任何其他东西，如果“很有用”，也可以卖出去，甚至可以卖一个好价钱，这就是效用价值论的思想基础。效用价值论量化后被称为边际效用论，认为商品的价值是用户的“效用”程度评价，用户认为能满足自己的“效用”，就有价值；否则，就没有价值。有高的“效用”，就给予高的评价，商品也就具备了高的价值；否则，商品就只具备低的价值，甚至没有价值。效用价值论认为商品的价值取决于商品的边际效用，如黄金对于一个在沙漠中干渴得将要死去的人来说，就显得一文不值。

小思考1-2

使用效用价值论与使用劳动价值论进行资产评估有什么区别？

答：效用价值论侧重于从需求方的角度对资产的价值进行分析，并对资产的现时价格进行评估；劳动价值论是从供给方的角度对资产的价值进行分析，并对资产的现时价格进行评估。

1.3 资产评估的基本假设

依据有限的事实，通过一系列推理，对所研究的事物做出合乎逻辑的假定说明就叫做假设。资产评估理论体系和方法体系的确立也是建立在一系列假设的基础之上的。资产评估中的四个最基本的假设是交易假设、持续使用假设、公开市场假设和清算假设。

1.3.1 交易假设

交易假设是资产评估得以进行的一个最基本的前提假设。交易假设是假定所有待评估资产已经处在交易过程中，评估师根据待评估资产的交易条件等模拟市场进行评估。众所周知，资产评估其实是在资产实施交易之前进行的一项专业服务活动，而资产评估的最终结果又属于资产的交换价值范畴。因此，在资产实际交易之前，为了发挥资产评估为委托人提供资产交易底价的专家判断的作用，同时又能使资产评估得以进行，就可以利用交易假设将被评估资产置于“市场交易”中，模拟市场条件进行评估。

交易假设一方面为资产评估得以进行“创造”了条件；另一方面，它明确限定了资产评估的外部环境，即资产是被置于市场交易之中的。资产评估不能脱离市场条件而孤立地进行。

1.3.2 持续使用假设

持续使用假设是指假定被评估资产可以按现行用途继续使用或转换用途继续使用，从而考察它在剩余寿命期间内能为其持有人带来的经济收益。这种持续使用一般是假定遵循原来的设计与用途，但在必要时，也可以转换用途以产生更高的收益。按照这一假设，一般不能按资产拆零出售所得的收益之和作为资产的评估价格，即应该把资产看作一种获利能力，而不是物的堆积。例如，企业的专用设备，按照持续使用假设，其价值可能远远大于通过拆零变现所获得的收入。

资产的持续使用通常有以下三种方式：

（1）在用续用，即处于使用中的被评估资产在产权发生变动或资产业务发生后，将按其现行用途及方式继续使用下去。

（2）转用续用，即被评估资产将在产权发生变动后或资产业务发生后，改变资产现时的使用用途，调换新的用途继续使用下去。

（3）移地续用，即被评估资产将在产权发生变动后或资产业务发生后，改变资产现在的空间位置，转移到其他空间位置上继续使用。

在运用持续使用假设时，必须考虑以下因素：

（1）资产具有收益能力。

（2）资产尚有显著的剩余使用寿命。

（3）资产的产权明确。

（4）资产从经济上、法律上允许转作他用。

若被评估资产适用于持续使用假设，则既可以采用收益法，也可以采用成本法或市场法进行评估。

1.3.3 公开市场假设

公开市场假设是对资产拟进入的市场条件及资产在此市场条件下受到何种影响的一种假定说明或限定，把握公开市场假设的关键在于认识公开市场的实质和内涵。

资产评估中所称的公开市场是指充分发达和完善的市场，有众多买者和卖者的竞争性市场，买者和卖者双方地位平等，都有获取足够市场信息的机会和时间，交易都是在自愿、理智、非强制或不受限制的条件下进行的。但现实中的市场条件未必真能达到上述完善程度。公开市场假设就是假定这种较为完善的公开市场存在，被评估资产要在这种公开市场中进行交易。公开市场假设是基于市场客观存在的现实，以资产可在市场上公开买卖的客观事实为基础。

公开市场假设是指假定资产可以在公开市场上交易，交易双方地位平等，且都有获得足够市场信息的机会和时间，以便对资产的功能、用途及交易价格等做出理智的判断。该假设还假定资产用途在法律、政策等许可的条件下可以任意选择，从而发挥资产的最大效用。

公开市场假设是资产评估中的一个重要假设，其他假设都以公开市场假设为基本参照。公开市场假设也是资产评估中使用频率较高的一种假设，凡是能在公开市场上交易、用途较为广泛或通用性较好的资产，都可以考虑按公开市场假设前提进行评估。

另外，资产的买卖双方都希望资产得到最大效用，即在可能的范围内，在可行和法律允许的条件下的最有利的用途。资产的最大效用可以是现时的或潜在的，其由资产所在地区、具体特定条件及市场供求规律所决定。

若被评估资产适用于公开市场假设，则采用市场法进行评估。

1.3.4 清算假设

清算假设主要是针对被清算资产。清算假设是指基于被评估资产面临清算或具有潜在的被清算的事实或可能性，再根据相应数据资料推定被评估资产处于一种被迫出售或快速变现的状态，进而对资产在非公开市场条件下被迫出售或快速变现条件的假定说明或限定。它假定资产所有者在特定条件下被迫将其资产整体或拆零在公开市场上出售，而且这种出售往往有一定的时间限制。在这种情况下，交易双方地位不平等，交易时间短，资产的评估值大大低于公开市场假设前提或持续使用假设前提下同样资产的评估值，并且清算假设前提下的资产评估结果的适用范围更为有限，清算假设本身的使用也比较特殊。

在资产评估中，由于评估目的和资产交易时的市场条件不同，形成了以上四种假设。在不同的假设条件下，评估的结果各不相同。在持续使用假设前提下，要求评估资产的继续使用价值；在公开市场假设前提下，要求评估资产的市场价值；在清算假设前提下，要求评估资产的清算价值。因此，评估人员在执业过程中要充分考虑评估目的和资产的市场条件，判断、认定被评估资产最可能的效用，以便得出恰当的评估结果。

● 小资料1-3　　资产评估与会计假设

与会计的基本假设一样，资产评估同样存在主体假设和货币计量假设。由于资产评估主要是确定资产的现实市场价值，因此其基本假设之一是公开市场假设。

公开市场假设是资产评估中的一个重要假设，其他假设都以公开市场假设为基本参照。公开市场假设也是资产评估中使用频率较高的一种假设，凡是能在公开市场上交易、用途较为广泛或通用性较好的资产，都可以考虑按公开市场假设前提进行评估。公开市场假设对市场交易的要求本身也暗示着对货币计量假设的承认，但它不同于会计基本假设中货币计量假设所要求的历史成本原则，它所强调的是当期市场上的交易，遵循的自然是现实市场价值，也就是公允价值。

资产评估不一定完全遵循持续经营假设，在某些特定条件下，其依据的是清算假设。清算假设也是对资产拟进入的市场条件的一种假定说明或限定。具体来说，是对资产在非公开市场条件下被迫出售或快速变现条件的假定说明。清算假设是基于被评估资产面临清算或具有潜在的被清算的事实或可能性，再根据相应数据资料推定被评估资产处于一种被迫出售或快速变现的状态，进而对资产在非公开市场条件下被迫出售或快速变现条件的假定说明或限定。在清算假设前提下的资产评估结果的适用范围是非常有限的，当然，清算假设本身的使用也是较为特殊的。

● 小思考1-3

清算假设条件下的资产交易与公开市场假设条件下的资产交易有什么区别？

答：清算假设条件下的资产交易有以下两点不同于公开市场假设条件下的资产交易：一是交易双方的地位不平等，卖方是非自愿地被迫出售；二是交易被限制在较短的时间内完成。在清算假设条件下，资产的价格往往明显低于继续使用假设或公开市场假设条件下的价格。

1.4　资产评估的原则

资产评估的原则是调节资产评估委托者、评估者以及与资产业务有关的权益方在资产评估中的相互关系，规范评估行为和业务执行的准则。规定评估原则是为了确保不同的评估人员在遵循规定的估价程序、采用适宜的估价方法和正确的处理方式的前提下，对同一评估对象的评估结果能具有一致性。资产评估的原则包括工作原则和经济技术原则两个方面的内容。

1.4.1 资产评估的工作原则

资产评估的工作原则是评估机构与评估人员在评估工作中应遵循的基本原则，主要包括独立性原则、客观公正性原则、科学性原则。

《资产评估法》第四条要求："评估机构及其评估专业人员开展资产评估业务应当遵守法律、行政法规和评估准则，遵循独立、客观、公正的原则。"《资产评估基本准则》第二章"基本遵循"第四条规定："资产评估机构及其资产评估专业人员开展资产评估业务应当遵守法律、行政法规的规定，坚持独立、客观、公正的原则。"

1）独立性原则

独立性原则要求评估机构和评估人员在评估过程中始终坚持独立第三方立场，不为资产业务当事人的利益所影响。评估机构应是独立的社会公正性机构，不能为资产评估业务中的任何一方所拥有，也不能与任何一方存在经济利益关系，有权依据国家法规、政策和可靠的数据、资料，摆脱资产评估业务当事人的影响。遵循独立性原则可以保证评估工作不受有关利益方的干扰和委托方意图的影响。

2）客观公正性原则

客观公正性原则要求评估人员从实际出发，认真调查研究，排除评估过程中的人为因素干扰，坚持态度公正和采用科学的方法；评估结果应以事实为依据；评估过程中的预测、推理和逻辑判断等应建立在市场资料和现实的基础上。此外，为了保证评估结果的客观性、公正性，按照国际惯例，资产评估的劳务收费只与评估的工作量相关，不与被评估资产的价值挂钩，并应受到公众的监督。

3）科学性原则

科学性原则要求资产评估机构及其评估专业人员在评估过程中必须根据评估的特定目的，选择适用的价值类型和方法，制订科学的实施方案，使资产评估结果科学、合理。

另外，科学性原则还要求资产评估程序科学、合理。资产评估业务不同，评估程序也繁简不一。因此，应根据评估本身的规律性和国家有关规定，结合评估业务的实际情况，制定科学的评估程序，这样既能降低评估成本，又能提高评估效率。

1.4.2 资产评估的经济技术原则

资产评估的经济技术原则是指在资产评估执业过程中进行具体技术处理的技术规范和业务准则，为资产评估专业人员在执行资产评估过程中的专业判断提供技术依据。它是在总结资产评估经验、国际惯例的基础上形成的，主要包括预期收益原则、供求原则、贡献原则、替代原则、评估时点原则、外在性原则、最高最佳使用原则。

1）预期收益原则

预期收益原则是以技术原则的形式概括出资产及其价值的最基本的决定因素。资产之所以有价值，是因为它能为其拥有者或控制者带来未来经济利益，资产价值的高低主要取决于它能为其所有者或控制者带来的预期收益量的多少。预期收益原则是指在资产评估过程中，资产价值可以不由过去的生产成本或销售价格决定，而由未来收益的期望值决定，因为明智的投资者对某项资产所愿意支付的价格，不会高于这项资产预期收益的现值。预期收益原则要求在进行资产评估时，必须合理预测其未来的获利能力以及拥有获利能力的有效期限。预期收益原则是评估人员判断资产价值的一个最基本的依据。

2）供求原则

供求原则是经济学中关于供求关系影响商品价格原理的概括。假定在其他条件不变的前提下，商品的价格随着需求的增长而上升，随着供给的增加而下降。尽管商品价格并不随供求变化成固定比例变化，但变化的方向都带有规律性。供求规律对商品价格形成的作用力同样适用于资产价值的评估，评估人员在判断资产价值时也应充分考虑和依据供求原则。

由于均衡价格是由需求和供给共同作用的结果，在均衡价格中，生产费用和效用是影响价格的两个均等因素，所以资产评估既需要考虑资产的购建成本，又需要考虑资产的效用。

3）贡献原则

从一定意义上讲，贡献原则是预期收益原则在某种情况下的具体应用原则。贡献原则主要适用于构成某整体资产的各组成要素资产的评估。各要素资产价值的高低由该要素资产对整体资产的贡献来决定，或者由当整体资产缺少该项要素资产时将蒙受的损失来决定。

4）替代原则

替代原理是商品交换的普遍规律，从商品交换的角度来看，如果市场上同时存在若干种功能、用途、质量相同或相似的商品，有经验的买方会选择既能满足其需要、价格又最低的商品，即价格最低的同质商品对其他同质商品具有替代性。因此，在市场竞争的作用下，同质商品的价格最终将趋于一致。据此原理，资产评估中的替代原则是指被评估资产的价值应接近同类资产的市场价格。

5）评估时点原则

市场是变化的，资产的价值会随着市场条件的变化而不断改变。为了使资产评估得以操作，同时又能保证资产评估结果可以被市场检验，在资产评估时，必须假定市场条件固定在某一时点，而这一时点就是评估基准日，或称估价日期，它为资产评估提供了一个时间基准。资产评估的评估时点原则要求资产评估必须有评估基准日，而且评估值就是评估基准日的资产价值。

6）外在性原则

交易至少是两个当事人、两种权利主体之间的事情。一方的行为可能要对另一方造成损失或收益，这就是外在性。

外在性原则是指外在性会对相关权利主体带来自身因素之外的额外收益或损失，从而影响资产的价值，对资产的交易价格产生直接的影响。资产评估应该充分关注外在性原则给被评估资产带来的损失或收益以及这种损失或收益对资产价值的影响。

例如，在对房屋建筑物进行评估时，一个重要的价格影响因素就是环境因素。房屋周边开发的程度、环境状况因素与房屋本身的所有权无关，但对房屋价格有重要影响，有时环境因素影响的权重甚至不亚于房屋本身的造价。这就是外在性对房屋建筑物价值影响的体现。优良的环境会增加房屋的转让价值或使用收益，恶劣的环境会减损房屋的转让价值或持有价值。

7）最高最佳使用原则

该原则依据价值理论原理，强调商品在交换时应以最佳用途及利用方式实现其价值。

由于商品特别是资产的使用受到市场条件的制约，因此，最高最佳用途的确定一般需要考虑以下因素：

（1）反映法律上许可的要求，必须考虑该项资产使用的法律限制。

（2）确定该用途技术上的可行性，必须是市场参与者认为合理的用途。

（3）确定该用途财务上的可行性，必须考虑在法律上允许且技术上可能的情况下，使用该资产能否产生足够的收益或现金流量，从而在补偿使资产用于该用途所发生的成本后，仍然能够满足市场参与者所要求的投资回报。

上述经济技术原则是资产评估的基本部分，在具体资产评估过程中，还可能使用其他经济技术原则。

小资料1-4

预期收益原则是以技术原则的形式概括出资产及资产价值的最基本的决定因素。资产之所以有价值，是因为它能为其拥有者或控制者带来未来经济利益，资产价值的高低主要取决于它能为其所有者或控制者带来的预期收益量的多少。预期收益原则是评估人员判断资产价值的一个最基本的依据。

小思考1-4

为什么股票市场上ST股的市场价格会高于盈利企业的市场价格？

答：根据资产评估的预期原则，资产的价值不是按照过去的生产成本或销售价格确定的，而是根据对未来收益的期望值确定的。明智的投资者对某项资产所愿意支付的价格，相当于这项资产预期收益的现值。ST股的限期摘帽迫使公司必须实行资产重组，这给了人们对公司未来盈利状况的想象空间。

补充阅读材料1-1

国际评估准则理事会简介

本章小结

本章主要讲述了资产评估的形成与发展、资产评估的理论基础、资产评估的基本假设和原则。

资产评估的形成与发展大体上经历了三个阶段：原始评估、经验评估、科学评估。中国的资产评估业是在20世纪80年代末，随着改革开放和市场经济的发展而产生和发展壮大的，并成为市场经济发展中不可或缺的行业。

资产评估需要解决的一个最基本的问题就是要计算出资产的“价值”，不同的理论对“价值”内涵的阐释是有所差异的。资产评估的三大理论基础是：劳动价值论、效用价值论、均衡价值论。

资产评估理论体系和方法体系的确立是建立在一系列假设的基础之上的。资产评估中的四个最基本假设是交易假设、持续使用假设、公开市场假设和清算假设。

资产评估原则是调节资产评估委托者、评估者以及与资产业务有关的权益方在资产评估中的相互关系，规范评估行为和业务的准则，包括工作原则和经济技术原则两个方面的内容。资产评估的工作原则是评估机构与评估人员在评估工作中应遵循的基本原则，主要包括独立性原则、客观公正性原则、科学性原则；资产评估的经济技术原则是指在资产评估过程中进行具体技术处理的原则，它是在总结资产评估经验、国际惯例的基础上形成的，主要包括预期收益原则、供求原则、贡献原则、替代原则、评估时点原则、外在性原则、最高最佳使用原则。

主要概念

资产　资产评估　持续使用假设　公开市场假设　清算假设

基本训练

一、单项选择题

1.决定资产评估值的最基本的因素是（　　）。

A.资产的社会必要劳动　　B.资产的预期效用

C.资产的历史收益水平　　D.资产的账面价值

2.把以联营、合资合作为目的的评估对象的作用空间限定在联营企业及合资合作企业中的假设是（　　）。

A.公开市场假设　　B.持续使用假设

C.清算假设　　D.最佳使用假设

3.不可确指的资产是指（　　）。

A.没有物质实体的某些特权

B.具有获利能力的资产综合体

C.不能独立于有形资产而独立存在的资产

D.除有形资产以外的所有资产

4.在评估资产市场价值时，所适用的最直接的市场条件假设前提是（　　）。

A.在用续用假设　　B.公开市场假设

C.清算假设　　D.会计主体假设

5.采用市场法评估资产价值时，可以作为参照物的资产应该是（　　）。

A.全新资产　　B.旧资产

C.与被评资产相同或者类似的资产　　D.全新资产，也可以是旧资产

6.资产评估的一般目的是评估资产的（　　）。

A.价格　　B.价值

C.公允价值　　D.公开市场价值

二、多项选择题

1.资产评估的特点主要有（　　）。

A.市场性　　B.强制性　　C.公正性　　D.咨询性

E.行政性

2.资产评估的市场性主要体现在（　　）。

A.资产评估是市场经济的产物

B.资产评估结论是市场上资产交易的价格

C.资产评估的运用是评估人员模拟市场完成的

D.被评估的资产最终要进入市场流通

E.资产评估结果最终要经得起市场的考验

3.持续使用假设又可以细分为（　　）。

A.在用续用假设　　B.中断后持续使用假设

C.转用续用假设　　D.移地续用假设

4.应用市场法进行资产评估必须具备的前提条件是（　　）。

A.需要一个充分发育且活跃的资产市场

B.必须具备参照物

C.可以收集到对被评估资产与参照物进行比较的指标和技术参数

D.必须有与被评估资产相同或者类似的全新资产

E.参照物与被评估资产的功能相同

5.按企业会计制度及资产的流动性分类，资产可以分为（　　）。

A.流动资产　　B.不动产

C.固定资产　　D.长期投资性资产

6.下列原则中，属于资产评估工作原则的是（　　）。

A.独立性原则　　B.科学性原则

C.替代性原则　　D.客观公正性原则

E.供求原则

三、判断题

1.企业的借入资产不可纳入被评估资产的范围，因为企业不拥有其所有权。（　　）

2.政府发布的经济信息也是一种经济资源，具有为企业带来经济利益的潜能，因而也是资产评估的对象。（　　）

3.根据《国际评估准则》给出的定义，固定资产包括有形固定资产和无形固定资产两类。其中，无形固定资产又包括长期投资、长期应收账款、结转的费用、商誉、商标、专利以及类似资产。（　　）

4.为了保证资产评估的独立性，资产评估机构收取的劳务费只与工作量相关，不与被评估资产的价值挂钩，并应受到公众监督。（　　）

5.科学性原则是指资产评估机构必须是提供评估服务的专业技术机构。（　　）

四、简答题

1.资产评估中的资产与会计上的资产相比，二者的含义有何不同？

2.资产评估与会计计价有何区别和联系？

3.怎样理解资产评估的市场性特点？

第2章
资产评估的基本方法

【学习目标】

通过本章的学习，了解资产评估的程序，以及市场法、成本法、收益法的含义及内容，掌握市场法的基本思路与评估方法、成本法的基本思路与评估方法，以及收益法的基本思路与评估方法。

2.1 市场法

2.1.1 市场法的含义和基本思路

市场法，也叫现行市价法，是指通过市场调查选择一个或几个与被评估资产相同或类似的资产作为比较对象，分析比较对象的成交价格和交易条件，经过直接比较或类比分析进行对比调整，估算出被评估资产价值的方法。

市场法是充分利用类似资产成交价格信息，并以此为基础来判断和估测被评估资产的价值。运用已被市场检验了的结论来评估评估对象，显然是容易被资产业务各当事人接受的。因此，市场法是资产评估中最为直接、最具说服力的评估方法之一。

2.1.2 市场法的基本前提

运用市场法进行资产评估需要满足两个最基本的前提条件：其一是要有一个活跃的公开市场；其二是公开市场上要有可比的资产及其交易活动。

应用市场法的前提条件具体表现为：

（1）该类或该项资产的市场发育相当成熟，参照资产易于搜寻，不存在市场分割，而且资产的市场定价合理。

（2）选择的参照资产已经发生交易活动，且与被评估资产及其资产业务相同或相似。

（3）参照资产的一些技术指标、经验数据易于收集和处理。

（4）选择的参照资产及其交易活动在近期公开市场上已经发生过，且与被评估资产及其资产业务相同或相似。

2.1.3 市场法的适用范围

市场法主要用于单项资产的评估，如对生产设备、原材料等的评估及投资参股、合作经营时的评估等。在具体运用时，由于现行市场价格具有不同形式，因此应注意以下几点：

（1）承包、全民所有制企业的联营、兼并、转让、保险应以现行采购价格为准。

（2）参股、投资、担保时，无论其原来购置价格如何，对同一资产都应采用市场价格；抵押和质押业务及破产清算应采用资产的可变现价格。

（3）不同所有制企业的上述经济行为及租赁经营应以市场价格为准。

（4）中外合资、合作企业应以市场价格为基准并参照国际市场价格作必要调整。

在进行企业价值评估时，较少采用市场法，因为不可能或不容易找到一个相同或相似的企业整体资产。

2.1.4 市场法的基本程序

通过市场法进行评估大体上要经历以下程序：

1）选择参照物

不论参照物与评估对象如何相似，通常参照物都应选择三个以上，因为运用市场法评估资产价值，被评估资产的评估值高低在很大程度上取决于参照物的成交价格水平，而参照物成交价又不仅仅是参照物功能自身的市场体现，它还受买卖双方交易地位、交易动机、交易时限等因素的影响。

2）在评估对象与参照物之间选择比较因素

从大的方面讲，影响资产价值的基本因素大致相同，如资产性质、市场条件等，但具体到每一种资产时，影响资产价值的因素又各有侧重。

3）指标对比、量化差异

根据前面所选定的对比指标，在参照物及评估对象之间进行比较，并将两者的差异进行量化。例如，对于资产功能指标来说，尽管参照物与评估对象功能相同或相似，但在生产能力、产品质量，以及在资产运营过程中的能耗、料耗和工耗等方面，都可能有不同程度的差异。

4）在各参照物成交价格的基础上调整已经量化的对比指标差异

将已经量化的参照物与评估对象对比指标差异进行调增或调减，就可以得到以每个参照物为基础的评估对象的初步评估结果，初步评估结果与所选择的参照物个数密切相关。

5）综合分析确定评估结果

通常情况下，运用市场法评估的初步结果有三个以上。根据资产评估一般惯例的要求，正式的评估结果只能有一个，这就需要评估人员对若干初步评估结果进行综合分析，以确定最终的评估值。

2.1.5 市场法中的具体评估方法

市场法实际上是指在一种选择市场参照物调整评估思路下的若干具体评估方法的集合。其具体包括以下几种技术方法：

1）市场售价类比法

市场售价类比法是以参照物的成交价格为基础，考虑参照物与评估对象在功能、市场条件和销售时间等方面的差异，通过对比分析和量化差异，调整并估算出评估对象价值的方法。其计算公式为：

资产评估价值=参照物售价+功能差异值+时间差异值+…+交易情况差异值

功能差异修正系数主要是用来调整参照物与评估对象之间的功能差异，可以通过对参照物与评估对象的生产能力等功能指标的对比来衡量，即：

功能差异修正系数=评估对象生产能力÷参照物生产能力

时间差异修正系数是用来调整参照物交易时间与被评估资产评估基准日之间的时间间隔对资产价值的影响，用两个时间点的价格指数的比值来衡量，即：

时间差异修正系数=评估基准日价格指数÷参照物交易日价格指数

交易差异修正系数主要是对具体交易中的特殊差异进行调整，其他修正系数包括区域因素差异调整率、成新程度差异调整率等。

2）市场折扣法

市场折扣法是以参照物成交价格为基础，考虑到评估对象在销售条件、销售时限等方面的不利因素，凭评估人员的经验或有关部门的规定，设定一个价格折扣率来估算评估对象价值的方法。其计算公式为：

资产评估价值=参照物成交价格×（1−价格折扣率）

此方法只适用于评估对象与参照物之间仅存在交易条件方面差异的情况。

［例 2-1］评估某拟快速变现资产，在评估时点与其完全相同的正常变现价为10万元，评估师经综合分析，认为快速变现的折扣率应为40%，则拟快速变现资产的价值为：

资产评估价值=10×（1-40%）=6（万元）

3）成本市价法

成本市价法是以评估对象的现行合理成本为基础，利用参照物的成本市价比率来估算评估对象价值的方法。其计算公式为：

资产评估价值=评估对象现行合理成本×（参照物成交价格÷参照物现行合理成本）

［例 2-2］评估时点某市商品住宅的成本市价率为150%，已知被估全新住宅的现行合理成本为20万元，则其价值为30万元，即：

资产评估价值=20×150%=30（万元）

4）功能价值法

功能价值法是以参照物的成交价格为基础，考虑参照物与评估对象之间的功能差异进行调整来估算评估对象价值的方法。其计算公式为：

资产评估价值=参照物成交价格×（评估对象生产能力÷参照物生产能力）

当然，功能价值法不仅仅表现为资产的生产能力这一项指标，它还可以通过将参照物与评估对象的其他功能指标进行对比，利用参照物成交价格推算出评估对象的价值。

［例 2-3］被评估资产年生产能力为90吨，参照资产的年生产能力为120吨，评估时点参照资产的市场价格为10万元，则被评估资产的价值为：

资产评估价值=10×90÷120=7.5（万元）

5）价格指数法

价格指数法是以参照物成交价格为基础，考虑参照物的成交时间与评估对象的评估基准日之间的物价变动对资产价值的影响，利用价格指数调整估算评估对象价值的方法。其计算公式为：

资产评估价值=参照物成交价格×价格变动指数

此方法适用于评估对象与参照物之间仅时间因素存在差异的情况。当然，此方法稍做调整可作为市场售价类比法中估测时间差异系数或时间差异值的方法。

［例 2-4］与评估对象完全相同的参照资产6个月前的成交价格为10万元，半年间该类资产的价格上升了5%，则被评估资产的价值为：

资产评估价值=10×（1+5%）=10.5（万元）

6）成新率价格法

成新率价格法是以参照物的成交价格为基础，考虑参照物与评估对象新旧程度上的差异，通过成新率调整估算评估对象价值的方法。其计算公式为：

资产评估价值=参照物成交价格×（评估对象成新率÷参照物成新率）

其中：资产的成新率=资产的尚可使用年限÷（资产的已使用年限+资产的尚可使用年限）×100%

此方法适用于评估对象与参照物之间仅有成新程度差异的情况。当然，此方法略加改动，也可以作为估测评估对象与参照物成新程度差异调整率和差异调整值的方法。

7）市盈率乘数法

市盈率乘数法是把参照物的市盈率作为乘数（倍数），以此乘数与评估对象的收益额相乘估算评估对象价值的方法。其计算公式为：

资产评估价值=评估对象收益额×参照物市盈率

［例2-5］某被评估企业的年净利润为1 000万元，评估时点资产市场上同类企业平均市盈率为20倍，则该企业的评估价值为：

该企业的评估价值=1 000×20=20 000（万元）

在上述各种具体评估方法中，市盈率乘数法主要适用于整体企业价值的评估，其他方法则主要适用于直接评估单项资产的价值。

2.1.6 市场法的优缺点

市场法是资产评估中最简单、最有效的方法，其优点表现为：

（1）能够客观反映资产目前的市场情况，其评估的参数、指标直接从市场获得，评估值更能反映市场现时价格。

（2）评估结果易于被评估当事各方理解和接受。

市场法的缺点表现为：

（1）前提严格，需要有公开活跃的市场；有时会因为缺少可对比数据及缺少判断对比数据而难以应用。

（2）适用范围受限制，不适用于专用机器、设备、大部分的无形资产，以及受地区、环境等因素严格限制的一些资产的评估。

小资料2-1　　市场法在实践中的运用

从资产评估的市场性特点来看，市场法是资产评估方法中较为直观、简单、合理的一种方法，因为任何资产的价值都可以通过市场来进行检验。用市场法进行评估的数据可以直接从市场获取，以市场交易价格为估算评估对象价值的基础，使评估价值具有客观性和公允性，评估结果易于被评估当事各方理解和接受。

由于市场法具有局限性，如需要有公开活跃的市场等，目前适用市场法的资产评估业务主要是单项资产的买卖，如买卖设备、原材料，以单项生产要素作为投资参股、合作经营等。在课征财产税和遗产税的情况下，一般也以现行市价为基础。

小思考2-1

运用市场法评估资产价值的关键环节在哪里？市场法通常应选择三个以上参照物，所以，在一般情况下，运用市场法评估的初步结果也有三个以上。根据资产评估一般惯例的要求，正式的评估结果只能有一个，这时评估人员对若干初步的评估结果该如何进行综合分析？

答：运用市场法评估资产价值的关键环节在于评估人员对参照物的把握和对评估对象的认识。通常情况下，运用市场法评估的初步结果有三个以上，根据资产评估一般惯例的要求，正式的评估结果只能有一个。所以，这就需要评估人员对若干初步的评估结果进行综合分析，以确定最终的评估值。当然，如果参照物与评估对象的可比性都很强，评估过程中没有明显的遗漏或疏忽，采用加权平均法或算术平均法将初步结果转换成最终评估结果也是可以的。

2.2 成本法

2.2.1 成本法的基本思路和基本公式

成本法，也叫重置成本法，是指首先估测被评估资产的重置成本，然后估算业已存在的各种贬损因素，并将其从现时重置成本中予以扣除而得到被评估资产价值的评估方法。

成本法的基本思路是站在卖者的角度，估测在现行市场条件下，重新购进与被评估资产相同或类似的全新资产需要支付的成本额，在此重置成本基础上扣除被评估资产的各种损耗得出评估值。其计算公式为：

资产评估价值=资产的重置成本-资产实体性贬值-资产功能性贬值-资产经济性贬值

2.2.2 成本法的前提条件和适用范围

1）前提条件

在具体运用成本法时，要求具有以下前提条件：

（1）被评估资产的实体特征、内部结构及功能必须与假设的重置全新资产具有可比性。

（2）被评估资产必须是可以再生的或可以复制的，不能再生或复制的被评估资产（如土地、矿藏）不适用成本法。

（3）被评估资产必须是随着时间的推移具有贬值特性的资产，否则不能运用成本法。

（4）被评估资产具备可利用的历史资料。

2）适用范围

成本法比较充分地考虑了资产的重置全价和应计损耗，对于一切以资产重置、补偿为目的的资产业务都适用。它是清产核资中最基本的评估方法，以下情况一般都运用成本法来评估资产的价值：

（1）因通货膨胀的影响，被评估资产的现行市价比历史成本有较大幅度的提高。

（2）因社会技术进步的影响，被评估资产尤其是生产设备等固定资产出现较大的无形损耗。

（3）因对现有资产进行技术更新或技术改造，被评估资产的使用效益大幅度提高。

（4）因对被评估资产使用年限的估计偏大或偏小，被评估资产转移到产品中的折旧同资产的自然损耗不相吻合。

（5）因被评估企业的财务管理混乱，被评估资产的账面历史成本失实。

2.2.3 重置成本及其估算

资产的重置成本就是资产的现行再取得成本，包括复原重置成本和更新重置成本。

复原重置成本是指采用与评估对象相同的材料、建筑或制造标准、设计、规格及技术等，以现时价格水平重新购建与评估对象相同的全新资产所需的费用。

更新重置成本是指采用新型材料，现代建筑或制造标准，新型设计、规格和技术等，以现行价格水平购建与评估对象具有相同功能的全新资产所需的费用。

更新重置成本和复原重置成本的相同点在于采用的都是资产的现时价格，不同点在于在技术、设计、标准方面存在差异。

选择重置成本时，在可同时获得复原重置成本和更新重置成本的情况下，应选择更新重置成本，在无更新重置成本时可采用复原重置成本。一般来说，复原重置成本高于更新重置成本，但由此导致的功能性损耗也很大。确定重置成本一般可以采用下列方法：

1）重置核算法

重置核算法亦称细节分析法或细节核算法，它是利用成本核算的原理，对重新取得资产所需的费用项目逐项计算，然后累加得到资产的重置成本。

[例 2-6] 某企业购置设备一台，现行市场价格为每台 50 000 元，运杂费为 1 000 元，直接安装成本为 800 元，其中原材料 300 元，人工成本 500 元。根据统计分析，计算求得安装成本中的间接成本为单位人工成本 0.8 元，则该机器设备的重置成本为：

直接成本=50 000+1 000+800=51 800（元）

间接成本（安装成本）=500×0.8=400（元）

重置成本=51 800+400=52 200（元）

2）价格指数法

价格指数法是利用与资产有关的价格变动指数，将被评估资产的历史成本（账面价值）调整为重置成本的一种方法。其计算公式为：

重置成本=资产的账面原值×价格指数

或：

重置成本=资产的账面原值×（1+价格变动指数）

式中：价格指数可以是定基价格指数，也可以是环比价格指数。

定基价格指数是评估时点的定基价格指数与资产购建时点的定基价格指数之百分比，即：

定基价格指数=（评估时点的定基价格指数÷资产购建时点的定基价格指数）×100%

环比价格指数可考虑按下式求得：

$X=(1+a_1)(1+a_2)(1+a_3)\cdots(1+a_n)\times100\%$

式中：X 为环比价格指数；a_n 为第 n 年环比价格变动指数，n=1，2，3，…。

[例 2-7] 某被评估资产账面原值为 50 000 元，当时该类资产的定基价格指数为 95%，评估时该类资产的定基价格指数为 160%，则被评估资产的重置成本为：

重置成本=50 000×（160%÷95%）×100%=84 210.53（元）

3）功能价值法

功能价值法也称生产能力比例法，这种方法是寻找一个与被评估资产相同或相似的资产作为参照物，根据参照资产的重置成本及被评估资产生产能力与参照物生产能力的比值，估算被评估资产的重置成本。其计算公式为：

被评估资产重置成本=（被评估资产的年产量÷参照物年产量）×参照物重置成本

[例 2-8] 某重置全新机器设备价格为 50 000 元，年产量为 5 000 件。现知被评估资产的年产量为 4 000 件，由此可以确定其重置成本为：

被评估资产的重置成本=（4 000÷5 000）×50 000=40 000（元）

应用这种方法估算重置成本时，首先应分析资产成本与生产能力之间是否存在这种线性关系，如果不存在这种关系，就不可以采用这种方法。

4）规模经济效益指数法

通过对不同资产的生产能力与其成本之间关系的分析可以发现，许多资产的成本与其生产能力之间不存在线性关系，资产生产能力和成本之间只呈同方向变化，而不是等比例变化，这是规模经济效益作用的结果。两项资产的重置成本和生产能力相比较，其关系可用以下公式表示：

$$\frac{被评估资产的重置成本}{参照物资产的重置成本}=\left(\frac{被评估资产的产量}{参照物资产的产量}\right)^{x}$$

则：

$$被评估资产的重置成本=参照资产的重置成本\times\left(\frac{被评估资产的产量}{参照物资产的产量}\right)^{x}$$

式中：X是一个经验数据，称为规模经济效益指数。在美国，这个经验数据一般为0.4～1，如加工工业一般为0.7，房地产行业一般为0.9。我国到目前为止尚没有统一的经验数据，在评估过程中要谨慎使用这种方法。

5）统计分析法

统计分析法是根据统计学原理，选择有代表性的资产，运用前述方法较精确地估算出其重置成本，从而推算出全部资产的重置成本。这种方法一般用于企业整体评估，其计算公式为：

$$某类或总体资产重置成本=某类或总体资产原始成本\times\frac{\sum 某类抽样资产重置成本}{\sum 某类抽样资产原始成本}$$

这种方法运用的具体步骤如下：

（1）在核实资产数量的基础上，把全部资产按照适当标准划分为若干类，如房屋建筑物按结构可划分为钢结构、钢筋混凝土结构等。

（2）在各类资产中抽样选择适量具有代表性的资产，应用功能价值法、物价指数法、重置核算法或规模经济效益指数法等估算其重置成本。

（3）依据分类抽样估算资产的重置成本与账面历史成本，计算出分类资产的调整系数。其计算公式为：

$$K=\frac{R'}{R}$$

式中：K为资产重置成本与账面历史成本的调整系数；R′为某类抽样资产的重置成本；R为某类抽样资产的账面历史成本。

根据调整系数K估算被评估资产的重置成本，其计算公式为：

$$被评估资产重置成本=\sum 某类资产账面历史成本\times K$$

式中：某类资产账面历史成本可从会计记录中取得。

［例2-9］评估某企业的某类通用设备。经抽样，选择具有代表性的通用设备5台，估算其重置成本之和为30万元，而这5台具有代表性的通用设备历史成本之和为20万元，该类通用设备的账面历史成本之和为500万元，则该类通用设备的重置成本为：

K=30÷20=1.5

该类通用设备的重置成本=500×1.5=750（万元）

上述五种方法均可用于确定重置成本，至于选用哪种方法，应根据具体的评估对象和可以收集到的资料确定。

2.2.4 实体性贬值及其估算

资产的实体性贬值是由于使用和自然力作用导致的资产的物理性能的损耗或下降而引起的资产的价值损失。实体性贬值的估算一般可以采用以下几种方法：

1）观察法

观察法也称成新率法，它是指由具有专业知识和丰富经验的工程技术人员对被评估资产的实体各主要部位进行技术鉴定，并综合分析资产的设计、制造、使用、磨损、维护、修理、大修理、改造情况和物理寿命等因素，将评估对象与其全新状态相比较，考察由于使用磨损和自然损耗对资产的功能、使用效率带来的影响，判断被评估资产的成新率，从而估算实体性贬值。其计算公式为：

资产的实体性贬值=重置成本×（1−成新率）

2）使用年限法

使用年限法是利用被评估资产的实际已使用年限与其总使用年限的比值来判断其实体贬值率，进而估测资产的实体性贬值。其计算公式为：

$$\text{资产的实体性贬值}=\frac{\text{重置成本}-\text{预计残值}}{\text{总使用年限}}\times\text{实际已使用年限}$$

式中：预计残值是指被评估资产在清理报废时净收回的金额。在资产评估中，通常只考虑数额较大的残值，如残值数额较小可以忽略不计。总使用年限指的是实际已使用年限与尚可使用年限之和。其计算公式为：

总使用年限=实际已使用年限+尚可使用年限

实际已使用年限=名义已使用年限×资产利用率

考虑到资产在使用中负荷程度的影响，必须将资产的名义已使用年限调整为实际已使用年限。名义已使用年限是指资产从购进使用到评估时的年限，可以通过会计记录、资产登记簿、资产登记卡片查询确定。实际已使用年限是指资产在使用中实际损耗的年限。实际已使用年限与名义已使用年限的差异，可以通过资产利用率来调整。资产利用率的计算公式为：

$$\text{资产利用率}=\frac{\text{截至评估日资产累计实际利用时间}}{\text{截至评估日资产累计法定利用时间}}\times 100\%$$

资产利用率大于1，即资产实际已使用年限大于名义已使用年限，表示资产超负荷运转；资产利用率等于1，即资产实际已使用年限等于名义已使用年限，表示资产满负荷运转；资产利用率小于1，即资产实际已使用年限小于名义已使用年限，表示资产开工不足。尚可使用年限是根据资产的有形损耗预计资产的继续使用年限。

［例2-10］某资产名义已使用年限是10年。根据该资产技术指标，正常使用情况下，每天应工作8个小时，该资产实际每天工作7.5个小时，由此可以计算资产的利用率为：

资产利用率=（10×360×7.5）÷（10×360×8）×100%=93.75%

由此可确定其实际已使用年限约为9.4年（10×93.75%）。

2.2.5 功能性贬值及其估算

功能性贬值是指由于技术相对落后造成的贬值。估算功能性贬值时，主要根据资产的效用、生产加工能力以及工耗、物耗、能耗水平等功能方面的差异造成的成本增加或效益降低，确定功能性贬值额。功能性贬值的估算可以按下列步骤进行：

（1）将被评估资产的年运营成本同与其功能相同但性能更好的新资产的年运营成本进行比较。

（2）计算二者的差异，确定净超额运营成本。由于企业支付的运营成本是在税前扣除的，企业支付的超额运营成本会引致税前利润额下降，所得税税额降低，使企业负担的运营成本低于其实际支付额。因此，净超额运营成本是超额运营成本扣除其抵减的所得税以后的余额。

（3）估计被评估资产的剩余寿命。

（4）以适当的折现率将被评估资产在剩余寿命内每年的超额运营成本折现，这些折现值之和就是被评估资产的功能性损耗（贬值），其计算公式为：

$$被评估资产功能性贬值额=\sum(被评估资产年净超额运营成本\times折现系数)$$

此外，功能性贬值的估算还可以通过超额投资成本的估算进行，即超额投资成本可被视为功能性贬值，其计算公式为：

功能性贬值=复原重置成本－更新重置成本

典型案例2-1

某家电企业要求评估一台控制装置，其正常运行需6名操作人员，目前，同类新式控制装置所需的操作人员定额为3名。假定被评估控制装置与参照物在运营成本的其他项目支出方面大致相同，操作人员平均年工资福利费约为6 000元，被评估控制装置尚可使用3年，所得税税率为25%，适用的折现率为10%。

根据上述资料，估算被评估控制装置的功能性贬值额。

①由于新式控制装置所需操作人员为3名，而被评估控制装置需操作人员6名，所以存在功能性贬值。

②计算被评估控制装置的年超额运营成本额。

年超额运营成本额=（6−3）×6 000=18 000（元）

③测算被评估控制装置的年超额运营成本净额。

年超额运营成本净额=18 000×（1−25%）=13 500（元）

④将被评估控制装置在剩余使用年限内每年的超额运营成本净额折现累加，估算其功能性贬值额。

功能性贬值额=13 500×（P/A，10%，3）=13 500×2.4869≈33 573（元）

2.2.6 经济性贬值及其估算

资产的经济性贬值主要表现为运营中的资产利用率下降，甚至闲置，并由此引起资产的运营收益减少。当有确凿证据表明资产已经存在经济性贬值，可参考以下公式估测其经济性贬值率或经济性贬值额。

$$经济性贬值率=\left[1-\left(\frac{资产预计可被利用的生产能力}{资产原设计生产能力}\right)^{X}\right]\times100\%$$

式中：X为功能价值指数，实践中多采用经验数据，数值一般为0.6～0.7。

经济性贬值额=资产年收益损失额×（1-所得税税率）×（P/A，r，n）

式中：（P/A，r，n）为年金现值系数。

［例2-11］某被评估生产线设计生产能力为年产20 000台产品，因市场需求结构变化，在未来可使用年限内，每年产量估计要减少6 000台。按上述条件，该生产线的经济性贬值率大约为：

经济性贬值率=［1-（14 000÷20 000）$^{0.6}$］×100%=19.27%

需要注意的是，经济性贬值通常是对于整体资产而言的，一般在对单个资产进行评估时不予考虑。因为单个资产是否被充分使用，在有形损耗的实际已使用年限上已经给予了计量，如果在经济性损耗中再计量的话，将导致重复计算，夸大资产的损耗。

2.2.7 运用成本法评估资产的程序

运用成本法评估资产一般按下列程序进行：

（1）确定被评估资产并估算其重置成本。

（2）确定被评估资产的使用年限。

（3）估算被评估资产的损耗或贬值。

（4）计算确定被评估资产的价值。

2.2.8 成本法的优缺点

成本法评估资产价值的优点是：

（1）比较充分地考虑了资产的损耗，评估结果更趋于公平合理。

（2）适用于单项资产和特定用途资产的评估。

（3）在不易计算资产未来收益或难以取得市场参照物的条件下可被广泛地应用。

成本法评估资产价值的缺点是：

（1）工作量较大。

（2）以历史资料为依据确定目前价值，因此必须充分分析这种假设的可行性。

（3）经济性贬值也不易被全面准确计算。

小资料2-2　　成本法在实践中的意义

成本法是在某项资产既不能采用市场法评估又不能采用收益法评估的情况下而采用的一种评估方法。从这个意义上看，成本法实际上弥补了市场法和收益法的不足。由于成本法比较充分地考虑了资产的重置全价和应计损耗，对于一切以资产重置、补偿为目的的资产业务都适用。例如，当遇到严重通货膨胀时，资产的历史成本与重置价格不是以相同价值的货币单位计量的，因两者差异甚大，难以满足资产重置的客观要求，这时，必须采用重置成本法对资产进行评估。另外，对于企业整体转让的情况，也需要通过重置成本的评估来提供各分项资产的价格资料，建立有关资产的账簿和报表。特别是由于目前我国资产市场发育程度还较低，以及受资产未来收益额预测条件的限制等因素的制约，在应用收益法与市场法的客观条件尚不具备的情况下，采用重置成本法进行资产评估具有十分重要的现实意义。

小思考 2-2

如何区分复原重置成本和更新重置成本？在同时可获得复原重置成本和更新重置成本的情况下，应如何选择重置成本？运用重置成本法应考虑哪些因素对资产价值的影响？

答：复原重置成本和更新重置成本的不同之处在于，在技术、设计、标准方面存在差异，对于某些资产，其设计、耗费、格式采用几十年一贯制，更新重置成本与复原重置成本是一样的。无论更新重置成本还是复原重置成本，资产本身的功能不变。在同时可获得复原重置成本和更新重置成本的情况下，应选择更新重置成本。运用重置成本法应考虑到：一方面，随着科学技术的进步，劳动生产率的提高，新工艺、新设计的采用被社会所普遍接受；另一方面，新型设计、工艺制造的资产无论是使用性能，还是成本耗用，都会优于旧的资产。

2.3 收益法

2.3.1 收益法的含义和基本思路

收益法，也叫收益现值法，是指通过估算被评估资产预期收益并将其折算成现值，来确定被评估资产价值的一种资产评估方法。

收益法的基本思路是评估人员站在资产购买者的角度进行分析，将收益视为资产价值的源泉，利用投资回报和收益折现等技术手段，把评估对象的预期产出能力和获利能力作为评估标的来估测评估对象的价值，用公式表示为：

资产的现行价值=该资产预期收益现值总额

2.3.2 收益法应用的基本前提

收益法是依据资产预期收益并将其折现或资本化处理来估测资产价值的方法。它涉及三个基本要素：一是被评估资产的预期收益；二是折现率或资本化率；三是被评估资产取得预期收益的持续时间。因此，能否准确地把握上述三个要素就成为能否运用收益法的基本前提。

上述前提条件表明：首先，评估对象的预期收益必须能被较为合理地估测。这就要求被评估资产与其经营收益之间存在着较为稳定的关系。同时，影响资产预期收益的主要因素，包括主观因素和客观因素也应是比较明确的，评估人员可以据此分析和测算出被评估资产的预期收益。其次，评估对象所具有的行业风险、地区风险以及企业风险是可以比较和测算的。评估对象所处的行业不同、地区不同或企业不同都会不同程度地体现在资产拥有者的获利风险上。

2.3.3 收益法的基本程序和基本参数

1）基本程序

采用收益法进行评估，其基本程序如下：

（1）收集并验证与评估对象预期收益有关的数据，包括经营前景、财务状况、市场形势及经营风险等。

（2）分析测算评估对象的预期收益。

（3）确定折现率或资本化率。

（4）用折现率或资本化率将评估对象预期收益折算成现值。

（5）分析确定评估结果。

2）基本参数

运用收益法进行评估涉及许多经济技术参数，其中最主要的参数有三个，即收益额、折现率和收益期限。

（1）收益额

收益额是用收益法评估资产价值的基本参数之一。在资产评估中，资产的收益额是指根据投资回报的原理，资产在正常情况下所能得到的归其产权主体的所得额。

收益额可以分为净利润、现金流量、利润总额等多种指标，至于选择哪一种指标作为收益额，应根据所评估资产的类型、特点及评估目的来确定，重要的是准确反映资产收益，并与折现率保持一致。目前，西方评估界一般以现金流量作为收益额，因为现金流量这个指标科学地考虑了收益的时间价值因素，其计算的主观随意性也较利润这样的指标小，所以更为客观。

（2）折现率

从本质上讲，折现率是一种期望投资报酬率，是投资者在投资风险一定的情况下，对投资所期望的回报率。折现率就其构成而言，是由无风险报酬率和风险报酬率组成的。无风险报酬率一般是指同期国库券利率。风险报酬率是指超过无风险报酬率以上部分的投资回报率。在资产评估中，因资产的行业分布、种类、市场条件等的不同，其折现率亦不相同。

（3）收益期限

收益期限是指资产具有获利能力持续的时间，通常以年为时间单位。

2.3.4 收益法的具体估算方法

收益法实际上是在预期收益还原思路下若干具体方法的集合。从资产使用期长短来看，资产使用有永续使用和有限期使用两大类。与此相对应地，形成永续收益和有限期收益，这两种收益适用的评估方法也不同。

为了便于学习收益法中的具体方法，先对这些方法中所用字母的含义进行统一，即P为评估值，R_i为预测期各年的预期收益，t为预测期，r为折现率，R_{N+1}为预测期后固定的年预期收益额。

1）资产未来收益期有限的情况

在资产预期收益具有特定期限的情况下，通过预测有限期内各期的收益额，再以适当的折现率进行折现，得出的各年预期收益折现值的和即评估值。其基本计算公式为：

$$P=\sum_{i=1}^{t}\frac{R_i}{(1+r)^i}$$

其他常见公式为：

（1）当预期收益稳定不变时。

$$P=R\left[\frac{(1+r)^n-1}{r(1+r)^n}\right]$$

（2）当预期收益等额按B递增时。

$$P=\left(\frac{A}{r}+\frac{B}{r^2}\right)\left[1-\frac{1}{(1+r)^n}\right]-\frac{B}{r}\times\frac{n}{(1+r)^n}$$

（3）在年预期收益等比递增，增长率为s，且r>s时。

$$P=\frac{A}{r-s}\left[1-\left(\frac{1+s}{1+r}\right)^n\right]$$

2）资产未来收益永续的情况

在资产未来收益永续的条件下，有以下几种情况：

（1）未来收益是等额年金，这种情况下可直接进行资本化处理。其计算公式为：

$$P=\frac{R}{r}$$

（2）未来年收益不等，这种情况下可采用分段法。分段法是根据资产收益的特征，将资产永续经营期分为前后两期，分别采用不同的方法评估两期收益折现值，其汇总额即为资产的收益现值。要求取年收益额容易预测并且不同于未来变化趋势的前N年（一般为6年）为前期，从第N+1年起到未来各年为后期。对前期N年的年收益逐一预测和折现；对于后期，可以出现的不同情况，如收益稳定，设为R_{N+1}。其计算公式为：

$$P=\sum_{i=1}^{N}\frac{R_i}{(1+r)^i}+\frac{R_{N+1}}{r}\times(1+r)^{-N}$$

如N期后各年收益以固定比例g稳定增长，采用分段计算、多次折现的方法。其计算公式为：

$$P=\sum_{i=1}^{N}\frac{R_i}{(1+r)^i}+\frac{R_N(1+g)}{r-g}\times\frac{1}{(1+r)^N}$$

［例2-12］某企业预计未来5年收益额分别达到60万元、75万元、65万元、55万元和70万元，假定从第6年开始，以后各年收益均为70万元，确定的折现率和资本化率为10%，则该企业持续经营下的评估值为：

①计算前5年的评估值。

$$P_1=\frac{60}{1+10\%}+\frac{75}{(1+10\%)^2}+\frac{65}{(1+10\%)^3}+\frac{55}{(1+10\%)^4}+\frac{70}{(1+10\%)^5}$$

=246.39（万元）

②将第6年后的收益进行资本化处理。

70÷10%=700（万元）

③将第6年后的收益折现为第1年的价值。

$$P_2=\frac{700}{(1+10\%)^5}=434.64\text{（万元）}$$

④计算企业持续经营下的评估值。

企业评估值=P_1+P_2=681.03（万元）

（3）未来收益呈等差递增，公差为B。其计算公式为：

$$P=\frac{A}{r}+\frac{B}{r^2}$$

（4）未来收益呈等比递增，公比为s。其计算公式为：

$$P=\frac{A}{r-s}$$

典型案例2-2

某企业欲出售某商场，该商场地处繁华市区，占地面积为2 000平方米，场地使用期不限（即可永久使用），现有营业面积为1 000平方米，但经营不景气，出现了亏损，试评估其出售价格。

①分析商场出现亏损的原因。商场出现亏损主要是由经营动力机制不健全，员工积极性不高，以及商场布局、装修和经营方式不合理造成的。通过对类似地段经营较好的商场的情况进行调查得知，营业面积为1 000平方米的商场，一般年净现金流量在1 000万元左右，高于旅馆、饭店等用于其他用途的房地产报酬率，因而应以继续经营商业为前提进行评估。

②预测未来每年的收益。经调查分析，可确信该商场通过重新装修和增加商品资金投入，同时改革用工制度和收入分配办法，实行现代化经营，完全可成为该地段最有竞争力的企业，而且通过与有意者充分讨论，并参照其他类似企业经验，预计今后各年扣除追加投资收益后的净现金流量，第1年到第5年分别为-10万元、750万元、1 120万元、1 280万元、1 260万元；第6年以后将稳定在1 270万元，如无特殊情况，不会有太大波动，故可用分段法评估其收益现值。

③确定适用资本化率。经调查分析，商场同行业资金利润率基本上在12%～13%波动，考虑到该商场的竞争优势，取其高限13%作为适用资本化率。

④确定评估值。

$$P=\frac{-10}{1+13\%}+\frac{750}{(1+13\%)^2}+\frac{1\ 120}{(1+13\%)^3}+\frac{1\ 280}{(1+13\%)^4}+\frac{1\ 260}{(1+13\%)^5}+\frac{1\ 270}{13\%}\times\frac{1}{(1+13\%)^5}$$

=8 116.60（万元）

所以，该商场的转让价格应为8 116.60万元。

2.3.5 收益法评估资产的程序

收益法评估资产的程序为：

（1）收集验证有关经营状况、财务状况的信息资料。

（2）计算和对比分析有关指标及其变化趋势。

（3）预测资产预期收益，确定折现率或资本化率。

（4）将预期收益折现或资本化处理，确定被评估资产价值。

2.3.6 收益法的优缺点

用收益法进行资产评估，具有以下比较突出的优点：

（1）这种方法可以比较真实和准确地反映资产资本化的价格。

（2）应用此方法评估的资产价格易为买卖双方所接受。

（3）这种方法从资产经营的根本目的出发，紧扣被评估资产的收益进行评估，更加符合资产评估的本质要求。

用收益法进行资产评估的缺点主要有：

（1）预期收益预测的难度较大，不仅受主观判断的影响，而且还直接受到影响未来收益的不可预见因素的影响。在评估中，折现率和资本化率也较难确定。

（2）适用范围较小，一般适用于企业整体资产和可预测未来收益的单项生产经营性资产的评估。

小思考 2-3

运用收益法的关键是什么？收益法对资产的估价取决于难以把握的未来收益因素和折现率，但为什么这种方法还是得到了普遍的运用？

答：收益法是依据资产预期收益并将其折现或资本化处理来估测资产价值的方法，它涉及三个基本要素：一是被评估资产的预期收益；二是折现率或资本化率；三是被评估资产取得预期收益的持续时间。因此，能否准确地把握上述三个要素就成为运用收益法的关键。

收益法对资产的估价取决于难以把握的未来收益因素和折现率，但这种方法还是得到了普遍的运用，是因为被评估资产与其经营收益之间存在着较为稳定的关系。同时，影响资产预期收益的主要因素，包括主观因素和客观因素也应是比较明确的，评估人员可以据此分析和测算出被评估资产的预期收益。另外，评估对象所具有的行业风险、地区风险及企业风险是可以比较和测算的。

2.4 资产评估方法的比较与选择

2.4.1 资产评估方法之间的区别与联系

资产评估的市场法、收益法、成本法及由此衍生出来的其他评估思路共同构成了资产评估的方法体系。资产评估的专业性质决定了各种评估方法之间存在着内在联系，而各种评估方法的独立存在又说明它们各有特点。正确认识资产评估方法之间的内在联系及各自的特点对于恰当地选择评估方法、高效地进行资产评估是十分重要的。

1）资产评估方法之间的区别

各种评估方法独立存在本身就说明各种评估方法之间存在差异。各种评估方法首先具有不同的理论基础：成本法主要源于马克思的劳动价值论；收益法源于效用价值论；市场法则主要源于市场均衡论。不同的理论基础决定了每一种评估方法都有其自成一体的运用方法和过程，都要求具备相应的信息基础，评估结论也都是从某一角度反映资产的价值。因此，各种评估方法的计算技术是有区别的，而且各有不同的利与弊。

2）资产评估方法之间的联系

对于特定的经济行为，在相同的市场条件下，对处在相同状态下的同一资产进行评估，其评估值应该是客观的，这个客观的评估值不会因评估人员所选用的评估方法的不同而出现截然不同的结果。正是评估的基本目的决定了评估方法间的内在联系，而这种内在联系为评估人员运用多种评估方法评估同一条件下的同一资产，并进行相互验证提供了理论依据。

2.4.2 资产评估方法的选择

资产评估方法的多样性，为评估人员选择适当的评估方法、有效地完成评估任务提供了现实可能。为了高效、简捷、相对合理地估测资产的价值，在评估方法的选择过程中应注意以下几个问题：

（1）评估方法的选择要与评估目的、评估时的市场条件、评估对象在评估过程中所处的状态，以及由此所决定的资产评估价值基础和价值类型相适应。

（2）评估方法的选择受评估对象的类型、实际使用状态等因素的制约。例如，对于既无市场参照物，又无经营记录的资产，只能选择成本法进行评估。

（3）评估方法的选择受各种评估方法运用所需的数据资料及主要经济技术参数能否收集齐全的制约。

总之，无论选择哪种评估方法进行评估，都应保证评估目的、评估时所依据的各种假设和条件与评估所使用的各种数据参数及评估结果在性质和逻辑上的一致，尤其是在运用多种方法评估同一评估对象时，更要保证每种评估方法运用中所依据的各种前提条件、数据参数的可比性，以便能够确保运用不同评估方法所得到的评估结果的可比性和相互可验证性。

小资料 2-3　评估人员应具备选择最直接、最有效率的评估方法的职业判断力

由于资产评估工作基本目标的一致性，因此在同一资产的评估中可以采用多种方法，如果使用这些方法的前提条件同时具备，而且评估师也具备相应的专业判断能力，那么，多种方法得出的结果应该趋同。如果采用多种方法得出的结果出现较大差异，原因可能有以下几种：一是某些方法的应用前提不具备；二是分析过程有缺陷；三是结构分析有问题；四是某些支撑评估结果的信息依据出现失真；五是评估师的职业判断有误。建议评估师为不同评估方法建立逻辑分析框图，通过对比分析发现问题。评估师在发现问题的基础上，除了要对评估方法做出取舍外，还应该分析问题产生的原因，并据此研究解决问题的对策，以便最后确定评估价值。

小思考 2-4

在评估方法的选择过程中应注意哪些问题？

答：（1）评估方法的选择要与评估目的、评估时的市场条件、评估对象在评估过程中所处的状态，以及由此所决定的资产评估价值基础和价值类型相适应。

（2）评估方法的选择受评估对象的类型、理化状态等因素的制约。

（3）评估方法的选择受各种评估方法运用所需的数据资料及主要经济技术参数能否收集齐全的制约。

补充阅读材料 2-1

注册资产评估师在选择评估方法的过程中应注意的问题

本章小结

资产评估的基本方法有市场法、成本法、收益法。

市场法是指比照与评估对象相同或相似的资产的市场价格来确定被评估资产价值的一

种评估方法。运用市场法的关键是选取合适的参照物，并将其与被评估资产进行对比，进行差异分析并调整差异额。

成本法是指在评估资产时，按被评估资产的现时完全重置成本减去应扣损耗或贬值来确定被评估资产价值的评估方法。其基本计算公式为：资产评估价值=重置成本-实体性贬值-功能性贬值-经济性贬值。运用成本法的关键是科学、合理地量化重置成本和各项贬值。

收益法是指通过估算被评估资产预期收益并将其折算成现值，来确定被评估资产价值的一种评估方法。运用收益法的关键是要科学地确定预期收益、折现率和收益期限。

总之，为简捷、合理地确定资产评估价值，评估人员必须注意区分各种评估方法的概念、内涵及适用范围、适用的前提条件，选择合适的资产评估方法，有效完成评估任务。

主要概念

市场法　成本法　收益法　复原重置成本　更新重置成本

基本训练

一、单项选择题

1.折现率本质上是（　　）。

A.平均收益率　　B.无风险报酬率

C.超额收益率　　D.个别收益率

2.政府实施新的经济政策或发布新的法规限制了某些资产的使用，造成资产价值降低，这是资产的一种（　　）。

A.功能性贬值　　B.经济性贬值

C.实体性贬值　　D.非评估考虑因素

3.由外部环境而不是资产本身或内在因素所引起的，使资产达不到原有设计的获利能力而导致的贬值属于（　　）。

A.实体性贬值　　B.功能性贬值

C.经济性贬值　　D.非评估考虑因素

4.用现行市价法进行资产评估时，应当参照相同或者类似的（　　）评定重估价值。

A.重置成本　　B.市场价格

C.清算价格　　D.收益现值

5.对被评估的机器设备进行模拟重置，按现行技术条件下的设计、工艺、材料、标准、价格和费用水平进行核算，这样求得的成本为（　　）。

A.更新重置成本　　B.复原重置成本

C.完全复原成本　　D.实际重置成本

二、多项选择题

1.资产的三个属性是（　　）。

A.收益性　　B.流动性

C.安全性

D.营运性

E.稳定性

2.资产评估采用的物价指数，一般应是（　　）。

A.综合物价指数

B.分类（或个别）物价指数

C.评估基准日物价指数

D.年平均物价指数

E.资产取得日物价指数

3.造成资产经济性贬值的主要原因有（　　）。

A.该项资产技术落后

B.该项资产生产的产品需求减少

C.社会劳动生产率提高

D.自然力作用加剧

E.政府公布淘汰该类资产的时间表

4.资产购买者不仅要求资本增值，而且还要求补偿由于投资而带来的其他方面的损失，这些损失包括（　　）。

A.机会成本

B.历史成本

C.交易成本

D.风险成本

E.灵活偏好成本

5.收益额应以现金流量来衡量的原因是（　　）。

A.整体投资在有效年限里，现金流量总计与利润相等

B.整体投资在有效年限里，现金流量总计大于利润

C.利润在各年的分布受折旧方法等人为因素影响，而现金流量则不受这些人为因素约束

D.现金流量状况比盈利状况更为重要

E.盈利状况比现金流量状况更为重要

三、判断题

1.资本化率与折现率本质上是不同的。（　　）

2.运用收益法进行资产评估时，收益额就是指评估基准日资产的收益。（　　）

3.资产评估中确定的收益应以收付实现制确认的现金流量为衡量标准。（　　）

4.若企业年收益按等比级数递增，且无期限，则评估价值$=\frac{年收益额}{折现率+增长率}$。（　　）

5.运用成本法对某企业的一台设备进行评估，其成新率是指会计上的折旧率。（　　）

四、技能题

1.被评估机器设备的年产量为500件，同类全新机器设备价值为50 000元，年产量为600件，试运用功能价值法评估被评估机器设备的重置全价。

2.参照资产A的重置成本为5 000元，生产能力为300 000件/年，被评估资产B的生产能力为600 000件/年，设规模经济效益指数n取值为0.7，则被评估资产重置全价是多少？

3.某企业尚能经营3年，现拟转让，未来3年的预期收益额分别为400万元、500万元、300万元，折现率为10%，求其评估值。

五、案例分析题

1.某企业拥有一块地产，预计未来第1年的纯收益（现金流量）为20万元，以后各年的纯收益会以2%的比率递增，该地产的折现率为10%，土地使用权出让年限为40年，评估时已使用5年。

要求：

（1）什么是收益法？应用收益法的基本前提是什么？

（2）收益额应以净利润确定还是以现金流量确定？为什么？

（3）评估该地产现时价值。

（4）若该地产可以无期限永久使用，评估该地产价值。

（5）若预计该地产各年纯收益会按1.5%的比率递减，其他条件不变，评估该地产价值。

2.某企业对其拥有的一台车床进行评估，该车床是在评估基准日10年前购进的。该车床在正常使用情况下每天可使用8个小时，但在过去10年中，实际平均每天工作7个小时，经测定，该设备尚可使用5年。经调查，在市场重新购置该车床需80 000元，年产量为10 000件，而被评估车床年产量为8 000件。

要求：

（1）什么是成本法？使用成本法有哪些基本前提？

（2）复原重置成本与更新重置成本有何区别？

（3）运用功能价值法计算该企业车床的重置成本。

（4）简要分析成新率与会计上计提固定资产折旧的性质有何不同。

（5）计算该车床的成新率。

（6）用成本法计算该车床的评估价值。

3.A企业欲与B外商进行合资经营，A企业投入一台生产流水线，规定使用年限为10年，已使用3年。经调查，目前同样生产流水线的全新现行市价为1 000 000元，预计残值为100 000元。

要求：

（1）什么是现行市价法？使用现行市价法的基本前提是什么？

（2）现行市价法与成本法都要通过市场寻找参照物，两者有何不同？

（3）运用现行市价法中的市价折扣法对A企业生产流水线进行评估。

（4）若在市场上无法找到与A企业生产流水线完全相同的设备，但有类似的生产流水线，全新价格为1 100 000元，预计残值为110 000元。通过比较两者的性能、使用权益、技术水平等因素，确定调整系数为0.9，试评估A企业生产流水线的现时价值。

第3章

流动资产评估

【学习目标】

通过本章的学习，了解流动资产的分类和特点，以及流动资产评估的特点和程序，掌握实物类流动资产的评估方法、货币类流动资产的评估方法，以及债权类流动资产的评估方法。

流动资产形态多样，其评估内容包括实物类流动资产评估、货币类流动资产评估及债权类流动资产评估。实物类流动资产评估具体分为材料、在产品、产成品及库存商品、低值易耗品的评估；货币类流动资产评估具体分为货币性资产、应收账款及预付账款、应收票据及其他流动资产的评估。

3.1 流动资产评估概述

3.1.1 流动资产的内容和分类

流动资产是指企业在生产经营活动中，可以在一年或超过一年的一个经营周期内变现或者耗用的资产，包括货币资金、应收及预付款项、交易性金融资产、存货等。它是企业资产的重要组成部分，在企业资产评估中占有重要的地位。流动资产不同于固定资产，它经常改变存在状态，只能一次性或短期使用于生产和消费过程中。

流动资产形态多种多样，为了便于进行流动资产评估，必须对其进行合理的分类。

1）按现行会计制度分类

流动资产按现行会计制度，可分为货币资金、应收及预付款项、交易性金融资产和存货。

（1）货币资金，是指在企业生产经营过程中处于货币形态的那部分资金，包括库存现金、银行存款及其他形式的货币资金。其他形式的货币资金是指除库存现金和银行存款以外的其他货币资金，包括外埠存款、银行本票存款、银行汇票存款、存出投资款、信用卡存款、信用证保证金存款等。

（2）应收及预付款项，包括应收账款、应收票据、其他应收款、预付账款和预付费用等。应收账款是指企业因销售商品、提供劳务等应向购货单位或受益单位收取的款项，是购货单位所欠的短期债务。预付账款是指企业按照购货合同规定预付给供货单位的购货定金或部分货款。

（3）交易性金融资产，是指企业持有的以公允价值计量且其变动计入当期损益的金融资产，包括为交易目的所持有的股票投资、债券投资、基金投资、权证投资等和直接指定为以公允价值计量且其变动计入当期损益的金融资产。

（4）存货，是指企业在生产经营过程中为销售或耗用而储备的资产，包括产成品、库存商品、在产品、自制半成品、原料及主要材料、辅助材料、燃料、修理用备件、包装物和低值易耗品。

2）按在企业生产经营活动中的形态和作用分类

流动资产按在企业生产经营活动中的形态和作用，可分为储备资产、生产资产、成品资产、结算资产、货币资产。

（1）储备资产，是指处于生产准备阶段的流动资产，如原材料、燃料、低值易耗品等。

（2）生产资产，是指处于生产过程中的流动资产，如在产品、自制半成品等。

（3）成品资产，是指处于产品待销过程中的流动资产，如产成品等。

（4）结算资产，如发出商品、各种应收账款和应收票据等。

（5）货币资产，如银行存款、库存现金等。

3）按存在的形态分类

流动资产按存在的形态，可分为实物类流动资产、货币类流动资产、债权类流动资产和其他流动资产。

（1）实物类流动资产，是指企业在生产经营过程中为销售或耗用而储备的具有实物形态的资产，主要包括各种材料、在产品、半成品、低值易耗品、包装物等。实物类流动资产评估是流动资产评估的重要内容。

（2）货币类流动资产，是指现金和各项存款等具有现金等价物性质的流动资产。货币类流动资产包括库存现金、银行存款和交易性金融资产。

（3）债权类流动资产，是指不具有实物形态的、具有债权性质的流动资产。债权类流动资产包括应收账款、应收票据、应付账款和其他应收款等。

（4）其他流动资产，是指除以上资产以外的流动资产，主要包括待摊费用等。

3.1.2 流动资产的特点

流动资产与其他类型的资产相比，其特点主要表现在以下方面：

1）循环周转速度快

循环周转速度快是流动资产最主要的特征，流动资产在使用中只经历一个生产经营周期就改变其实物形态，并将其全部价值转移到所形成的产品中去，构成产品成本费用的组成部分，然后从营业收入中得到补偿。判断一项资产是否是流动资产，关键看其周转情况，周转速度加快能给企业带来增值。

2）变现能力强

变现能力强是流动资产的一个显著标志。各种形态的流动资产都可以在较短的时间内出售或变卖，具有较强的变现能力，是企业对外支付和偿还债务的物质基础。当然，不同形态的流动资产的变现速度是有区别的。按变现能力强弱排序，首先是货币资产，其自身就是随时可用的现金，根本不存在变现的问题；其次是交易性金融资产，这类资产极易变现，可看作货币资金的另一种存放形式；再次是较易变现的应收账款；最后是存货。

3）占用形态同时存在又相继转换

流动资产在周转过程中不断改变其形态，依次由货币形态开始，经过供应、生产、销售三个阶段，分别采取货币资产、储备资产、生产资产和成品资产等形态，最后又变为货币形态，各种形态不断地循环流动。各种形态的流动资产在企业中同时存在，分布于企业生产经营过程的各个阶段。同时，各种形态的流动资产又按照生产经营过程的顺序相继转换，周而复始地形成流动资金循环和周转过程。流动资产按其存在形态不同，可以归结为四种类型，即货币类流动资产、债权类流动资产、实物类流动资产和其他流动资产。

4）波动性

由于企业要不断地进行购买和销售，因此流动资产受市场商品供求变化和生产、消费的季节性影响较大。另外，受外部经济环境、经济秩序等因素的制约，其占用总量的比例及流动资产不同类型的构成比例呈现出波动性。

3.1.3 流动资产评估的内容与特点

流动资产评估包括实物类流动资产评估和非实物类流动资产评估。实物类流动资产评估一般包括库存材料、低值易耗品、在产品、产成品及库存商品的评估；非实物类流动资产评估一般包括货币性资产、交易性金融资产、应收账款、预付账款、应收票据、待摊费用和预付费用的评估。

由于流动资产本身的特点，流动资产评估与其他资产的评估相比具有以下特点：

1）流动资产评估主要是单项资产评估

流动资产评估主要是以单项资产为评估对象，根据其本身的特点进行价值评估。单项流动资产一般不具有综合获利能力，因此流动资产评估不需要以其综合获利能力进行综合性价值评估。

2）流动资产评估要合理确定评估基准时间

资产评估是确定资产在某一时点上的价值，而流动资产与其他类型资产的显著区别就在于，其资产的流动性和价值的波动性，使不同形态的流动资产随时都在变化，不可能人为地停止流动资产的运转，因此流动资产评估对时点的要求比较严格，所选评估基准日应尽可能在会计期末或与资产评估结论利用的时间一致，并在规定的时间进行盘点和清查，确定流动资产的数量和账面价值，防止重复和遗漏。

3）进行流动资产评估时既要认真进行资产清查，又要分清主次、掌握重点

在进行流动资产评估之前，必须认真进行资产清查，这直接影响评估质量的好坏。但是，由于流动资产往往数量较大、种类较多，清查工作量很大，因此需要同时考虑评估的时间要求和评估成本。流动资产评估往往需要根据不同企业的生产经营特点和流动资产分布的特点，分清主要和次要、重点和一般，选择不同的方法进行清查和评估，做到突出重点、兼顾一般。清查采用的方法可以是抽查、重点清查或全面盘点。当抽查核实中发现原始资料或清查盘点工作可靠性较差时，要扩大抽查范围，直至核查全部流动资产。

3.1.4 流动资产评估的方法

流动资产评估应根据评估目的的不同和不同种类流动资产的特点，选择合适的评估方法。

（1）对货币类流动资产评估，除外币资金按评估基准日的当日外汇牌价进行折算外，其他的清查调整后的账面价值就是现值。

（2）对实物类流动资产评估，一般可采用历史成本法、重置成本法和现行市价法。

（3）债权类流动资产评估，适用于按可变现价值进行评估。

（4）对其他流动资产应分不同的情况进行评估，其中有物资实体的流动资产，应视其价值情形，采用与机器设备等相同或类似的方法进行评估。

3.1.5 流动资产评估的程序

1）确定评估对象和评估范围

进行流动资产评估之前，首先要确定评估对象和评估范围，这是保证评估质量的重要条件之一。评估对象和评估范围应依据经济活动所涉及的资产范围而定。同时，在实施评估前应做好下列工作：

（1）界定流动资产的评估范围

进行流动资产评估，首先应明确被评估流动资产的范围，必须注意划清流动资产与非

流动资产的界限，防止将不属于流动资产的机器设备等作为流动资产，也不得把属于流动资产的低值易耗品等作为非流动资产。同时，要防止将应记入固定资产或在建工程的专项物资归入流动资产，以避免重复评估和遗漏评估。

（2）核实待评估流动资产的产权

企业在进行资产评估前，首先应核实流动资产的产权，以免将不属于被评估企业的资产纳入评估范围，如企业中存放的外单位委托加工材料、代为保管的材料物资等，这些物资尽管存在于该企业中，但是由于其产权不属于被评估单位，因此不得将其列入流动资产的评估范围。

（3）对被评估流动资产进行抽查核实

对被评估流动资产进行抽查核实，验证基础资料。准确的评估资产清单是正确评估资产价值的基础资料，被评估资产的清单应以实存数量为依据，而不能仅仅以账面记录为准。被评估资产的清点造册一般由委托方完成并记录资产的实际数量而非账面数量，评估机构在收到清单后应进行全查或抽查，将清单与实物、会计资料等核对，如发现不符事项，应查清原因并调整。

2）对实物类流动资产进行质量和技术状况调查

对企业需要评估的材料、半成品、产成品等流动资产进行质量和技术状况调查，目的是了解这部分资产的质量状况，以便确定其是否还具有使用价值，并核对其技术情况和等级与被评估资产清单的记录是否一致。对被评估资产进行质量和技术状况调查是正确评估资产价值的重要基础，特别是对那些时效性较强的存货，如有保鲜期的食品、有有效期的药品和化学试剂等，对其进行技术调查尤为重要。存货在存放期内质量发生变化，会直接影响其市场价格，因此评估人员必须考虑各类存货的内在质量因素。对各类存货进行技术质量调查，可由被评估企业的有关技术人员、管理人员与评估人员合作完成，必要时也可咨询专家的意见。

3）对债权类流动资产的情况进行分析

根据对被评估企业与债务人经济往来活动中的资信情况的调查了解，以及对每项债权资产的经济内容、发生时间的长短及未清理的原因等因素进行核查，综合分析确定各项债权回收的可能性、回收的时间、回收时将要发生的费用等。

4）合理选择评估方法

评估方法的选择要考虑不同评估目的和不同种类流动资产的特点。流动资产的类型影响评估方法的选择。对于实物类流动资产，可以采用市场法或成本法。对于存货类流动资产，如果其价格变动较大，则以市场价格为基础。对购入价格较低的存货，按现行市价进行调整；而对购入价格较高的存货，除考虑现行市价外，还要分析最终产品价格是否能够相应提高，或存货本身是否具有按现行市价出售的可能性。对于货币类流动资产，其清查核实后的账面价值本身就是现值，无须用特殊方法进行评估，只是对外币存款应按评估基准日的汇率折算。对于债权类流动资产，宜采用可变现净值进行评估。对于其他流动资产，应区分不同情况进行评估，其中有物质实体的流动资产，应视其价值情形采用与机器设备等相同或相似的方法进行评估。

5）评定估算流动资产，出具评估结论

经过上述评估程序，就可按选定的方法对被评估流动资产进行评估，形成相应的评估结论。

小资料 3-1

流动资产极大地影响着评估实务，而它的特点直接反映在流动资产的评估上。流动资产在周转方式、存在形态、变现性能等方面与其他资产明显不同，这使流动资产评估具有以下特点：

（1）流动资产只参加一次生产经营，其价值一次性转移。流动资产评估一般不考虑流动资产实体有形损耗和功能性陈旧贬值等因素。在对低值易耗品、变质、呆滞、积压等流动资产进行评估时，要考虑有形损耗。

（2）流动资产周转快，在评估中可以把流动资产账面实际成本作为评估的基本依据。

（3）流动资产流动性较好，几种估价标准的差异较小。

（4）流动资产量大类繁，这决定了在评估方法上要采取重点与一般相结合的原则，重视分类评估的特点。

（5）流动资产评估受企业运转的影响大，对企业流动资产会计核算资料的依赖度高，要求评估人员具有较专业的财会和审计知识。

（6）对非实物类流动资产的评估，主要是利用账面资料，与审计有相似之处。

小思考 3-1

流动资产评估的特点表现在哪些方面？

答：（1）流动资产评估是单项资产评估。

（2）流动资产评估要合理确定评估基准时间。

（3）评估时要分清主次，掌握重点。

3.2 实物类流动资产的评估

实物类流动资产主要包括各种材料、在产品、产成品（库存商品）、低值易耗品和包装物等。实物类流动资产评估是流动资产评估的重点。

3.2.1 材料的评估

1）材料评估的内容

材料是企业生产加工的主要对象，处于生产经营过程的储备阶段，尚未改变其购进时的原有实物形态。企业中的材料按其存放地点，可分为库存材料和在用材料。在用材料在生产过程中已经形成产品或半成品，不再作为单独的材料存在，因此这里所说的材料评估是对库存材料的评估。

库存材料包括各种主要材料、辅助材料、燃料、修理用备件、包装物、低值易耗品、外购半成品等。低值易耗品的评估在后面有专门的介绍，这里主要介绍其他几种材料的评估。

库存材料具有品种多、数量大、金额大的特点，以及在计量单位、购进时间和自然损耗等方面各不相同的特点，在评估时要注意以下内容：

（1）保证被评估库存材料的账实相符。在对被评估库存材料进行评估之前，首先要对其进行盘点，清查核实其数量，并查明其中有无霉烂、变质、毁损或呆滞材料等。

（2）选择适合的评估方法。对库存材料进行评估时，使用较多的方法是市场法和成本法。评估人员要根据不同的评估目的和待评估资产的特点选择合适的评估方法，保证评估结果的准确性。就这两种方法而言，如果某种材料存在活跃市场，供求基本平衡，成本法和市场法可以相互替代使用。

（3）运用企业库存管理的ABC分类法。由于企业的库存材料品种、规格繁多，数量大，在评估时把全部材料作为重点进行评估不太现实，可以将材料按照一定的目的和要求，根据ABC分类法进行分类，分清重点、次重点和一般对象，着重对重点材料进行评估。

2）库存材料的评估

对库存材料进行评估时，可以根据材料购进情况的不同选择合适的评估方法。

（1）近期购进库存材料的评估

近期购进库存材料的库存时间较短，在市场价格变化不大的情况下，应直接以材料的市场价格加上购置费用作为材料的评估值。同时，由于其账面价值接近市场购价与购置费用的总和（如果企业采用先进先出的存货核算方法），因此评估人员也可以以核实确认无误后的账面价值作为评估值。这两种评估方法得出的评估结果相差不大。

［例3-1］被评估企业中的A材料系两个月前从外地购进的，材料明细账的记载为：数量6 000千克，单价500元/千克，运杂费600元。根据材料消耗的原始记录和清查盘点，评估时库存尚有1 000千克。根据以上资料，可以确定材料的评估值为：

材料A的评估值=1 000×（500+600÷6 000）=500 100（元）

注：对于购进时发生的运杂费的处理，如果从外地购进原材料，运杂费数额较大，评估时则应将被评估材料分担的运杂费计入评估值；如果从本地购进原材料，运杂费数额较小，评估时则可以不考虑运杂费。

（2）购进批次间隔时间长、价格变化较大的库存材料的评估

这种库存材料的评估可以采用以下两种方法：一种是以最接近市场价格的那批材料的价格作为评估的计价基础；另一种是直接以评估基准日的市场价格作为评估的计价基础。

这里需要注意的是，各企业对材料的购进时间和购进批次等的核算在会计上采用不同的方法，如先进先出法、加权平均法、个别计价法等。这使得材料的账面余额不尽相同，但核算方法的差异对评估结果并无影响，评估时关键还是要准确核查库存材料的实际数量，并按最接近市场的价格计算确定其评估值。

［例3-2］要对被评估企业的库存材料B进行评估，评估基准日为2020年12月31日。该材料分两批购进，第一批购进时间为2020年10月，购进1 500吨，单价为450元/吨；第二批购进时间为2020年11月，购进2 000吨，单价为300元/吨。截至评估基准日，第一批购入的还剩100吨，第二批购入的还没有使用。因此，尚需评估的材料数量为2 100吨，按照现行的市场价格300元/吨计算评估值如下：

材料B的评估值=300×（100+2 000）=630 000（元）

本例中，因为评估基准日2020年12月31日与购进时间2020年11月较近，所以直接采用2020年11月购进材料的价格。如果近期内该材料价格变动很大，或者评估基准日与

最近一次购进时间间隔较长，且价格变动较大，评估时应采用评估基准日的市价。

（3）购进时间较早、市场上已脱销、没有准确现行市价的库存材料的评估

这类库存材料无法直接从市场上找到它的现行价格，只能采用其他方法来确定。

①通过寻找替代品的价格变动资料来修正该材料的价格。

②通过分析该材料在市场上的供需情况的变化来修正该材料的价格。

③通过市场上同类材料的平均物价指数来修正该材料的价格。

3）呆滞材料价值的评估

呆滞材料是指企业从库存材料中清理出来需要进行处理的材料。由于长期积压或保管不善等问题，这部分材料的使用价值已减少。对这类材料的评估首先是对其数量和质量进行核查和鉴定，然后区别不同情况来进行评估，对其中失效、变质、残损、报废、无用的，应通过分析计算，扣除相应的贬值数额后，确定其评估值。

4）盘盈、盘亏材料的评估

（1）盘盈材料的评估。因为盘盈材料并没有历史成本资料，所以应采用现行市价法或成本法进行评估。

（2）盘亏材料的评估。盘亏材料并无实物，不存在评估的问题，应直接从待评估材料申报中剔除。

3.2.2 在产品的评估

企业的在产品包括产品生产过程中尚未加工完的在制品和已加工完成但不能单独对外销售的半成品，外购的半成品视同材料评估，可直接对外销售的自制半成品视同产成品评估。

由于在产品的数量不太容易核查清楚，而且对其进行评估还需要估计其完工程度，因此对在产品的评估应结合它的特点，采用成本法或市场法。

1）成本法

成本法是指根据清查核实、技术鉴定和质量检测的结果，按评估时的相关市场价格及费用水平重置同等级在产品所需要的合理的料、工、费来确定在产品的评估值。这种方法适用于仍需继续生产、销售并有盈利的在产品的评估，而且主要适用于生产周期较长的在产品的评估。对于生产周期较短的在产品，主要以其实际发生的成本作为评估依据，在变现风险很小的情况下，也可以根据其账面值进行调整。成本法中的具体方法有以下三种：

（1）价格变动系数调整法

价格变动系数调整法是指以在产品实际发生的原始成本为基础，根据评估基准日的市场价格变动情况进行调整，得出在产品的重置成本，以此来确定评估值的方法。这种方法主要适用于生产经营正常、会计核算水平较高的企业。

用价格变动系数调整法对在产品进行评估，具体评估的方法和步骤为：

第一，对被评估在产品进行技术鉴定，将不合格在产品的成本从总成本中剔除；

第二，分析原始成本的构成，将不合理的费用从总成本中剔除；

第三，分析原始成本构成中构成在产品的材料成本从生产准备开始到评估基准日的价格变动情况，测算出价格变动系数；

第四，分析原始成本中的工资、燃料、动力及制造费用等从开始生产到评估基准日的

变动情况，测算出调整系数；

第五，根据技术鉴定、原始成本的分析和价格变动系数的测算调整成本确定评估值，必要时从变现的角度修正评估值。其计算公式如下：

$$\text{在产品的评估值}=\text{原合理材料成本}\times(1+\text{价格变动系数})+\text{原合理工资、费用（含借款费用）}\times(1+\text{原合理工资、费用变动系数})$$

需要说明的是，在产品成本包括直接材料、直接人工、制造费用和借款费用四个部分。制造费用属于间接费用，直接人工尽管是直接费用，但是在实际计算中较难确定，因此在评估时把它和制造费用等合并作为一项费用来进行测算。借款费用一般用于需要经过相当长时间的购建或者生产活动才能达到预定可使用或者可销售状态的存货。

［例3-3］某企业处于某一生产阶段的在产品300件，已知每件产品要消耗铝材50千克，每千克铝材的市场单价为5元，在产品累计单位工时定额为20小时，每定额小时的燃料和动力费用定额为0.45元，工资及附加费定额为10元，车间经费定额为2元，企业管理费用定额为4元，该在产品不存在变现风险，则该在产品的评估值计算如下：

原材料成本=300×50×5=75 000（元）

工资成本=300×20×10=60 000（元）

费用成本=300×20×（2+4）=36 000（元）

燃料和动力成本=300×20×0.45=2 700（元）

该在产品的评估值=75 000+60 000+36 000+2 700=173 700（元）

（2）社会平均消耗定额和现行市价法

这种方法是指按照重置同类资产的社会平均成本确定被评估资产的价值。当可以取得关于被评估的在产品的社会消耗定额资料，或被评估企业对各道工序上的在产品的定额资料较为齐全、可靠时，使用这种方法比较合适。在用此方法对在产品进行评估之前，要先掌握以下资料：

①被评估在产品的完工程度；

②被评估在产品有关工序的工艺定额；

③被评估在产品耗用材料的近期市场价格；

④被评估在产品的合理工时及单位工时的费用标准，且合理工时和单位工时及各自的费用标准应按正常生产经营情况进行测算。

此方法的基本计算公式为：

$$\begin{aligned}\text{在产品的评估值}&=\sum\text{各工序在产品的定额成本}\\&=\sum(\text{各工序定额材料成本}+\text{各工序定额人工成本}+\text{各工序定额制造费用})\end{aligned}$$

各工序定额材料成本=在产品实有数量×该工序单件材料工艺定额×单位材料现行市价

各工序定额人工成本=在产品实有数量×该工序累计单位工时定额×现时的每小时工资标准

各工序定额制造费用=在产品实有数量×该工序累计单位工时定额×现时的每小时制造费用标准

对于各种定额的选取，首先考虑行业统一标准，没有行业统一标准的，按照企业的现行标准。

［例3-4］某企业对在产品A进行评估，在产品A分布在三道工序上，工序一上共3 000件，工序二上共2 700件，工序三上共2 500件。原材料甲在工序一开始时一次性100%投入，原材料乙在工序二开始时一次性100%投入。在工序一上的在产品每件消耗

原材料甲的定额为50千克，原材料甲的每千克现时单价为40元。在工序二上的在产品每件还要消耗原材料乙10千克，原材料乙的每千克现时单价为45元。完成工序一、工序二、工序三的单位工时定额分别为80小时、60小时和40小时。现时的每小时工资标准为6元，现时的每小时制造费用定额标准为0.5元。

该在产品A的评估值计算如下：

①工序一上在产品的成本计算。

工序一上在产品的定额材料成本=3 000×50×40=600（万元）

工序一上在产品的定额人工成本=3 000×（80÷2）×6=72（万元）

工序一上在产品的定额制造费用=3 000×（80÷2）×0.5=6（万元）

工序一上在产品的定额成本=600+72+6=678（万元）

②工序二上在产品的成本计算。

工序二上在产品的定额材料成本=2 700×（50×40+10×45）=661.5（万元）

工序二上在产品的定额人工成本=2 700×（80+60÷2）×6=178.2（万元）

工序二上在产品的定额制造费用=2 700×（80+60÷2）×0.5=14.85（万元）

工序二上在产品的定额成本=661.5+178.2+14.85=854.55（万元）

③工序三上在产品的成本计算。

工序三上在产品的定额材料成本=2 500×（50×40+10×45）=612.5（万元）

工序三上在产品的定额人工成本=2 500×（80+60+40÷2）×6=240（万元）

工序三上在产品的定额制造费用=2 500×（80+60+40÷2）×0.5=20（万元）

工序三上在产品的定额成本=612.5+240+20=872.5（万元）

在产品A的评估值=$\sum$各工序在产品的定额成本 = 678 + 854.55 + 872.5 = 2 405.05(万元)

（3）约当产量法

约当产量法是指将在产品的数量按其完工程度折算为相当于完工产成品的数量（即约当产量），然后根据在产品的重置成本和约当量计算在产品评估值的方法。其计算公式为：

在产品评估值=产成品重置成本×在产品约当量

在产品约当量=在产品数量×在产品完工率

其中，在产品的完工率有很多种确定方法，可以根据已完成工序（工时）占全部工序（工时）的比例来确定，也可以根据生产完成时间占生产周期的比例来确定。当然，确定时应分析完成工序、完成时间与其成本耗费的关系。

[例3-5] 某工厂在评估时，有在产品20件，材料在生产过程中陆续投入。已知这批在产品的材料投入量为75%，完工率为60%，该产品的单位定额成本为：材料定额3 800元，工资定额400元，费用定额620元。现确定该批在产品的评估值如下：

在产品材料约当产量=20×75%=15（件）

在产品工资、费用约当产量=20×60%=12（件）

在产品的评估值=15×3 800+12×（400+620）=69 240（元）

2）市场法

市场法是用同类在产品的市场销售价格，扣除销售过程中预计发生的费用后确定在产品评估值的方法。这种方法适用于因产品下线，在产品不能进一步加工，只能对外销售情况下的评估。一般来说，在产品的通用性强，在用于产品配件更换或维修等情况时，其评估值也较高；若在产品属于很难通过市场出售或调剂出去的专用配件等，则只能按废料回收价格进行评估。

评估时要充分考虑变现的风险，包括销售风险、价格风险以及预计销售成本。销售方面，可以预计一个可销售系数，或者设定一个不能变现的概率。价格方面，可按市场接受的不含税的单价计算。市场法的基本计算公式如下：

在产品的评估值=在产品实有数量×市场可接受的不含税的单价-预计销售过程中发生的税费

报废在产品的评估值=可回收废料的数量×废料的单位现行回收价格

［例 3-6］华兴公司因产品技术落后而全面停产，现准备与鸿瑞公司合并，有关在产品的资料如下：

在制品原账面记录的成本为175万元，按其状态及通用性分为三类：

第一类：已从仓库中领出，但尚未进行加工的原料；

第二类：已加工成部件，可通过市场销售且流动性较好的在制品；

第三类：加工成的部件无法销售，也不能继续加工，只能报废处理的在制品。

对于第一类在制品，可按实有数量、技术鉴定情况、现行市场价格计算评估值；对于第二类在制品，可根据市场可接受的现行价格、调剂过程中的费用、调剂的风险确定评估值；对于第三类在制品，只能按废料的回收价格计算评估值。

根据评估资料可以确定评估结果，见表3-1、表3-2和表3-3。

表3-1　　车间已领用尚未加工的原材料

材料名称	编号	计量单位	实有数量	现行单位市价（元）	按市价计算的资产价格（元）
黑色金属	B001	千克	150	16	2 400
有色金属	B002	千克	3 000	36	108 000
有色金属	B003	千克	7 000	24	168 000
合计					278 400

表3-2　　车间已加工成部件并可直接销售的在制品

部件名称	编号	计量单位	实有数量	现行单位市价（元）	按市价计算的资产价格（元）
A	C001	件	1 800	54	97 200
B	C002	件	600	100	60 000
C	C003	台	100	250	25 000
D	C004	台	130	165	21 450
合计					203 650

表3-3　　报废在制品

部件名称	编号	计量单位	实有数量	单位在制品可回收废料	可回收废料数量	单件回收价格（元）	按市价计算的资产价格（元）
A	D001	件	5 000	35	175 000	0.4	70 000
B	D002	件	6 000	10	60 000	0.4	24 000
C	D003	件	4 500	2	9 000	6	54 000
D	D004	件	3 000	11	33 000	5	165 000
合计							313 000

［例3-7］某企业决定转产经营，清理出一批在产品，其实有数量5 000件，其中80%已经基本加工成半成品，并找到同行企业接受，每件出价为50元，余下部分难以找到买主，拟作废料处理，净残值为8 000元，企业需支付运费和其他费用3 000元，则该企业在产品的评估值如下：

在产品的评估值=5 000×80%×50-3 000+8 000=205 000（元）

3.2.3 产成品及库存商品的评估

产成品及库存商品包括企业已经完工入库的产成品、已经完工并经过质量检验但尚未办理入库手续的产成品和商品流通企业的库存商品。产成品及库存商品的评估还包括对准备对外销售的自制半成品和代修品、代制品的评估。产成品可以直接对外销售，依据其变现的可能和市场接受的价格，通常可采用成本法和市场法进行评估。同时，应结合资产评估的经济行为，注意对其可能实现的利润情况进行分析。

1）成本法

采用成本法对生产及加工企业的产成品进行评估，可根据生产、制造该项产成品全过程中发生的全部的正常合理的成本费用来确定产成品评估值，具体可分为以下三种情况：

（1）若评估基准日与产成品完工时间较接近，物价变动不大，且企业的会计核算水平较高，产成品的账面成本能够反映出产成品完工时的社会正常合理的成本水平，则可以直接按产成品账面成本确定其评估值。其计算公式为：

产成品的评估值=产成品数量×产成品账面单位成本

（2）若评估基准日与产成品完工时间相距较长，成本费用变化较大，但企业的会计核算水平较高，产成品的账面成本能够反映出产成品完工时的社会正常合理的成本水平，则可采用以下公式计算其评估值：

$$\frac{产成品的}{评估值}=\frac{产成品}{实际成本}\times\left(\frac{材料}{成本比例}\times\frac{材料综合}{调整系数}+\frac{工资费用}{成本比例}\times\frac{工资费用}{综合调整系数}\right)$$

（3）若企业的会计核算水平较低，产成品的账面成本不能够反映出社会正常合理的成本水平，则可采用以下公式计算其评估值：

$$\frac{产成品的}{评估值}=\frac{产成品}{实有数量}\times\left(\frac{合理材料}{工艺定额}\times\frac{材料单位}{现行价格}+\frac{合理}{工时定额}\times\frac{单位工时}{合理工资及费用开支}\right)$$

［例3-8］某企业评估时产成品实有数量为100台，每台实际成本为500元。根据会计核算资料，在该产品的生产成本中，材料与工资、其他费用的比例为3：2。根据目前价格变动情况和其他相关资料，确定材料综合调整系数为1.2，工资费用综合调整系数为1.1，由此可以确定该产成品的评估值为：

产成品的评估值=100×500×（60%×1.2+40%×1.1）=58 000（元）

［例3-9］某企业现有产成品500件，根据企业的成本资料并结合对行业成本费用资料的分析，确定合理材料工艺定额为20千克/件，合理工时定额为18小时。评估时，经了解生产该种产品的材料价格已上涨，由原来的40元/千克涨至48元/千克，单位小时合理工资费用为35元/小时。根据上述分析和有关资料，可以确定该产成品的评估值为：

产成品的评估值=500×（20×48+18×35）=795 000（元）

2）市场法

市场法是指以不含价外税的可接受市场价格（一般为出厂价）为基础，扣除全部税金（流转税和所得税）、全部销售费用及适当利润后确定产成品的评估值的方法。其计算公式为：

产成品的评估值=产成品实有数量×（不含税出厂单价-全部税金-全部销售费用-适当利润）

式中的适当利润需要根据产品的市场销售情况来确定。一般来说，对于十分畅销的产品，则不扣除利润，但要扣除所得税；对于勉强能够销售的产品，要扣除全部利润；对于正常销售的产品，则依据产品销售的具体情况，扣除适当的利润；对于滞销、积压、降价销售的产品，应根据其可收回净收益确定评估值。

在用市场法评估产成品时，应注意考虑以下因素：

（1）产成品的使用价值。评估人员要对产品本身的技术水平和内在质量进行鉴定，明确产品的使用价值及技术等级，进而确定合理的市场价格。

（2）分析产品的市场供求关系和被评估产品的前景，这样做也有利于产品的市场价格的合理确定。

（3）市场价格的选择应以公开市场上形成的产品近期交易价格为准，非正常交易情况下的交易价格不能作为评估的依据。

（4）对于产成品的实体性损耗（如表面的残缺等），可以根据其损坏程度，确定适当的调整系数来进行调整。

采用市场法进行评估时，市场价格中包含了成本、税金、利润等因素，对这部分利润和税金的处理应视产成品评估的不同目的和评估性质而定。如果产成品的评估是为了销售，应直接将现行的市场价格作为评估值，不需要考虑销售费用和税金的问题；如果产成品的评估是为了投资等，这时税金要流出企业，销售费用也可得到补偿，应从市价中扣除各种税金作为产成品的评估价值。

[例3-10] 某厂生产的产成品，评估基准日的账面价值为392 500.54元。评估时根据厂方提供的年度会计报表及评估人员的清查得知，评估基准日该产品的库存数量为50 000件，单位成本为50元/件，出厂价为60元/件（含增值税），该产品的销售费用率为3%，销售税金及附加占销售收入的2%，利润率为15%，该企业的增值税税率为13%，由此可以确定该产成品的评估值为：

产成品的评估值=50 000×（60÷1.13）×（1-3%-2%-15%）=2 123 893.81（元）

3.2.4 低值易耗品的评估

1）低值易耗品评估的内容

低值易耗品是指单位价值在规定限额以下，或使用年限在一年以内的劳动资料，包括工具、管理用具、替换设备、劳动保护用品等。一方面，低值易耗品能多次使用并基本保持其实物形态，在使用过程中需要进行维修，报废时也有一定的残值，这与固定资产类似；另一方面，因为低值易耗品的价值较低，常作为材料进行管理。领用时采用分次摊销、五五摊销和一次摊销等方法实行核算。

低值易耗品的种类很多，从评估的角度出发，其主要按以下标准进行分类：

（1）按其用途划分，低值易耗品可分为一般工具、专用工具、替换设备、管理用具、劳动保护用品和其他低值易耗品等。

（2）按其使用情况划分，低值易耗品可分为在库低值易耗品和在用低值易耗品。

2）低值易耗品的评估方法

（1）在库低值易耗品的评估

在库低值易耗品的评估可以根据具体情况，采用与库存材料评估相同的方法。前面已经介绍了库存材料评估的方法，这里不再赘述。

（2）在用低值易耗品的评估

在用低值易耗品的评估可以采用成本法。其计算公式为：

在用低值易耗品的评估值=全新低值易耗品的成本价值×成新率

全新低值易耗品的成本价值可以按以下方法进行确定：在物价变动很小的情况下，直接采用低值易耗品的账面价值；在物价变动较大的情况下，可直接采用评估基准日的市场价格，还可以用账面价值乘以物价变动指数来确定。

由于低值易耗品的使用期限比较短，一般不考虑其功能性损耗和经济性损耗。对于低值易耗品的成新率，应根据其实际损耗确定，一般不能按照其摊销方法（一次摊销或分次摊销）确定。成新率的计算公式为：

$$成新率=\left(1-\frac{低值易耗品实际已使用月数}{低值易耗品可使用月数}\right)\times 100\%$$

［例3-11］某企业的某项低值易耗品原价为800元，预计使用期限为1年，截至评估基准日已使用了9个月，该低值易耗品的现行市场价格为1 000元，则该项低值易耗品的评估值为：

低值易耗品的评估值=1 000×（1-9÷12）=250（元）

小资料3-2　　产成品及库存商品价值评估

（1）以出售为目的的产成品价值评估，应将现行市价作为其评估值。

（2）以投资为目的和采用加和法评估企业价值时，对产成品价值的评估应将产成品的可变现净值作为评估值，因为只有净值才为投资者所拥有。

小思考3-2

怎样对企业库存商品的价值进行评估？

答：对企业库存商品价值的评估，可以参照材料的价值评估。因为库存商品与材料一样，在购进后未改变其存在状态。所不同的是，材料购进的目的是用于生产，商品购进的目的是销售。因此，库存商品在评估原理上与材料是相同的。

3.3　货币类流动资产及债权类流动资产的评估

货币类流动资产包括库存现金、各项银行存款及交易性金融资产。债权类流动资产包括应收账款、预付账款及应收票据等。

3.3.1 货币类流动资产的评估

货币类流动资产是指以货币形态存在的资产，包括库存现金、银行存款和交易性金融资产。

1）库存现金、银行存款的评估

对非货币性资产而言，货币性资产不会因时间的变化而发生变化，因此对货币类流动资产的评估，尤其是对库存现金、银行存款的评估，主要是对数额的清查确认。对现金要进行盘点，并与库存现金日记账和库存现金总账核对，实现账实相符；对银行存款要进行函证，核实其实有数额。评估时要以核实后的实有值作为评估值，如有外币存款，应按评估基准日的当日外汇牌价折算成人民币计算。

2）交易性金融资产的评估

交易性金融资产主要是企业为了利用正常营运中暂时多余的资金，购入一些可随时变现的有价证券，这样做可以在一定程度上提高资金的使用效益。该资产能够在活跃市场进行交易，公允价值能够通过活跃市场获取。由于交易性金融资产按公允价值进行计量，因此其评估值就是评估基准日的收盘价。

$$交易性金融资产的评估值=\sum(有价证券持有数\times每股市场收盘价)$$

［例3-12］某企业拥有A股票2 000股、B股票4 000股、C股票5 000股。购入时，三只股票的实际成本分别为5万元、4.8万元、6万元。在评估基准日，它们的收盘价分别为每股20元、15元、10元，则该企业的交易性金融资产的评估值为：

A股票的评估值=2 000×20=40 000（元）

B股票的评估值=4 000×15=60 000（元）

C股票的评估值=5 000×10=50 000（元）

该企业交易性金融资产的评估值=40 000+60 000+50 000=150 000（元）

3.3.2 应收账款及预付账款的评估

企业的应收账款和预付账款主要是指企业在经营过程中由于赊销等原因形成的尚未收回的款项，以及企业根据合同规定预付给供货单位的货款等。它们通常存在一定的回收风险。因此，在评估应收账款及预付账款时，要关注并分析债务方的经营情况，合理判断其风险。在评估应收账款及预付账款时，一般应从三个方面进行：一是确定应收账款及预付账款的账面价值；二是确认已确定的坏账损失；三是估算预计坏账损失。

应收账款评估的基本计算公式为：

应收账款的评估值=应收账款账面余额-已确定的坏账损失-预计坏账损失

应收账款评估的基本程序如下：

（1）确定应收账款的账面价值

对应收账款进行评估时，评估人员要进行清查核实，确定应收账款的数额。评估人员除了要进行账证核对、账表核对外，还要尽可能按客户名单发询证函，查明每项应收账款的发生时间、金额、债务人单位的基本情况等，为预计坏账损失提供依据。对机构内部独立核算单位间的往来要进行双向核对，以免重记、漏记。

（2）确认已确定的坏账损失

已确定的坏账损失是指在评估时可以确认不能收回的应收账款。《企业会计制度》规定，符合下列条件之一的，应确认为坏账损失：

①债务人死亡，以其遗产清偿后仍无法收回的应收账款；

②债务人破产，以其破产财产清偿后仍无法收回的应收账款；

③债务人在较长时间内未履行其偿债义务，并有足够证据表明无法收回或收回的可能性极小；

④与债务人达成债务重组协议或法院批准破产重整计划后无法追偿的；

⑤因自然灾害、战争等不可抗力导致无法收回的。

对于已确认的坏账损失，在评估时必须从应收账款价值中扣除。

（3）估算预计坏账损失

估算预计坏账损失，即判断应收账款回收的可能性。影响其回收可能性的因素主要有：

①业务往来的密切程度和依存关系；

②债务人的偿债能力及信用；

③被评估单位的索债能力及相互拖欠的“三角债”等的影响。

对影响被评估企业应收账款回收可能性的因素的分析过程，既是对应收账款坏账损失可能性的判断过程，也是对预计坏账损失定量分析的准备过程。

对预计坏账损失的评估方法主要有坏账比例法和账龄分析法。

①坏账比例法。坏账比例法是指根据被评估企业前若干年（一般为3～5年）的实际坏账损失额和应收账款发生额来确定坏账的发生比例，然后根据这一比例和全部应收账款的数额来确定其预计坏账损失。其计算公式为：

$$坏账比例=\frac{评估前若干年发生的坏账数额}{评估前若干年应收账款余额}\times 100\%$$

对于预付账款是否形成坏账损失，评估人员应了解大额预付账款的供应商或提供劳务方的经营状况和财务状况，估计其按合同提供物品或劳务的能力和可能性。若因供应商或提供劳务方破产、撤销等原因无法再收到所购货物或劳务，则应提醒被评估企业将该预付账款的余额转入其他应收款，并参照应收账款的坏账损失确认和估算办法，最终按实际情况确定坏账损失额。

［例3-13］对某企业的应收账款进行评估时，根据账面的记载，截至评估基准日应收账款的账面余额为500万元，前4年应收账款及坏账处理情况见表3-4。

表3-4　**某企业前4年应收账款及坏账处理情况**　金额单位：万元

年份	应收账款余额	处理坏账金额
第1年	150	20.0
第2年	245	7.2
第3年	250	12.0
第4年	355	10.8
合计	1 000	50.0

前4年的坏账比例为：

坏账比例=50÷1 000×100%=5%

预计坏账损失额=500×5%=25（万元）

当然，如果企业的应收账款多年未清理，账面上找不到坏账的处理金额，这时坏账比例法就不适用了，就要寻求其他的方法。

②账龄分析法。账龄分析法是指按应收账款拖欠时间的长短，分析应收账款预计可收回的金额及产生坏账的可能性。应收账款能否顺利收回，与应收账款拖欠时间的长短有很大关系。一般来说，应收账款的账龄越长，产生坏账的可能性越大，可收回的金额越低。因此，这种方法主要是将应收账款按账龄分类，对各类应收账款分别估计其产生坏账损失的可能性，从而估计坏账损失的金额。

[例3-14] 某企业以2019年12月31日为评估基准日，经核实，其应收账款的实有余额为350 000元（具体情况见表3-5），则其应收账款评估值为：

表3-5　应收账款坏账损失的计算　金额单位：元

应收账款账龄	余额	估计坏账损失率	坏账损失额
未到期	180 000	1%	1 800
过期1个月	100 000	3%	3 000
过期2个月	43 500	10%	4 350
过期3个月	10 000	20%	2 000
过期3个月以上	16 500	50%	8 250
合计	350 000		19 400

应收账款的评估值=350 000-19 400=330 600（元）

应收账款评估以后，账面上的“坏账准备”科目按零计算。因为“坏账准备”科目是应收账款的备抵账户，其金额是按会计制度规定的一定比例计提的，而对应收账款进行评估时，是按照应收账款实际可收回的可能性进行的，这时已经考虑了坏账损失的因素，因此应收账款的评估值就不应再包括坏账准备数额。

预付账款评估可参照应收账款的评估方法进行。

3.3.3 应收票据的评估

应收票据是由付款人或收款人签发的、由付款人承诺到期无条件付款的一种书面凭证。我国的应收票据主要是指商业汇票。商业汇票可以依法背书转让，也可以向银行申请贴现。应收票据按承兑人的不同，可分为商业承兑汇票和银行承兑汇票；按其是否带息，可分为带息商业汇票和不带息商业汇票。

应收票据的评估可采用下列两种方法：

1）按票据的本利和计算

由于商业汇票有带息和不带息之分，因此不带息的商业汇票的票面金额为评估值；带息商业汇票的评估值则是本金和利息的和。其计算公式为：

无息票据的评估值=票面金额

有息票据的评估值=票面金额×（1+利率×时间）

式中：时间是指从票据签发日至评估基准日这段时间。

[例3-15] 某企业拥有一张期限为6个月的票据，票面金额为6万元，月利率为10‰，截至评估基准日，距付款期尚有3个月的时间，由此确定票据的评估值为：

有息票据的评估值=6×（1+10‰×3）=6.18（万元）

2）按票据的贴现值计算

这种方法下应收票据的评估值为按评估基准日到银行贴现可获得的贴现额，这是一种较为保守的估算方法。其计算公式为：

应收票据的评估值=票据到期值-贴现利息

其中，不带息票据的到期值为票据的面值；带息票据的到期值则为票据到期时的本利和。

贴现利息=票据到期值×贴现率×贴现期

贴现期=到期天数-持票天数

［例3-16］仍以［例3-15］中的数据为例，假定银行的贴现率为月利率12‰，则应收票据的评估值为：

贴现利息=60 000×（1+10‰×6）×12‰×3=2 289.6（元）

应收票据的评估值=60 000×（1+10‰×6）-2 289.6=61 310.4（元）

［例3-17］假设评估基准日为2020年3月1日，被评估企业持有的不带息商业汇票的出票日为2020年1月23日，期限为6个月，面值为110 000元，银行年贴现率为12%，该应收票据的到期日为2020年7月23日，其贴现天数为144天（30+30+31+30+23），则应收票据的评估值为：

贴现利息=110 000×12%÷360×144=5 280（元）

应收票据的评估值=110 000-5 280=104 720（元）

如果被评估的应收票据系在规定的时间内尚未收回的票据，因会计处理上将不能如期收回应收票据转入应收账款账户，此时应按应收账款的评估方法对其进行价值评估。

3.3.4 待摊费用及预付费用的评估

1）待摊费用的评估

待摊费用是指企业已经支付或发生，但是应由本期和以后各期分别负担的费用。待摊费用本身不是资产，它是已耗用资产的反映，但是它的支出可以形成一定形态的资产。因此，对待摊费用的评估，应按其形成的具体资产的价值来确定，与待摊费用账面的摊余价值没有本质的联系。如果待摊费用所对应的资产已不存在，则无论其账面摊余价值有多大，待摊费用的评估价值都为零。

这里应当注意的是，当这种具体资产的价值已计入其他资产的评估值时，就不能再在待摊费用中重复评估。例如，某企业待摊费用中发生的待摊修理费用2万元，由于该修理工作使机器设备的使用寿命或功能等有所改进，在评估时已将该费用计入机器设备价值，因此该项费用无须再在待摊费用中反映。

2）预付费用的评估

预付费用是在评估日之前企业已经支出，但在评估日之后才能产生效益的特殊资产，如预付的租金、保险费等。它是一种未来可取得服务的权利，所以评估预付费用是对未来可取得服务的权利价值的评估，其依据主要是未来可产生效益的时间。如果预付费用的效益已在评估日前全部体现，只因发生的数额过大而采取分期摊销的方法，这种预付费用不应在评估中作价，只有那些在评估日之后仍将发挥作用的预付费用，才是评估的真正对象。

［例 3-18］某企业评估基准日为 2020 年 6 月 30 日，经核实发现待摊和预付费用情况如下：截至评估基准日，预付 1 年保险金 60 万元；尚待摊销的低值易耗品余额为 15.9 万元；预付房租 45 万元，租期 5 年，尚有 3 年的使用权。评估过程如下：

①预付保险金的评估。

根据保险金全年支付金额，计算每月的分摊数额：

分摊数额 = 60÷12 = 5（万元）

保险金的评估值 = 6×5 = 30（万元）

②低值易耗品的评估。

低值易耗品根据实有数量和现行市场价格，确定其评估值为 13 万元。

③房屋租金的评估。

按总租金数额和合约规定的租期计算得出每年的租金为 9 万元，房屋的租期还有 3 年。

房租的评估值 = 9×3 = 27（万元）

该企业在评估基准日的待摊和预付费用的评估值 = 30+13+27 = 70（万元）

小思考 3-3

为确定可能发生的坏账损失，对应收账款应如何分类？

答：对于被评估企业的应收账款，应根据应收账款收回的可能性进行判断。一般可以根据企业与债务人的业务往来和债务人的信用情况将应收账款分为几类，并按照不同类别估算坏账损失发生的可能性及数额。应收账款分类如下：第一类，业务往来较多，债务人结算信用好。这类应收账款一般能够如期全部收回。第二类，业务往来较少，债务人结算信用一般。这类应收账款收回的可能性较大，但是收回的时间不确定。第三类，偶尔发生业务，债务人的信用情况不清楚。这类应收账款估计部分可以收回。第四类，有业务往来，但是债务人信用比较差，有长期拖欠货款的记录。这类应收账款可能无法收回。

补充阅读材料 3-1

东莞××公司流动资产分析

本章小结

本章主要介绍了流动资产的特点和评估程序，实物类流动资产、债权类流动资产和货币类流动资产以及其他流动资产的评估问题。

流动资产是指可以在一年内或者超过一年的一个营业周期内变现或者运用的资产，包括库存现金及银行存款、存货、应收及预付款项、交易性金融资产等。流动资产的主要特点有周转速度快、变现能力强和形态多样化。

流动资产评估的特点主要有：①流动资产评估是单项评估；②必须选准流动资产评估的基准时间；③既要认真进行资产清查，又要分清主次、掌握重点；④流动资产周转速度快，变现能力强，在价格变化不大的情况下，资产的账面价值基本上可以反映出流动资产的现值。对流动资产进行评估时，评估人员应当先确定评估对象和评估范围，然后对有实物形态的流动资产进行质量检测和技术鉴定，再对企业的债权、票据、分期收款、发出商品等情况进行分析，最后合理选择评估方法，估算流动资产，出具评估结论。

实物类流动资产的评估是流动资产评估的重要内容，包括对各种材料、在产品、产成品及库存商品等的评估。对材料进行评估时采用较多的是成本法和市场法，就这两种方法而言，在某种材料畅销、供求基本平衡的情况下，两者可以互相替代使用。采用成本法时，可以按价格变动系数调整原成本，也可以按社会平均工艺定额和现行市价计算评估值，还可以按在制品的完工程度计算评估值。市场法适用于因产品下线在制品和自制半成品只能按评估时的状态向市场出售的情况下的评估。产成品及库存商品这部分流动资产包括企业已经完工入库的产成品、已完成并经过质量检验但尚未办理入库手续的产成品和企业的库存商品等，应根据其变现的可能和市场接受的价格进行评估，适用的方法有成本法和市场法。

债权类流动资产包括应收账款及预付账款、应收票据及预付费用等；货币类流动资产包括库存现金和银行存款及交易性金融资产。企业的应收账款及预付账款主要是指企业在经营过程中由于赊销原因而形成的尚未收回的款项，以及企业根据合同规定预付给供货单位的货款等。在对应收账款及预付账款估算时，一般应从三个方面进行：一是确定应收账款及预付账款的账面价值；二是确认已确定的坏账损失；三是估算预计坏账损失。应收票据的评估可按本金加利息确定，也可按应收票据的贴现值计算。待摊费用的评估应按其形成的具体资产价值来确定，而预付费用的评估主要依据其未来可产生效益的时间。对现金及各项存款的评估，实际上是对现金和各项存款的清查确认。通过本章的学习，应了解流动资产的内容、特点，掌握各类流动资产的评估方法。

主要概念

实物类流动资产　货币类流动资产　债权类流动资产

基本训练

一、单项选择题

1.外币存款折算为人民币时，一般应按照（　　）折算。

A.月平均外汇牌价　　B.年平均外汇牌价

C.当日外汇牌价　　D.当年最低外汇牌价

2.采用成本法对低值易耗品进行评估时，成新率应当根据（　　）确定。

A.已使用月数　　B.已摊销数额

C.实际损耗程度　　D.尚未摊销数额

3. 2020年3月1日对甲种材料的库存进行评估，该材料的库存共有两批，2019年10月购入500千克，单价为1 200元，已经领用400千克，结存100千克；2020年2月又购入200千克，单价为1 500元，尚未领用。企业会计采用先进先出法，该库存材料的评估值为（　　）元。

A.45 000　　B.42 000

C.39 000　　D.36 000

4.经过核实，某被评估企业截至评估基准日的应收账款余额为1 460 000元，该企业前5年的应收账款累计余额为7 200 000元，处理坏账累计额为610 000元，按坏账估计法确定该企业应收账款的评估值最接近于（　　）元。

A.1 336 320　　B.7 200 000

C.36 000　　D.1 365 630

5.某企业向甲公司出售材料，价款500万元，商定6个月后收款，采取商业承兑汇票结算。该企业于4月10日开出汇票，并由甲公司承兑，汇票到期日为10月10日。现对该企业进行评估，评估基准日定在6月10日，由此确定贴现日期为120天，贴现率按照月利率6‰计算，因此该应收票据的评估值为（　）万元。

A.12　　B.500

C.488　　D.450

二、多项选择题

1.流动资产的实体性贬值可能会出现在（　　）。

A.在用品　　B.应收账款

C.在用低值易耗品　　D.呆滞、积压物资

2.评估库存材料的非续用价值时，需要考虑的因素有（　　）。

A.市场价格的选择　　B.评估材料的变现成本

C.被评估材料的变现风险　　D.被评估材料的成本

3.产成品及库存商品的评估，一般可用（　　）。

A.年金法　　B.成本法

C.市场法　　D.分段法

4.评估应收账款及预付账款时，其坏账的确定方法有（　　）。

A.坏账比例法　　B.账龄分析法

C.财务制度规定的3‰～5‰　　D.账面分析法

5.对低值易耗品进行评估时，应该考虑的因素主要有（　　）。

A.市场价格　　B.实体性贬值

C.功能性贬值　　D.经济性贬值

三、判断题

1.流动性资产由于其周转速度快、变现能力强、形态多样化等特点，一般不考虑其功能性贬值。（　　）

2.对于企业的库存商品一般以可变现净值作为评估值。（　　）

3.资产的实体性贬值的计算只适用于低值易耗品以及呆滞、积压流动资产的评估，而在其他流动性资产中一般不计算。（　　）

4.债权类流动资产（如应收账款及预付账款、应收票据等）的评估只适用于按市场价格进行评估。（　　）

5.对于购进时间早、市场已脱销、没有准确市场现价的库存材料，可以根据材料的账面价值进行评估。（　　）

6.外币存款折算为人民币时，一般应按评估基准日的当日外汇牌价折算。（　　）

四、技能题

1.某企业在联营过程中，对其某一工序上的在制品进行评估，该工序上的在制品数量

为5 000件。根据行业平均定额标准得知，该在制品在工序上的材料消耗定额为10千克/件，工时定额为5小时/件。经过市场调查得知，该在制品耗用材料的近期市场价格为10元/千克，相同工种正常小时工资为6元/小时。经调查，该企业产品销路一向很好，假设不存在变现，求该在制品的评估值。

2.某保健品厂生产的口服液十分畅销，由于其营销网络十分强大，因此被某集团看中，欲收购该保健品厂。在评估过程中，涉及对该厂库存口服液的评估。经查实，该厂库存口服液账面价值为208 950元，数量为2 000瓶，账面记载的单价为105元/瓶，出厂价格为140.44元/瓶（含增值税）。经调查，该产品的销售费用占销售收入的3%，销售税金及附加占销售收入的2%，销售利润率为20%，已知所得税税率为25%，试确定该产品的评估值。

3.甲企业向乙企业出售材料，价款2 000万元，商议9个月后收款，采取商业承兑汇票结算，乙企业于3月10日开出汇票并进行了承兑。汇票到期日为12月10日。现对甲企业进行评估，评估基准日为6月10日，贴现率为6‰，试评估该汇票的价值。

五、案例分析题

1.某机器厂柴油机系列的在产品经查证，有关资料如下：

（1）该系列在产品到评估日账面累计总成本为7 000万元。

（2）该系列产品中的A种在产品废品率偏高，超过正常范围的废品有790件，账面单位成本为250元，估计可回收的废料价值为23 500元。

（3）该系列在产品的材料成本占总成本的75%，所用材料全部都是有色金属材料，从其生产准备开始到评估基准日有3个月的时间，按生产资料交易中心公布的价格计算，同类有色金属材料在3个月内降价8%。

（4）制造费用分析表明，本期在产品的单位产品费用偏高，主要是前期漏转费用45万元计入本期成本所致。

（5）该系列在产品的工资及福利费成本占总成本的10%，评估开始前进行了工资调整，按有关政策应计入产品成本的工资及福利费增加了12%，其他费用在3个月内未发生变化。

要求：根据上述资料，按成本法核算该系列在产品的评估值。

2.某企业准备继续生产已入库的A系列在产品。经调查，A系列在产品的资料如下：

（1）截至评估基准日，A系列在产品账面累计总成本为200万元，A系列中有一种在产品150件报废，账面单位成本为100元，估计可回收的废料价值为3 500元。

（2）A系列在产品的材料成本占总成本的70%，所有材料均为某种贵重金属，从其生产准备到评估基准日有半年的时间，据了解，同类材料在半年内价格上涨了10%。

（3）关于A系列在产品的费用分析，表明本期在产品的单位产品费用偏高，主要系前期漏转费用5万元计入本期成本所致，其他费用在半年内未发生变化。

要求：按照价格变动系数调整A系列在产品的原始成本，确定A系列在产品的评估值。

第4章
机器设备评估

【学习目标】

通过本章的学习，了解机器设备的技术经济特点及其对评估的影响，了解机器设备分类的依据和分类方法，以及机器设备评估中贬值的概念、各类贬值的内涵及形成原因，掌握机器设备的评估程序并能在评估业务各阶段的具体工作中运用。

4.1 机器设备评估概述

4.1.1 机器设备的含义及特点

1）机器设备的含义

机器设备是指一台（辆）、一套或一组由金属及其他材料制成，由若干零部件装配起来的，在一种或几种动力驱动下，能够完成生产、加工、化学反应、运行等功能或效用的装置。

在自然科学领域中，对机器设备的定义通常包括以下三大类：

（1）动力机器，是指将自然界中的能量转换为机械能而做功的装置，包括内燃机、电动机、汽轮机、水轮机、风轮机等。

（2）能量变换机器，是指将机械能转换为某种非机械能的装置，包括发电机、热泵、液压泵、压缩机等。

（3）工作机器，是指利用自然界或动力机器所提供的机械能来改变工作对象的物理状态、性质、结构、形状、位置等的装置。

评估学中所指的机器设备是广义的，是指能进行某项工作或可以满足某种需求的成套或单项机器、装置、用具的总称。

2）机器设备的特点

机器设备具有以下特点：

（1）机器设备属于固定资产，是一种劳动手段，具有单位价值高、使用期限长等特点。

（2）机器设备属于动产类资产，对固定资产中的房屋、建筑物等来说，其具有可移动性的特点，因此在评估前清点资产数量和范围时，应该特别仔细，防止遗漏和重复。

（3）机器设备属于有形资产，对无形资产而言，其具有有形的特点，但是无形资产的价值常常寓于有形资产价值之中，评估人员如能时刻把握这一特点，考虑问题就会更全面，测评的结果就会更准确。

（4）机器设备的更新换代比较快。

4.1.2 机器设备的分类

企业在生产过程中所使用的各种机器设备，其形状、大小、性能、用途等方面的差异较大，种类极其繁多。根据分类原则和标准的不同，通常有以下分类方法：

1）按机器设备在再生产中的不同作用分类

（1）生产工艺类设备。它是生产加工类企业的主力设备，该类设备能改变产品原材料的物理状况或化学性能，使其成为半成品或产成品，如机器加工设备中的车床、铣床、磨床、拉床等。

（2）辅助生产设备。它是保证生产工艺设备完成生产任务的二线设备，如空气压缩机、蒸汽锅炉、水泵、变压器等供风、供热、供水、供电设备，以及车辆、船舶、装卸机、吊车等交通运输装卸设备。

（3）服务设备。例如，通信设备、计算机、仪表仪器等。

2）按机器设备的不同技术性特点分类

（1）通用机器设备。它是指适用于一般机器制造企业的设备。该类设备大多具有常规的生产加工能力，如各种金属切削机床、锻压机床、铸造机床等。

（2）专用机器设备。它是指各行业、各企业的专用机器设备。该类机器设备的行业特点较强，工程技术要求也有较大的差异，在企业机器设备中往往占有较大的比重，如专用机器制造设备、专用港口码头设备及铁路施工设备等。

（3）非标准机器设备。它是指非国家定型设备，这种设备通常在市场上无法直接购买到，需要根据企业需求自制或委托外单位加工制造。

3）按机器设备的不同自动化程度分类

（1）自动化设备，如数控机床、机器人等。

（2）半自动化设备，如半自动锻锤等。

（3）其他设备，如手动吊车等。

4）按机器设备的不同来源分类

（1）自制设备。

（2）外购设备。外购设备又可分为国内购置设备和国外引进设备两种。

5）按机器设备的不同组合程度分类

（1）单台设备（独立设备）。

（2）机组。例如，柴油发电机组等。

（3）成套设备（包括生产线）。它是由若干不同设备按生产工艺过程，依次排序联结，形成一个完整或主要生产过程的机器体系，如合成氨成套设备、胶合板生产线等。

6）按会计核算中的使用分类

（1）生产用机器设备。它是指直接为生产经营服务的机器设备，如生产工艺设备、辅助生产设备、动力能源设备等。

（2）非生产用机器设备。它是指在企业所属的福利部门、教育部门等非生产部门使用的设备。

（3）租出机器设备。它是指企业出租给其他单位使用的机器设备。

（4）未使用机器设备。它是指企业尚未投入使用的机器设备，如库存的正常周转使用的设备、正在修理改造尚未投入使用的设备等。

（5）不需用机器设备。它是指已不适合本单位使用、待处理的机器设备。

（6）融资租入机器设备。它是指企业以融资租赁方式租入使用的机器设备。

4.1.3 机器设备评估的特点

机器设备的单位价值大、使用年限长、流动性较差、工程技术性强、价值属性比较复杂的特点，决定了机器设备评估具有以下主要特点：

1）以技术检测为基础

技术检测是判断机器设备技术含量的基本手段。机器设备的工程技术性较强，其技术水平和技术层次的高低直接影响机器设备的取得价格或变现价格。同时，技术检测直接关系到评估师对机器设备新旧程度的判断，这是决定机器设备价值高低的基本因素之一。因此，必要的技术检测是机器设备评估的基础。

2）以单台、单件设备为评估对象

由于机器设备的规格型号较多，情况差异大，因此为了保证评估的真实性和准确性，应逐台、逐件进行评估。对于数量较多、单位价值相对较低的同类资产，可以在逐台、逐件核实数量的基础上，选择合理的分类方法，分别按不同的要求进行评估。

3）多种评估方法并用

机器设备品种繁多，规格型号各异，且各类设备的单项价值、使用时间、性能等差别较大，应该针对不同的机器设备，选用不同的方法进行评估。即使是对同一设备，必要时也可选用几种不同的方法进行评估，以验证评估结果的准确程度。

4）对被评估机器设备逐一鉴定

对机器设备进行评估时，各项设备的新旧程度、资产价值和性能可能会存在较大的差别，这是由机器设备的使用周期长、使用情况复杂造成的。为了确保机器设备评估结果的科学性和准确性，必须对被评估设备进行逐一鉴定。

5）正确反映损耗补偿

由于机器设备的价值是逐渐转移到新产品价值中去的，且更新周期较长，因此在评估中要做到计算准确，应按资产现值提取折旧，并以机器设备重估价值反映机器设备的实际损耗的足额补偿。

6）正确估算机器设备的贬值

使机器设备贬值的因素比较多，除实体性贬值以外，往往还存在功能性贬值和经济性贬值。技术的更新换代、国家有关的环保政策、市场经济的状况等都可能影响机器设备的评估值。

7）正确测定机器设备寿命

机器设备的损耗不仅包括有形损耗，还包括无形损耗。因此，在评估中评估人员要认真收集各种有关资料，对各种相关因素要考虑周全，以保证准确确定机器设备的物理寿命、技术寿命和经济寿命。

4.1.4 机器设备评估的基本程序

机器设备评估作为一个重要的专业评估领域，情况复杂、作业量大，在进行评估时，应分步骤、分阶段实施。通常情况下，机器设备评估大致会经历以下阶段：

1）接受委托阶段

当客户有意委托评估人员对某项机器设备资产进行评估时，评估人员要向客户了解被评估资产的背景、现状、评估目的和评估报告的用途，以及该评估涉及的其他因素。

2）评估准备阶段

评估人员及评估机构在签订了《资产评估委托协议》，明确了评估目的、评估对象和评估范围之后，就应着手做好评估的准备工作。这一阶段的工作主要包括以下方面的内容：

（1）指导委托方填写和准备与评估事项有关的资料及文件，如反映待评估资产情况的资料、证明待评估资产产权状况的证明文件等。

（2）收集与评估活动相关的价格资料，包括待评估机器设备、可比资产或类似资产的现行市场价格、国家公布的有关物价指数，以及评估人员自行收集整理的物价指数等。

（3）整理有关资料、数据，对所获得的资料进行科学处理，以提高资料的可靠性和可用性。资料的处理包括筛选、审核、验证、分类、编号和存档。

（4）分析研究委托方提供的被评估资产清册及相关表格，明确评估重点和清查重点，制订评估方案，落实人员安排，设计评估技术路线。

3）现场工作阶段

评估人员进行现场实地勘察，核定待评估设备数量，并进行技术鉴定。这一阶段的工作主要包括以下方面的内容：

（1）逐台、逐件清查核实被评估的全部资产。评估人员需要对被评估单位申报的机器设备和有关产权证明进行清查核实，确保没有遗漏或产权不明确的资产。

（2）按评估重点或人员安排，对被评估设备进行必要的分类。当被评估设备的种类和数量较多时，评估人员应根据评估的目的、评估报告的要求及评估的工程技术特点，将被评估设备按重要性划分为A、B、C三类：单位价值大的重要设备为A类；单位价值小且数量较多的设备为C类；介于A类与C类之间的设备为B类。

（3）设备鉴定。对设备进行鉴定是现场工作的重点。设备鉴定阶段的工作包括对设备的技术鉴定、使用情况鉴定、质量鉴定及磨损鉴定等。被评估设备的生产厂家、出厂日期、设备负荷和维修情况等，都是进行设备鉴定的基本素材。

4）确定设备评估的经济技术参数阶段

根据评估的目的和评估项目对评估价值类型的要求，以及评估所选择的途径和方法，科学、合理地确定评估所需要的各类经济技术参数。

5）评定估算阶段

在做好上述各项工作的基础上，评估人员应根据评估目的、评估价值类型的要求及评估对象的具体情况，科学地选用评估计算方法进行评定估算。这一阶段的工作主要包括以下方面的内容：

（1）根据评估目的、评估价值类型的要求，以及评估过程中的环境条件，选择适宜的评估方法。

（2）阅读有关的可行性研究报告、设计报告、概预算报告、竣工报告、技术改造报告、重大设备运行和检验记录等，以深入细致地了解被评估设备。

（3）评估人员应查阅税法、环境保护法、车辆报废标准等有关的法律法规文件，以便充分考虑这些法律法规对设备评估的影响。

（4）对产权受到某种限制的设备，包括已抵押或作为担保品的设备、租入租出的设备，应单独进行处理。

（5）如果机器设备与房屋建筑、无形资产的界限难以分清，应及时与其他专业评估师进行交流，以防止重评和漏评。

（6）选择合适的方法估算评估值。

（7）调整评估结果，评估结果应与评估的目的和用途相适应。

6）撰写评估报告及评估说明阶段

在评估过程结束后，评估人员应对评估结果进行分析评价，及时撰写评估报告及评估说明。机器设备评估结果汇总表的一般格式见表4-1。

表4-1　　　　　　　　　　　　　　　**机器设备评估结果汇总表**

评估基准日：

资产类别	账面价值	账面净值	调整后净值	重置价值	评估值	增加值	增加率
专用机器							
普通机器							
运输设备							
⋮							

7）评估报告的审核和报出阶段

评估报告完成以后，要进行必要的审核，包括复核人的审核、项目负责人的审核和评估机构的审核。在三级审核确认评估报告无重大纰漏后，再将评估报告送达委托方及有关部门。

小资料4-1　　机械设备及代码

国家标准《固定资产分类与代码》（GB/T 14885-2010）规定的机械设备及代码（简表）见表4-2。

表4-2　　　　　　　　　　　**机械设备及代码（简表）**

代码	名称	代码	名称
2100000	机械设备	2101300	装卸设备
2100100	内燃机	2101400	立体仓库设备
2100200	燃气轮机	2101500	泵
2100300	汽轮机	2101600	风机
2100400	锅炉	2101700	气体压缩机
2100500	水轮机	2101800	气体分离及液化设备
2100600	风力机	2101900	制冷空调设备
2100700	潮汐动力机械	2102000	真空获得及其应用设备
2100800	液压机械	2102100	分离及干燥设备
2100900	金属加工设备	2102200	减速机及传动装置
2101000	起重设备	2102300	包装机械
2101100	输送设备	2102400	植物等有机物粉碎选别设备
2101200	给料设备		

小思考4-1

机器设备在具体评估过程中要特别注意哪些方面？

答：（1）注意清查核实未进账的机器设备、已提足折旧仍超龄使用的设备、经营性租入和租出的机器设备。

（2）注意向财会人员了解设备的成本构成情况、资金发生情况和使用情况、账面记录情况。

（3）注意向企业的具体操作人员、技术人员调查了解设备的使用情况、维护和修理情况等；对于那些大型、复杂、高精尖的设备，还应聘请有关专家进行专门的勘察鉴定。

（4）当被评估的机器设备数量较多时，应对其进行科学的分类，将相同或相近的设备分别编组。

（5）对于已计提完折旧的设备，如果发现其仍能正常使用，则应正常对其进行评估计价。

（6）设备评估一般应逐项确定评估值。对于整条生产线和其他整体设备，可以根据需要视为一项设备进行综合评估，也可细分成多项设备逐项进行评估。

4.2 机器设备评估的成本法

机器设备评估的成本法，是指通过估算全新设备的重置成本，减去设备的各种贬值（包括实体性贬值、功能性贬值和经济性贬值）以后确定机器设备价值的一种方法。其计算公式为：

机器设备评估值=重置成本-实体性贬值-功能性贬值-经济性贬值

或：

机器设备评估值=重置成本×综合成新率

式中：综合成新率=1-（实体性贬值+功能性贬值+经济性贬值）÷重置成本×100%

由此可见，影响估价的基本因素是重置成本和各类贬值。

4.2.1 机器设备重置成本的构成

由于重置对象不同，机器设备重置成本的构成内容也不相同。

1）国产设备

（1）外购设备

外购设备的重置成本一般包括：①设备的现行购置成本，即设备的购买价。②设备的运杂费，即设备从生产厂家运送到使用地点所发生的采购、运输、保管、装卸及其他有关费用。小型设备的运杂费若比较低，则可以忽略不计。③安装调试费，即为测定安装工程质量进行的单机试运转和联动无负荷试运转所发生的费用。如果安装调试的周期较长，费用较高，则必须考虑设备购置和安装调试所占用的资金成本。

（2）自制设备

自制设备的重置成本一般包括：①制造成本及相配比的期间费用。制造成本包含的项目比较多，除了直接材料和直接人工之外，还包括建设单位临时设施费、工程监理费、工程保险费等；相配比的期间费用指的是应分摊的财务费用和管理费用等。②大型设备的合理制造利润。③其他必要的合理费用，如勘察设计费、研究试验费等。④安装调试费。

2）进口设备

进口设备的重置成本主要由以下三个部分构成：

（1）境外发生的成本

境外发生的成本包括：①离岸价（FOB），是指装运港船上交货的价格，卖方负责支付货物的出口税款，买方负责货物越过船舷之后的一切费用及风险；②境外运杂费；③境外保险费。以上三项相加，就是进口设备的到岸价（CIF）。所谓到岸价，是指离岸价加上海运费（F）和海运保险费（I）的价格，用公式表示为：

到岸价=离岸价+海运费+海运保险费

或：

CIF=FOB+F+I

（2）设备的进口从属费用

设备的进口从属费用包括海外运费、海外保险费、进口关税、公司代理手续费、银行手续费、海关监管手续费、商检费等。

（3）境内发生的成本

设备在境内发生的成本主要包括境内运杂费和安装调试费。进口设备国内运杂费是指从我国港口、机场、车站运送到设备使用地点所发生的港口费、运输费、保管费、装卸费及国内运输保险费等费用。安装调试费有时包含在设备的价款中，不必另计。

4.2.2 机器设备重置成本的估算

1）设备现行购置成本的确定方法

（1）直接法

对于目前市场上仍在生产和销售的机器设备，通常以市场价为基础来确定其重置成本。由于评估人员通过各种渠道获得的市场价格信息可能与现有设备的真实价格存在一定的差异，因此对下列各种因素进行具体分析之后方可使用：①市场价格的多样性。根据替代性原则，在同等条件下，评估人员应选择可能获得的最低售价。②报价与成交价的差异。对于一些特殊的、大型的机器设备，其市场资料很难获得，这就需要向近期购买该厂同类产品的其他客户了解实际成交价，以剔除报价水分。③折扣因素。设备销售商对大批量的购买者会给予一定的折扣，因此评估人员应当注意折扣因素对重置成本的影响。④替代产品与评估对象品质、性能的差别。若以替代产品的现行市场价格作为其更新重置成本，评估人员应对价格进行相应的调整。

［例4-1］某机床按现行市场价购置，每台价格为60 000元，运杂费为700元，安装调试中领用原材料400元，发生人工费600元，则该机床的重置成本为：

重置成本=60 000+700+400+600=61 700（元）

［例4-2］评估某合资企业的一台进口气流纺机，该机器10年前从德国进口，进口合同中的FOB价格是20万欧元。评估人员通过德国有关纺机厂商在国内的代理机构向德国生产厂家进行了询价，并了解到德国已不再生产该型号的气流纺机，其替代产品是全面采用计算机控制的新型纺机，新型纺机的现行FOB报价为35万欧元。

针对上述情况，评估人员经与纺机专家共同分析研究新型纺机与被评估纺机在技术性能上的差别及其对价格的影响后认为，通常情况下，实际成交价应为报价的70%～90%，因此将德方FOB报价的80%作为FOB成交价。针对新型纺机在技术性能上优于被评估的气流纺机，估测被评估气流纺机的现行FOB价格约为新型纺机的70%，30%的折扣主要是功能落后造成的。评估基准日欧元对美元的汇率为1：1.4，人民币对美元的汇率为6.0：1。境外运杂费按FOB价格的5%计算，保险费按FOB价格的0.5%计算，关税与增值税因为符合合资企业的优惠条件，予以免征。银行手续费按CIF价格的0.8%计算，国内运杂费按CIF价格与银行手续费之和的3%计算，安装调试费包含在设备价款中，不必另付。由于安装调试周期较短，因此无须考虑利息因素。

根据上述分析及数据资料，被评估气流纺机的重置成本计算过程如下：

FOB价格=35×80%×70%=19.6（万欧元）

FOB价格=19.6×1.4=27.44（万美元）

境外运杂费=27.44×5%=1.372（万美元）

境外保险费=27.44×0.5%=0.1372（万美元）

CIF价格=FOB价格+境外运杂费+境外保险费=27.44+1.372+0.1372=28.9492（万美元）

银行手续费=28.9492×0.8%=0.2316（万美元）

国内运杂费=（28.9492+0.2316）×3%=0.8754（万美元）

按美元计算的气流纺机重置成本=28.9492+0.2316+0.8754=30.0562（万美元）

按人民币计算的气流纺机重置成本=30.0562×6.0=180.34（万元人民币）

（2）物价指数法

物价指数法，是指以设备的历史成本为基础，根据同类设备的价格上涨指数，确定机器设备重置成本的一种方法。其中，价格指数根据基期的不同，可以分为定基物价指数和环比物价指数。

①定基物价指数，是指以固定时期为基础的指数，通常用当期指标值与固定基期指标值的比值（百分比）来表示。运用定基物价指数计算设备重置成本的公式为：

重置成本=设备历史成本×（设备评估基准日定基物价指数÷设备购建时定基物价指数）

［例4-3］某机器设备5年前购进，其账面原值为15万元，5年后对其进行评估。5年间该类设备的定基物价指数分别为120%（购建时的）和150%（评估基准日时的），则该设备的重置成本为：

设备重置成本=15×150%÷120%=18.75（万元）

②环比物价指数，是指以上期为基数的指数。运用环比物价指数计算设备重置成本的公式为：

重置成本=设备历史成本×历年环比物价指数的乘积

式中：历年环比物价指数的乘积表示设备购置年至评估基准日各年的环比物价指数的乘积。

［例4-4］某企业有一台2014年购入的自动成型设备，该设备历史成本为100万元。根据企业提供的环比物价指数（见表4-3），评估该设备2020年的重置成本。

表4-3 环比物价指数

年份	2014	2015	2016	2017	2018	2019	2020
环比物价指数（%）	104	106	125	113	95	108	115

重置成本=100×104%×106%×125%×113%×95%×108%×115%=183.73（万元）

对一些难以获得市场价格的机器设备而言，物价指数法是比较简便易行的方法，但在使用时应注意以下问题：

A.公式中使用的物价指数一般为分类产品物价指数，它反映的是某一类设备综合的物价变化程度，而不是个别设备的价格变化情况。

B.设备的历史成本是计算重置成本的基础，评估人员应注意审查历史成本的真实性。

C.设备账面历史成本一般还包括运杂费、安装费、基础费及其他费用，这些费用的物价变动指数与设备的物价变动指数往往是不相同的，应分别计算。

D.采用物价指数法计算进口设备的重置成本时，要区分设备原值中用外汇支付的部分与用人民币支付的部分，分别使用设备生产国（即出口国）的分类物价指数及国内有关的物价变动指数。

（3）重置核算法

采用重置核算法时，如果按相同的材料、相同的工艺重新制造同类型的机器设备，计算得到的则是设备的复原重置成本；如果按新材料、新工艺重新制造相同生产能力的机器设备，计算得到的则是设备的更新重置成本。

非标准、自制设备的市场价格资料一般难以获得，因此评估时多采用重置核算法。其计算公式为：

$$\text{设备重置成本}=\left(\frac{\text{主材费用}}{\text{不含外购件的成本主材费率}}+\text{主要外购件费用}\right)\times\left(1+\text{成本利润率}\right)\times\left(1+\text{销售税费率}\right)\times\left(1+\frac{\text{非标准设备设计费率}}{\text{非标准设备生产量}}\right)$$

式中：主材费用=主材净耗费÷主材利用率

主材费用和主要外购件费用均不含增值税。

［例4-5］某非标准三室清洗机，其主材（钢材）的净消耗量为3.8吨，估价时该主材不含税的市场价格为3 800元/吨，设备所需的主要外购件（如泵、阀、风机等）的市场价格合计为21 470元，销售税费率经计算后取18.7%。若主材利用率为90%，不含外购件的成本主材费率为47%，成本利润率为16%，设计费率为15%，产量为2台，则用重置核算法估算该非标准设备的重置成本为：

主材费用=3.8×3 800÷90%=16 044（元）

设备重置成本=（16 044÷47%+21 470）×（1+16%）×（1+18.7%）×（1+15%÷2）=82 308（元）

2）设备的运杂费、安装费、基础费等费用的确定

被评估设备的运杂费一般可以通过向有关运输部门查询得到。对于设备的基础费、安装费，评估人员可以通过逐项估算基础费和安装工程的人工费、材料费、机器费来确定。对于一些大型工业企业，由于设备数量较多，为了提高工作效率，评估人员可以按设备购置的一定比例来计算设备的运杂费、基础费、安装费。

3）进口设备从属费用的确定

进口设备到我国港口后，要缴纳关税、增值税、消费税、外贸手续费、银行手续费及商检费。关税、增值税及消费税的税率根据进口货物性质、品种的不同，按相关法律法规所规定的税率缴税，外贸手续费一般为到岸价（CIF）的1%～1.8%，银行手续费一般为离岸价（FOB）的0.4%～0.5%，商检费为到岸价的0.3%。进口设备从属费用的计算公式为：

海运费=货价×海运费率

国外运输保险费=（货价+海运费）×保险费率

关税=到岸价×关税税率

消费税=组成计税价格×消费税税率

=（关税完税价格+关税）÷（1-消费税税率）×消费税税率

增值税=（关税完税价格+关税+消费税）×增值税税率

银行手续费用=离岸价×银行手续费费率

外贸手续费=到岸价×外贸手续费费率

海关监管手续费仅对减税、免税、保税货物征收。

对于免税设备，其从属费用的计算公式为：

海关监管手续费=到岸价×海关监管手续费费率

对于减税设备，其从属费用的计算公式为：

海关监管手续费=到岸价×海关监管手续费费率×减税百分率

车辆购置附加费=（到岸价+关税+消费税+增值税）×车辆购置附加费费率

4.2.3 机器设备各项贬值的估算

机器设备的贬值分为三种类型，即实体性贬值、功能性贬值和经济性贬值。

1）实体性贬值及其估算

实体性贬值又称有形损耗，是指机器设备投入使用后，由于使用磨损和自然力的作用，导致其物理性能不断下降而引起的价值减少。其计算公式为：

实体性贬值=设备重置成本×实体性贬值率

如果不考虑设备的功能性贬值和经济性贬值，则机器设备评估值的计算公式为：

机器设备评估值=设备重置成本-设备重置成本×实体性贬值率

=设备重置成本×（1-实体性贬值率）

=设备重置成本×成新率

从式中可以看出，计算设备的实体性贬值，主要在于估算出设备的成新率，成新率的估算一般可以采用以下方法：

（1）观察法

观察法是指通过观察被评估机器设备的运转状况和整体状态，综合分析其设计、制造、使用、磨损、维护、修理、改造等情况及物理寿命等因素，并与全新设备进行对比，逐项评分后得出一个总分值，即成新率。

在采用观察法时，要观察和收集的相关信息有设备的现时技术状态、设备的已使用时间、设备的正常负荷率、设备的原始制造质量、设备的维修保养状况、设备重大故障（事故）经历、设备大修和技改情况、设备工作环境和条件、设备的外观和完整性等。如何将这些信息转换成实体性贬值率，见表4-4。

表4-4 **机器设备实体性贬值率的评估参考**

设备分类	状态说明	实体性贬值率（%）	成新率（%）
新设备及使用不久的设备	全新或刚使用不久的设备，在用状态良好，能按设计要求正常使用，无异常现象	0～10	100～90
较新设备	已使用一年以上或经过第一次大修恢复原设计性能后使用不久的设备，在用状态良好，能满足设计要求，未出现过较大故障	11～35	89～65
半新设备	已使用两年以上或大修后已使用一段时间的设备，在用状态较好，基本上能达到设备设计要求，能满足工艺要求，需经常维修以保证正常使用	36～60	64～40
旧设备	已使用较长时间或几经大修目前仍能维持使用的设备，在用状态一般，性能明显下降，使用中故障较多，经维修仍能满足工艺要求，可以安全使用	61～85	39～15
报废待处理设备	已超过规定使用年限或性能严重劣化，目前已不能正常使用或已停用，即将报废	86～100	14～0

（2）比率法

比率法是对某一台设备的使用情况或寿命进行分析，确定设备已完成的工作量（或已使用的年限）和还能完成的工作量（或尚可使用的年限），通过计算比率来估算设备实体性贬值率的一种方法。在实际操作过程中，比率法又可分为工作量比率法和使用年限比率法。

①工作量比率法。

工作量比率法的计算公式为：

设备实体性贬值率=已完成的工作量÷预计完成的工作总量×100%

=已完成的工作量÷（已完成的工作量+尚可完成的工作量）×100%

［例4–6］某设备预计可生产产品100 000件，现已生产40 000件，则该设备的实体性贬值率为：

实体性贬值率=40 000÷100 000×100%=40%

如果该设备已生产了100 000件，但因为维护较好或进行过大修，各种损耗已得到补偿，预计还可再生产20 000件，则其实体性贬值率为：

实体性贬值率=100 000÷（100 000+20 000）×100%=83.33%

如果被评估机器设备属于运输车辆，已完成的工作量和尚可完成的工作量可用已行驶的公里数和尚可行驶的公里数替代。

②使用年限比率法。

如果工作量比率法中的计算单位是时间，且用“年”表示，则设备的实体性贬值率的计算公式为：

$$设备实体性贬值率=\frac{重置成本-预计残值}{总使用年限}\times 实际已使用的年限\times 100\%$$

使用年限比率法的核心是如何计算设备的总使用年限、已使用的年限和尚可使用的年限。其中，设备已使用的年限与尚可使用的年限之和等于总使用年限。因此，只要确定了三个指标中的任意两项，即可计算出设备的实体性贬值率或成新率。

总使用年限，即使用寿命，是指从开始使用到淘汰的整个过程，可分为物理寿命、技术寿命和经济寿命。物理寿命又称自然寿命，是指机器设备在规定的使用条件下，从开始使用到报废为止所经历的时间。技术寿命是指设备从投入使用到因技术落后而被淘汰所经历的时间。技术寿命在很大程度上取决于社会技术进步和技术更新的速度和周期。经济寿命是指设备从投入使用到因继续使用不经济而退出使用所经历的时间，经济寿命受有形损耗和无形损耗的共同影响。

现代机器设备都是按一定的使用年限设计的，因此设备的设计寿命可以作为确定其使用寿命的参考。

通用机器设备的参考使用寿命见表4–5，办公设备和家用电器的参考使用寿命表4–6。

设备的实际已使用年限是指机器设备从开始投入使用至评估基准日所经历的实际工作时间。比较合理的计算方法应是既考虑折旧年限，又考虑设备实际的运行情况。其计算公式为：

实际已使用的年限=名义使用年限×设备利用率

表4-5　　通用机器设备的参考使用寿命

设备名称	设备类别	使用寿命（年）
机器设备	普通金属切削机床	18
	锻压设备	17
	其中：锻锤设备	14
	起重设备	19
	铸造设备	14
	其他机器设备	18
动力设备	锅炉及附属设备	20
	其中：快装锅炉	16
	发电机组	23
	空气压缩设备	19
	空调设备	18
	其中：小型空调器（每小时700千卡以下）	15
传导设备	电器设备	18
	输电设备	28
	电信设备	30
	输电线路	35
	其他传导设备	35
运输设备	载货汽车50万千米	12
	汽车挂车50万千米	12
	载客汽车80万千米	15
	载客电车80万千米	15
	特种汽车	–
	其中：矿区生产用特种车40万千米	10
	其他特种车55万千米	13
	铲车、电瓶车	12
	其他运输设备	15
自动化控制及仪器仪表	自动化控制设备	10
	半自动化控制设备	12
	电子计算机	8
	通用测试仪器仪表	10
	其他自动化控制及仪器仪表	12
工业炉窑	熔铸炉	13
	加热炉	13
	热处理炉窑	15
	干燥炉	16
	电子专用炉	10
	其他工业炉窑	15
工具及其他生产用具	成套工具	18
	一般工具	18
	电镀设备	12
	电焊机	16
	其他工具及生产用具	18

表4-6　　办公设备和家用电器的参考使用寿命

名称	使用寿命	名称	使用寿命
彩色电视机	10～12年	洗衣机	11～14年
录像机	10～12年	微波炉	7～14年
收录机	3～10年	洗碗机	7～14年
电话机	5～10年	吸尘器	10～12年
空调机	6～14年	收音机	3～10年
电冰箱	10～20年	专业照相机	15万次（快门）
笔记本电脑	3～5年	台式电脑	4～8年

名义使用年限可以从会计账目中查到，而设备利用率可由下列计算公式求出：

设备利用率=至评估基准日累计实际工作时间÷至评估基准日累计额定工作时间

如果在机器设备的使用过程中，曾多次追加投资更新改造，会延长设备的寿命或缩减已使用年限。此时，可以以各次投资的重置全价为权数，对各次投资后的“已使用的年限”进行加权平均，确定有效的已使用年限。其计算公式为：

$$\text{加权投资年限}=\frac{\sum(\text{复原或更新重置成本}\times\text{投资后设备的已使用年限})}{\sum\text{复原或更新重置成本}}$$

实体性贬值率=加权投资年限÷（加权投资年限+尚可使用的年限）×100%

成新率=尚可使用的年限÷（加权投资年限+尚可使用的年限）×100%

［例4-7］某被评估设备购建于10年前，其账面原值为30 000元，该设备于5年前和2年前进行过两次更新改造，主要是添置一些自动化控制装置，投资额分别为3 000元和2 000元。现需要对该设备进行评估，假设近10年每年的价格上升率为10%，经检测鉴定该设备尚可使用的年限为6年，则计算该设备的实体性贬值率的步骤为：

第一步，估算该设备的复原重置成本，见表4-7。

表4-7　　该设备的复原重置成本　　单位：元

投资时间	原始投资额	价格变动系数	复原重置成本
10年前	30 000	2.60	78 000
5年前	3 000	1.61	4 830
2年前	2 000	1.21	2 420
合计	35 000	—	85 250

第二步，计算该设备的复原重置成本与投资年限的乘积，见表4-8。

表4-8　　该设备的复原重置成本与投资年限的乘积　　金额单位：元

投资时间	复原重置成本	投资年限（年）	设备的复原重置成本与投资年限的乘积
10年前	78 000	10	780 000
5年前	4 830	5	24 150
2年前	2 420	2	4 840
合计	85 250	—	808 990

第三步，计算该设备等效已使用的年限。

等效已使用的年限=808 990÷85 250=9.5（年）

第四步，计算该设备的实体性贬值率。

实体性贬值率=9.5÷（9.5+6）×100%=61.29%

因此，该设备的成新率为38.71%。

机器设备尚可使用的年限是指机器设备的剩余使用寿命，应该通过技术检测和专业设备的技术鉴定来确定。

（3）修复费用法

修复费用法是指以修复机器设备的实体有形损耗，使之达到全新状态所需支出的金额，并作为估算被修复机器设备实体性损耗的一种方法。修复费用包括机器设备主要零部件的更换或者修复、改造等费用。修复费用法适用于对具有特殊结构的机器设备的可补偿性实体损耗的估算。修复费用与修复难易程度及修复工作量直接相关，而修复工作量又与设备的实际损耗程度相联系。修复设备损耗需要支出的费用与全新设备的重置成本相比，即为该设备的实体有形损耗率。如果需要进一步确定设备的成新率，则可按下列公式计算：

成新率=（1−实体有形损耗率）×100%

=（1−设备修复费用÷设备复原重置成本）×100%

［例4−8］某被评估设备为一个储油罐，该储油罐建成后已使用了10年，预计尚可再使用20年。经评估人员了解，该储油罐目前正在进行维修，主要原因是储油罐受到腐蚀，底部出现裂纹致使油料渗漏，必须更换底部才能继续使用。整个维修计划的费用为35万元，包括停止使用期间造成的经济损失，以及清理费、拆卸并更换被腐蚀底部的费用。评估人员已经估算出该储油罐的复原重置成本为200万元，现采用修复费用法估算该储油罐的成新率为：

成新率=（1−350 000÷2 000 000）×100%=82.5%

修复费用法有着比较广泛的应用领域，尤其适用于需要定期更换易损件的机器设备（如纺织机器）的成新率评估。在运用修复费用法估算机器设备的成新率时，评估人员必须考虑该修理费用是否包括了被评估机器设备的技术更新和改造支出，以避免重复计算或漏评。

（4）技术鉴定法

技术鉴定法是指具有专业知识和丰富经验的工程技术人员对设备实体的各主要部位进行技术鉴定，从而测定出设备的成新率。技术鉴定法对成新率的测定比观察法更深入细致，一般用于测定大型、关键和高价设备的成新率。技术鉴定法运用的前提是技术检测手段齐全，数据准确，鉴定方法合理，鉴定结果能充分反映设备的整体技术状态。

2）功能性贬值及其估算

功能性贬值是指由于新技术、新材料、新工艺的运用，导致被评估机器设备的再生产成本降低而引起的贬值（超额投资成本），或者由于科学技术的发展，导致被评估机器设备与新机器设备相比所需的运营费用较高而引起的贬值（超额运营成本）。因此，设备的功能性贬值主要体现在超额投资成本、超额运营成本两个方面。

（1）超额投资成本

超额投资成本主要是由于新技术、新材料、新工艺的运用，使功能相同的设备的生产成本比过去降低了，即更新重置成本低于复原重置成本。其计算公式为：

超额投资成本=复原重置成本-更新重置成本

在设备功能相同的情况下，设备的更新重置成本应该小于其复原重置成本，评估机器设备时可直接使用设备的更新重置成本。这是因为被评估设备价值中所包含的超额投资成本已被剔除掉了，所以不必再通过计算复原重置成本与更新重置成本的差额来获取设备的差额投资成本。因此，在评估时，重置成本应尽量选择更新重置成本。

[例4-9] 某被评估设备建造时的原始成本，见表4-9。

表4-9 某被评估设备建造时的原始成本

单位：元

序号	成本项目	原始成本	备注说明
1	主材	50 000	钢材10吨
2	辅材	10 000	聚乙烯、铜等
3	外购件	12 000	
4	人工费	40 000	500小时×80元/小时
5	机械费	15 000	100小时×150元/小时
	成本合计	127 000	
6	利润	19 050	15%
7	税费	29 210	20%
	含税成本	175 260	

在评估基准日，被评估设备存在以下情况：

①钢材价格上涨30%，各种辅材价格综合上涨20%，外购件现行市场价合计为15 000元，人工费上涨25%，机械费上涨20%，假设利润、税费比率不变。

②由于制造工艺的进步，主材使用量节省20%，人工工时节省10%，机器工时节省15%。

该设备的超额投资成本引起的功能性贬值计算如下：

该设备的复原重置成本计算见表4-10。

表4-10 该设备的复原重置成本

单位：元

序号	成本项目	原始成本	复原重置成本
1	主材	50 000	65 000
2	辅材	10 000	12 000
3	外购件	12 000	15 000
4	人工费	40 000	50 000
5	机械费	15 000	18 000
	成本合计	127 000	160 000
6	利润	19 050	24 000
7	税费	29 210	36 800
	含税成本	175 260	220 800

该设备的更新重置成本计算见表4-11。

表4-11　　　　该设备的更新重置成本　　　　单位：元

序号	成本项目	计算过程	更新重置成本
1	主材	10×5 000×0.8×1.3	52 000
2	辅材	10 000×1.2	12 000
3	外购件	15 000	15 000
4	人工费	500×80×0.9×1.25	45 000
5	机械费	100×150×0.85×1.2	15 300
	成本合计	52 000+12 000+15 000+45 000+15 300	139 300
6	利润	139 300×15%	20 895
7	税费	139 300×（1+15%）×20%	32 039
	含税成本	139 300+20 895+32 039	192 234

超额投资成本引起的功能性贬值为：

超额投资成本=复原重置成本-更新重置成本

=220 800-192 234

=28 566（元）

（2）超额运营成本

超额运营成本是指由于新技术的发展，出现了性能更优的设备，使得新设备在运营费用上低于原有设备，从而引起原有设备的贬值。从理论上来讲，超额运营成本引起的功能性贬值是未来超额运营成本的折现值。

3）经济性贬值及其估算

经济性贬值是指机器设备由于外部因素引起的贬值。这种外部贬值的因素包括市场需求不足，致使设备不能满负荷工作，设备开工不足，生产能力过剩；原材料、能源价格的提高造成生产成本提高，但产品售价没有提高；国家相关能源、环保等方面的法律、法规使设备生产成本提高或者使设备强制报废，缩短了设备的正常使用寿命。

（1）使用寿命缩短

由于国家有关能源、环境保护等方面的法律、法规对落后的、高能耗的机电产品实行强制淘汰制度，因此缩短了设备的正常使用寿命。

[例4-10] 某被评估的造纸设备已使用10年，正常还可以运行10年，但由于该设备能耗高，国家规定5年内淘汰。该设备重置成本为100万元，则该设备的经济性贬值的计算如下：

该设备正常情况下的贬值率=10÷（10+10）×100%=50%

该设备在新法律、法规颁布情况下的贬值率=10÷（10+5）×100%=66.67%

经济性贬值率=66.67%-50%=16.67%

经济性贬值=100×16.67%=16.67（万元）

（2）运营费用的提高

引起设备运营费用增加的外部因素包括原材料成本增加、能源成本增加等。例如，国家对超过排放标准的排污企业要征收高额的排污费，对能耗超过限额的设备加价征收能源费用，从而导致高污染和高能耗设备的运营费用提高。

［例4-11］政府规定某设备的能耗为1 000千瓦时/吨，而该设备的实际能耗为1 200千瓦时/吨，工业用电单价为0.7元/千瓦时，年产量5 000吨，则该设备的经济性贬值的计算如下：

超限额百分比=（实际单耗-限额单耗）÷限额单耗×100%

=（1 200-1 000）÷1 000×100%

=20%

根据政府规定，工业用电超过限额10%～20%的电费，按照1.1元/千瓦时收取。

每年因政府能耗规定增加的运营费用=（1.1-0.7）×（1 200-1 000）×5 000=400 000（元）

该设备还可以使用3年，折现率按10%计算，则未来3年的超额电价引起的经济性贬值的计算如下：

超额电价引起的经济性贬值=400 000×（P/A，10%，3）=994 760（元）

（3）市场竞争的加剧

市场竞争的加剧导致产品的销售数量和收入减少，从而使机器设备的生产能力不能充分发挥，形成了设备的能力经济性贬值。运营经济性贬值一般用收益现值计算，能力经济性贬值一般用规模经济指数法计算。其计算公式为：

能力经济性贬值=机器设备评估值×［1-（机器设备实际生产能力÷机器设备设计生产能力）^{n}］

式中：n为生产规模效益指数，机器设备中常取0.6～0.7。

［例4-12］某彩电生产厂的一条生产流水线，设计年生产彩电能力为20 000台，该流水线经评估其价值为60 000 000元。由于市场上彩电供过于求，市场竞争十分激烈，该流水线目前年生产10 000台即可满足销售需要。假设每台彩电成本为2 000元，预计在未来5年内，每台彩电成本上升15%，而销售单价由于竞争原因只能上升相当于成本的10%，则该流水线的经济性贬值的计算如下：

①计算运营经济性贬值。

A.每台彩电成本上升与销售价上升相抵之后的损失额为：

2 000×（15%-10%）=100（元）

B.假设所得税税率为25%，则抵减所得税后每台彩电净损失额为：

100×（1-25%）=75（元）

C.假设折现率为10%，则每台彩电在未来5年内总损失额为：

75×（P/A，10%，5）=75×3.7908=284.31（元）

企业5年内损失额P_1为：

P_1=284.31×10 000=2 843 100（元）

②计算能力经济性贬值。

假设生产规模效益指数为0.7，则能力经济性贬值P_2为：

P_2=60 000 000×［1-（10 000÷20 000）$^{0.7}$］= 60 000 000×（1-0.616）=23 040 000（元）

③计算总经济性贬值。

总经济性贬值P为：

P=P_1+P_2=2 843 100+23 040 000=25 883 100（元）

● 小思考4-2

重置成本法评估机器设备的适用范围有哪些？

答：运用重置成本法对机器设备进行评估有一定的适用范围，具体体现在：①在用续用前提下，机器设备的评估可直接运用重置成本法，无须进行较大的调整，如为了会计记账，对一台正在服役的车床进行价值评估；②转用续用前提下，当机器设备在原地改变现有用途时，转用过程中的净成本增加或减少作为原重置成本的调整项目；③移用续用前提下，机器设备改变位置所引起的净成本增加额也作为原重置成本的调整项目；④非续用前提下，无市场参照物的机器设备，也可以按重置成本法的思路进行评估，但在评估前必须进行成本项目构成的调整，以得到非续用重估价值。

4.3 机器设备评估的市场法

4.3.1 市场法的概念

机器设备评估的市场法又称市价法、现行市价法，是指在市场上选择近期内交易的若干相同或近似的设备作为参照物，针对各项价值的影响因素，将被评估设备分别与参照物逐个进行价格差异的比较调整，然后综合分析各项调整结果，从而确定设备评估值的一种方法。

市场法较适合于具备成熟市场的机器设备（如交易活跃、广泛的通用机器设备）的评估。

4.3.2 市场法的基本步骤

1）根据评估目的选择使用的价格类型

根据机器设备业务要求和评估目的，确定相应的价格类型。机器设备的价格类型大致有全新设备交易市场价格、旧设备交易市场价格、典当拍卖行交易价格、罚没处置价格等。

2）明确鉴定评估对象

需要鉴定的内容主要包括设备类别、名称、规格型号、生产厂家、生产日期、设备性能、现时技术状况及有效役龄。

3）选择参照物

所谓参照物，是指用来与被评估机器设备相比较，并具有合理的市场交易价格的相同或相似资产。在市场中选择参照物，最重要的是要具有可比性。可比因素包括：①设备的规格型号；②设备的生产厂家；③设备的制造质量；④设备的零部件、配件情况；⑤设备的有效役龄（即实际已使用年限）；⑥设备的技术状况；⑦设备的成新率；⑧设备的出售目的和出售方式；⑨设备的成交数量和成交时间；⑩设备交易时的市场状况；⑪设备的存放和使用地点。在条件允许的情况下，最好选择多个参照物，并且参照物的条件应尽量与被评估设备的条件接近，以增强评估结果的准确性和可靠性。

4）调整参照物价格及估算被评估设备的价值

参照物通常与被评估设备是可比的，但不是相同的，所以必须按可比因素逐一调整参照物的价格，多个参照设备调整后价格的算术平均值或加权平均值即可作为被评估设备的评估值。

4.3.3 市场法的应用

运用市场法评估单项机器设备时，通常有以下方法：

1）直接匹配法

直接匹配法是寻找与评估对象几乎完全相同的市场参照物，按参照物的市场价格来直接确定评估对象的价值。运用这种方法的前提条件是，评估人员在二手设备交易市场上能够找到与评估对象几乎完全相同的参照物，包括制造厂家、规格型号、出厂日期、实体状态等方面。直接匹配法操作简单，对市场的反映最为客观，能够准确地反映设备的市场价值。但是，在使用直接匹配法时，评估设备与参照物之间的差异必须很小，否则不能使用直接匹配法。

［例4-13］假设在评估一辆汽车时，评估人员在旧车市场上找到一个参照物，该参照物在生产厂家、型号、出厂日期、附属装置、行驶里程等方面都与被评估车辆完全相同，但参照物的前大灯已破损，若更换需支付费用300元。另外，被评估汽车加装了音响一套，价值为1 500元，若该参照物的市场销售价格为80 000元，则该评估对象的价值为：

评估值=80 000+300+1 500=81 800（元）

2）因素调整法

因素调整法是通过对参照物和被评估设备的可比因素进行比较、分析，在参照物的市场价格的基础上，根据两者之间的差异进行适当的调整，从而估算出被评估设备价格的一种方法。由于参照物与被评估设备之间存在一定的差异，因此在运用因素调整法时，通常需要选取若干有代表性的相似资产作为参照物，这样有助于提高评估的准确性。

［例4-14］现对某成套设备进行评估，该成套设备性能良好且为名牌产品，评估资料见表4-12。

表4-12　　该成套设备的评估资料

序号	分析比较因素	计量单位	参照物Ⅰ	参照物Ⅱ	被评估设备
1	生产厂家		一般	一般	名牌
2	销售条件		市场	市场	市场
3	交易时间		两个月前	一个月前	
4	额定年生产能力	台/年	40 000	40 000	40 000
5	生产工人定员数	人	30	35	20
6	已使用的年限	年	4	8	9
7	尚可使用的年限	年	16	12	21
8	成新率	%	80	60	70
9	交易价格	万元	80	55	

第一步，确定调整因素，进行差异调整。

选择对交易时间、成新率、自动化程度（表现为生产工人定员数）和生产厂家4个因素进行分析比较。

①交易时间调整。参照物市价分别是两个月前和一个月前发生的交易价格，截至评估基准日市场价格水平比两月前和一月前分别上浮5%和4%。

②成新率调整。产品的成新率对价格的影响为：成新率每提高10%，售价提高10万元。

③自动化程度调整。生产工人每人的全额工资平均为9 000元，折现率为5%。

④生产厂家调整。名牌产品比一般产品价格高20%。

所得税税率为25%。

第二步，计算自动化程度差异。

参照物Ⅰ：

（30−20）×0.9×（1−25%）×（P/A，5%，21）=6.75×12.8212=86.54（万元）

参照物Ⅱ：

（35−20）×0.9×（1−25%）×（P/A，5%，21）=10.125×12.8212=129.81（万元）

评估值的计算，见表4-13。

表4-13 评估值的计算

	参照物Ⅰ	参照物Ⅱ
交易价格（万元）	80	55
交易时间调整	1.05	1.04
成新率调整（万元）	−10	+10
自动化程度调整（万元）	86.54	129.81
生产厂家调整	1.2	1.2
调整后结果（万元）	181.17	214.04

第三步，被评估设备的评估值。

参照物Ⅰ：

[80×（1+20%）−1×10+86.54]×（1+5%）=181.17（万元）

参照物Ⅱ：

[55×（1+20%）+1×10+129.81]×（1+4%）=214.04（万元）

因此，该被评估设备的评估值为：

（181.17+214.04）÷2=197.61（万元）

3）成本比率调整法

成本比率调整法是指首先估算参照物的市场交易价格与其重置成本的比值，然后将该比值乘以被评估设备的重置成本，以此来确定设备评估值的一种方法。其计算公式为：

设备评估值=成本比率×被评估设备的重置成本

式中：成本比率是指参照物的市场交易价格与其重置成本的比值，它反映了设备的贬值程度，用公式表示为：

成本比率=设备的市场交易价格÷设备的重置成本

[例4-15] 某锻造设备，出厂时间为5年前，一直使用正常，现在的重置成本为40万元，该设备的成本比率为0.5815，则该设备的评估值为：

该设备的评估值=40×0.5815=23.26（万元）

小资料4-2　参照物的获取途径

参照物可以通过以下途径获取：收集多个交易实例，审核验证资料的准确性，遵循参照物的选择标准去掉不合适的交易实例，最后筛选出若干个参照物。

①调查访问已交易的资产买卖双方，收集有关交易实例的各种信息资料。

②查阅有关部门资产交易、产权交易的资料，如房地产交易所、交易市场的登记文件，产权交易所、交易中心的交易记录等。

③收集各种报纸杂志上有关资产出售、出租和产权转让的广告。

④同行之间互相提供，可以通过当地资产评估协会从中协调，促使评估机构之间交换各自经手的交易实例。

⑤评估机构自己建立交易实例资料库。

小思考4-3

采用市场法的前提条件是什么？

答：采用市场法的前提条件是必须存在具有可比性的市场参照物，市场发育状况直接关系到参照物市价是否合理，并影响机器设备评估值的准确性。因此，市场法适合评估具备成熟市场的机器设备（如交易活跃、广泛的通用机器设备）。

4.4　机器设备评估的收益法

4.4.1　收益法的基本原理

收益法是通过预测设备的获利能力，对设备未来产生的净利润或净现金流量按一定的折现率折为现值，作为被评估设备的价值。其计算公式为：

$$P=\sum_{i=1}^{n}\frac{R_i}{(1+r)^i}$$

式中：P为评估值；R_i为设备第i年产生的净收益；r为折现率。

收益法是根据设备的获利能力来确定其价值的。使用此方法的前提条件有两个：一是要能够确定和量化设备的未来获利能力，用净利润或净现金流量表示；二是能够确定设备合理的折现率。

4.4.2　收益法的运用范围

1）对于收益能够量化的机器设备，可用收益法评估

对单项机器设备而言，大部分都不具备独立的获利能力，因此单项设备的评估一般不采用收益法；对自成体系的成套设备、生产线，以及可以单独作业的车辆等设备，特别是

租赁的设备而言，则可以采用收益法评估。

［例4-16］在对一台设备进行投资决策时，需要对该设备的投资价值进行分析，以决定是否购买。该设备的售价为150万元，使用寿命为5年，预计每年的净现金流量分别为20万元、50万元、80万元、70万元和60万元。假定折现率为10%，用收益法计算设备的投资价值，见表4-14。

表4-14　　　　　　　　　　该设备的投资价值

年份	第1年	第2年	第3年	第4年	第5年
净现金流量（万元）	20	50	80	70	60
现值系数	0.9091	0.8264	0.7513	0.6830	0.6209
收益现值（万元）	18.182	41.320	60.104	47.810	37.254
投资价值（万元）	204.67				

可见，该设备的投资价值大于投资成本，可以考虑购买。

2）作为一种补充方法，收益法可以用来确定设备的功能性贬值和经济性贬值，也可以用来分析企业是否存在无形资产

例如，一个企业的机器设备使用成本法评估的结果是1 100万元，而用收益法评估得到的结果则是600万元（扣除企业的厂房、流动资产及其他资产）。这就表明对该设备进行评估时，可能存在500万元的贬值没有考虑到；反之，如果用收益法评估得到的结果大于1 100万元，则表明企业可能存在某种无形资产。

4.4.3　收益法的优缺点

在机器设备的评估中，采用收益法的优点在于：它可以充分考虑资产的各种贬值因素，并且由于是用未来收益来衡量资产的价值，其结果较容易被投资者所接受；缺点在于：收益法在机器设备评估中的局限性较大，因为收益法所预测的现金流量通常是由包括房屋、机器设备在内的固定资产，以及流动资产、土地、无形资产等整体资产带来的，很难量化到单台机器设备上，因此一般不适用于单台设备的评估。同时，预测未来收益和确定折现率的主观因素较大，而且直接影响评估结果的准确性和可信度。

小资料4-3　　　　收益法评估的精度与误差问题

评估理论对评估的精度或者误差问题无明确的分析，现有的教科书也没有给出科学的解释，很少有人对此进行研究，今天这个问题已经牵涉到评估师的法律责任。

小思考4-4

收益法的运用范围是什么？

答：(1) 对于收益能够量化的机器设备，可用收益法评估。就单项机器设备而言，大部分不具有独立的获利能力，因此单项设备的评估一般不采用收益法。对自成体系的成套设备、生产线，以及可以单独作业的车辆等设备，特别是租赁的设备，则可以采用收益法进行评估。

补充阅读材料
4-1

机器设备评估
问题分析

（2）收益法作为一种补充方法，可以用来确定设备的功能性贬值和经济性贬值，也可以用来分析企业是否存在无形资产。

本章小结

本章先从机器设备的含义、分类和特点入手，介绍了机器设备评估的基本程序，并结合现实性和可操作性等要求，将评估工作分为7个阶段，每个阶段规定了工作任务和具体操作方法，以此作为评估工作的指导。

在机器设备的评估方法中，最常用的是成本法、市场法和收益法，而成本法又是其中最重要的方法。影响重置成本的基本因素包括重置成本、成新率、功能性贬值和经济性贬值等。在对重置成本进行估算时，要用到直接法、物价指数法和重置核算法等。在对各项贬值进行估算时，要用到观察法、比率法、修复费用法和技术鉴定法等。

市场法作为机器设备评估的又一重要方法，在运用时应注意以下几点：要科学合理地选择参照物；应明确被评估设备与参照物的差异；应结合定性分析最终确定合理的评估结论。

收益法是根据设备的获利能力来确定其价值的，该方法在机器设备评估中的局限性较大，一般不适用于单项设备的评估。

主要概念

经济寿命　机器设备评估的成本法　机器设备评估的市场法。

基本训练

一、单项选择题

1.机器设备的技术寿命是指（　　）。
A.从评估基准日到设备报废为止的时间
B.从设备使用到技术过时经历的时间
C.从评估基准日到设备技术过时的时间
D.从设备使用到继续使用在经济上不核算经历的时间

2.由超额运营成本引起的功能性贬值通常利用（　　）进行估测。
A.类比法　　B.指数法　　C.统计分析法　　D.趋势法

3.对经过技术改造的设备进行评估，应根据技术改造的程度适当（　　）。
A.增加其实际已使用年限　　B.减少其实际已使用年限
C.增加其名义已使用年限　　D.减少其名义已使用年限

4.如果设备出现（　　），那么在评估时需要考虑其经济性贬值。
A.利用率下降　　B.竞争加剧　　C.使用效率下降　　D.技术水平相对落后

5.决定设备成新率的关键因素是（　　）。
A.设备的技术水平　B.设备的功能　　C.设备的使用程度　　D.设备的购置时间

6.设备的技术寿命与（　　）有关。
A.使用强度　　B.技术更新速度　　C.维修保养水平　　D.使用时间

7.需安装的设备，且安装调试周期很长，其重置成本不仅需要考虑正常费用，还需要考虑（　　）。

A.安装费用　　B.调试费用　　C.运输费用　　D.资金成本

二、多项选择题

1.影响机器设备自然寿命的因素有（　　）。

A.机器设备的使用强度　　B.机器设备的维修保养水平

C.同类设备的使用强度　　D.机器设备的经济用途

E.机器设备的自身质量

2.安装周期很短的一般设备，其重置成本包括（　　）。

A.设备购置费　　B.运输费用　　C.利息费用

D.安装费用　　E.修理费用

3.机器设备的经济寿命受（　　）的影响。

A.物理性能　　B.技术进步速度

C.设备生产产品的市场状况　　D.设备使用人员的技术水平

E.设备配套情况

4.利用国产替代设备的重置成本推算进口设备重置成本的前提条件是（　　）。

A.无进口设备的现行CIF价格　　B.关税税率变化很大

C.无国外替代设备的现行FOB价格　　D.外汇汇率变化很大

E.增值税税率变化很大

5.价格指数法适用于（　　）设备重置成本的估测。

A.无账面原值的　　B.无现行购置价的

C.无财务核算资料的　　D.无参照物的

E.无维护费用资料的

三、判断题

1.评估固定资产的重置成本，其评估值应包括风险折扣因素。（　　）

2.损耗率与成新率之和为1。（　　）

3.在运用机器设备总使用年限估测机器设备的成新率时，应首选经济寿命作为其总使用年限。（　　）

4.对需要定期更换易损件的机器设备的成新率的评估，一般不适宜采用修复法。（　　）

四、技能题

1.假设某被评估设备的年设计生产能力为10 000件。在评估时，由于受国家政策调整因素的影响，产品销售市场出现不景气。如果不采取降价销售措施，企业的年产量必须降至7 000件；如果要正常发挥设备的设计生产能力，则每件必须降价100元。预计国家政策调整将持续3年，该企业的正常投资报酬率为10%，生产设备的规模指数为0.6。请根据上述资料估测设备的经济性贬值。

2.某被评估设备购建于2011年，其账面价值为40 000元。2016年和2020年曾进行过两次技术改造，主要是添置了一些自动控制装置，当时分别投资4 000元和3 000元。2020年对该设备进行评估，假定这一期间该设备每年的价格上涨率为10%，该设备尚可使用8年。试根据上述资料，估测被评估设备的成新率。

五、案例分析题

1.某企业因原有的设备陈旧、生产率低，欲购置一台新设备，要求对原有的设备进行评估，评估基准日为2019年8月1日，该设备的评估资料见表4-15。

表4-15 该设备的评估资料

序号	分析比较因素	原有设备	拟购置设备
1	月产量（件）	10 000	10 000
2	单件工资（元）	1.20	0.80
3	资产剩余使用年限（年）	5	10

该原有设备购建于2009年，原值为500 000元，2011年和2019年进行了两次更新改造，当时分别投资50 000元和30 000元，2009年至2019年每年物价上涨率为8%，原有设备至评估基准日已提折旧200 000元，该企业所得税税率为25%，折现率为10%。

要求：

（1）根据上述资料，提出应采用的评估方法。

（2）计算被评估设备的成新率。

（3）计算被评估设备的功能性贬值。

（4）计算被评估设备的评估价值。

2.被评估设备为2010年从英国引进的设备，进口合同中的FOB价格是20万欧元。在2020年进行评估时，英国生产厂家已不再生产这种设备，其替代产品为国内其他企业2014年从英国进口的设备，CIF价格为30万欧元。被评估设备所在企业及其与之发生业务关系的企业均属于进口关税、增值税免税单位，银行手续费按CIF价格的0.8%计算，国内运杂费按CIF价格与银行手续费之和的3%计算，安装调试费含在设备价格中不需要另行计算，被评估设备尚可使用5年，年运营成本比其替代设备超支2万元人民币，被评估设备所在企业的正常投资报酬率为10%，评估时欧元对美元的汇率为1∶1.4，人民币对美元的汇率为6.0∶1。

（提示：被评估设备重置成本=（设备的CIF价格+银行手续费）×（1+国内运杂费率））

要求：

（1）什么是成本法？成本法适用于哪些范围？

（2）成本法与市价法都要考虑市场价格，两者有什么区别？

（3）根据上述数据估测该进口设备的重置成本、成新率、功能性贬值及评估值。

3.被评估设备购建于2010年，账面价值为100 000元，2015年对该设备进行技术改造，追加技术改造投资50 000元。2020年对该设备进行评估，根据评估人员的调查和对比分析得到以下数据：

（1）从2010年至2020年，每年的设备价格上升率为10%；

（2）该设备的月人工成本比其替代设备超支1 000元；

（3）被评估设备所在企业的正常投资报酬率为10%，规模效益指数为0.7，所得税税率为25%；

（4）该设备在评估前使用期间的实际利用率仅为正常利用率的50%，经技术检测，该设备尚可使用5年，在未来5年设备利用率能达到设计要求。

要求：

（1）计算被评估设备的重置成本。

（2）计算被评估设备的有形损耗率。

（3）计算被评估设备的功能性贬值。

（4）计算被评估设备的经济性贬值。

（5）计算被评估设备的评估值。

第5章
房地产评估

【学习目标】

● 通过本章的学习，掌握房地产的有关概念及特点，了解目前我国房地产的价格体系，理解各种价格的意义及相互间的关系，并能重点把握影响房地产价格的各种因素，学会分析各种因素对房地产价格的影响。

5.1 房地产评估的特点和程序

房地产是房屋建筑物与土地使用权的总称，包括房产和地产。在我国，土地的所有权只归国家或农村集体，单位和个人只能取得土地的使用权。

5.1.1 土地和土地资源

土地是地球上由空气、生物、水文、地形地貌、土壤、岩石等自然因素以及人的活动结果所组成的综合体。人的活动结果包括人类过去和现在从事社会经济活动所形成的一切构（建）筑物和土地的人工肥力因素等。正是由于土地的构成与自然因素和人类的社会经济活动有关，因此土地又被视为一个历史的自然经济综合体。土地与土壤不同，土壤是构成土地的诸多自然因素中的一种，而土地是指地球的陆地表层，包括内陆水域（如河流、湖泊、水库等）和滩涂。

土地的特性包括：①土地面积的相对有限性。在一定的时间和区域内，土地的面积是有限的。②土地空间位置的固定性。具有特定性质的土地只能存在于特定的区域，除不可抗力外，其位置不可能移动。③土地利用的可持续性。在一定的用途和合理利用方式下，土地的质量可以维持或不断提高。这样，土地就可以不断地被利用而体现出利用的可持续性。

土地资源有狭义和广义之分。狭义的土地资源是指在一定的技术经济条件下，能直接为人类生产和生活所利用，并能产生效益的土地，如耕地、林地、草地、农田水利设施用地、养殖水面，以及构（建）筑物的城乡住宅和公共设施用地、工矿用地、交通水利设施用地、旅游用地、军事设施用地等。荒草地、盐碱地、沙地等土地，因在现实的技术经济条件下难以被利用或未被利用，而被称为“未利用土地”，其不在狭义的土地资源之列。由于各类土地对人类社会经济的发展都有一定的社会效益、经济效益和环境效益，因此广义的土地资源包括各类已利用和未利用的土地。

5.1.2 土地使用权

我国城市土地的所有权属于国家。农村和城市郊区的土地，除由法律规定属于国家所有的以外，属于农民集体所有；宅基地和自留地、自留山，属于农民集体所有。在符合规划的前提下，村庄、集镇、建制镇中的农民集体所有建设用地使用权可以依法流转。我国实行国有土地有偿使用制度，国有土地属于国家所有，由不同的使用者使用，土地所有权和使用权发生了分离。土地所有权不进入市场流转，土地使用权可以出让和转让，因此地价一般是国有土地使用权的价格。土地使用权价格根据土地使用年限的长短可分为各种年期的使用权价格，国有土地使用权出让的最高年限由国务院确定。国有土地使用权出让的最高年限按下列用途确定：①居住用地70年；②工业用地50年；③教育、科技、文化、卫生和体育用地50年；④商业、旅游、娱乐用地40年；⑤综合或者其他用地50年。

土地使用权转让是指土地使用者将土地使用权再转移的行为。转让是土地使用者依法对其享有的土地使用权进行处分的权利。转让的内容包括出售、交换和赠与。土地使用权转让时，土地使用权出让合同和登记文件中所载明的权利、义务随之转移。土地使用权转让时，其地上建筑物、其他附着物所有权随之转让。土地使用者通过转让方式取得的土地使用权，其使用年限为土地使用权出让合同规定的使用年限减去原土地使用者已使用年限后的剩余年限。地上建筑物、其他附着物的所有人或者共有人，享有该建筑物、附着物使用范围内的土地使用权。土地使用者转让地上建筑物、其他附着物所有权时，其使用范围内的土地使用权随之转让，但地上建筑物、其他附着物作为动产转让的除外。土地使用权和地上建筑物、其他附着物所有权分割转让的，应当经市、县人民政府土地管理部门和房产管理部门批准，并依照规定办理过户登记。

土地使用权抵押是指土地使用权人把土地使用权作为担保财产以保证自己或第三人履行债务的行为。通过土地使用权抵押，抵押权人可能取得土地使用权的变价处分权和就售出价款优先受偿权。土地使用权的抵押是一种不动产权利的抵押，它有以下特点：

（1）用于抵押的土地使用权必须是通过有偿出让或转让方式取得的合法土地使用权，并且是已办理土地登记手续的土地使用权。

（2）土地使用权抵押设定本身并不发生土地使用权的转移，即土地使用权抵押后，土地使用权人可继续对土地进行占有、收益。只有在其债务不能履行时，抵押权人才能依照法定程序处分土地使用权，此时土地使用权才发生转移。

（3）土地使用权抵押时，其地上建筑物、其他附着物随之抵押。地上建筑物、其他附着物抵押时，其使用范围内的土地使用权随之抵押。也就是说，土地使用权与地上建筑物及其他附着物必须同时抵押。

（4）土地使用权抵押合同不得违背国家法律、法规和土地使用权出让合同的规定。

（5）土地使用权人将土地抵押后，并不丧失转让权，但其在转让土地使用权时，应告知抵押权人。

土地使用权出让合同约定的住宅建设用地使用权期间届满的，自动续期；非住宅建设用地使用权期间届满、使用者需要继续使用土地的，应当最迟于届满前一年申请续期，除根据社会公共利益需要收回土地的，出让人应当予以批准。出让人同意续期的，受让人应当与出让人重新签订土地使用权出让合同，并依照规定支付土地有偿使用费。土地使用权出让合同约定的使用年限届满，土地使用者未申请续期或者虽申请续期但依照法律规定未获批准的，土地使用权由国家无偿收回。

5.1.3 房地产的特点

房地产是最基本的、最重要的生产资料。由于影响房地产价格的因素很多，因此房地产评估比一般固定资产（如机器设备等）的评估更为复杂。与其他固定资产相比，房地产具有以下特点：

1）位置的固定性

房地产又称不动产，由于土地不可位移，因此固着于土地上的建筑物也不可移动。房地产位置的固定性决定了房地产带有明显的区域性和个别性，这种区域性和个别性是影响房地产价值的重要因素。

2）使用的长期性

土地的利用具有永续性，房地产使用的长期性决定了其用途、功用可以随社会的进步不断加以改善和调整，以达到最佳的利用状态。土地使用权的剩余使用年限是影响房地产价值的一个重要因素。

3）影响因素的多样性

房地产效用的发挥以及房地产价值的实现会受到诸多因素的制约，除了受房地产自身自然因素、物理因素、化学因素的制约以外，社会因素以及周边环境等都会对房地产效用的发挥及房地产价值的实现产生非常大的影响。从社会因素来看，政府的城市规划具体规定了房地产的用途和使用强度（如容积率、覆盖率、建筑高度、绿地率等）。从周边环境的角度来看，任何房地产的效用和价值都要受到其周边环境，特别是周边房地产用途的影响。当然，影响房地产效用发挥及房地产价值实现的因素还有许多，如政府的房地产政策、住房制度、社会有效需求等。

4）投资的大量性

无论房地产中的土地还是建筑物，对其投资的数额都是较大的；无论国家、企业还是个人投资者，投资房地产都需要较大数额的资金。房地产投资的大量性不仅说明了投资者对房地产投资应事先做好可行性研究，要有的放矢、有效进行，还说明了房地产具有变现风险。

5）价值的保值增值性

由于土地资源特别是城市土地面积具有有限性，因此从长远来看，土地供给一般会滞后于土地需求，从而使房地产价格出现上涨趋势。如果出现通货膨胀现象，房地产的保值性则会更为明显。房地产的保值增值是一种趋势，但并非每一时点房地产的价值都会上涨，这需要结合每宗房地产的具体情况来理解其保值增值趋势。

5.1.4 房地产价格的种类

房地产价格可分为土地价格、建筑物价格、房地价格三种。

1）土地价格

土地价格简称地价，通常是指空地的价格。根据目前我国的地价体系，地价又可以具体划分为基准地价、标定地价、出让地价、转让地价和其他地价等若干种。

2）建筑物价格

建筑物价格是指纯建筑物部分的价格，不包含其占用的土地价格。在人们的日常生活中，纯粹的建筑物价格并不多见，通常所说的建筑物价格一般是包含地价的。

3）房地价格

房地价格是指建筑物连同其占用的土地在内的价格。房地价格情况比较复杂，以住宅为例，在房改之后，住宅价格包括职工购买现住房价格、动迁房价格、安居工程房价格等。从形式上来看，上述几种房价大都是在市场上形成的，而价格却相差很大。

除以上基本的房地产价格外，还有以下四种价格形态：

（1）房地产单位价格

房地产单位价格可以是土地的单位面积价格、建筑物的单位面积价格，也可以是房地合一状态下的单位面积价格。我国在房地产计量方面通常将平方米作为面积单位，面积的含义因房地产种类的不同而有所不同。

（2）楼面地价

楼面地价又称单位建筑面积地价，是平均到每单位建筑面积上的土地价格。其计算公式为：

楼面地价=土地总价格÷建筑总面积

或：

楼面地价=土地单价÷容积率

容积率=建筑总面积÷建筑占地面积

楼面地价在反映某一具体宗地地价时，往往比单位地价更能说明地价水平。

（3）拍卖价格

拍卖价格是指采用拍卖方式出让或交易的房地产价格。

（4）招标价格

招标价格是指采用招标方式出让或交易的房地产价格。

拍卖价格和招标价格也是在公开市场上形成的，带有很大的随机性和偶然性。

5.1.5 房地产评估的特点

根据房地产制度、政策以及市场发育程度，我国的房地产评估具有以下特点：

1）分离评估、综合计价

分离评估是因为：①房产和地产价格的性质不同，房屋价格是房屋这种商品价值的货币体现，而土地不是商品，其价格是土地使用权转让的交易价格；②房屋会折旧，甚至毁损，价值越来越低，而土地则不存在折旧的问题，反而会随着社会经济的发展而升值；③影响房产和地产评估价格的因素不尽相同，房产主要受其建筑质量和环境因素的影响，而土地受市场供求因素及位置、面积、形状的影响较大。这些都导致在评估房产和地产时，必须采取不同的方法和程序，因此两者在评估时要进行分离。综合计价是因为地价是房价的基础，是构成房价的重要因素，最终通过房价来实现。

2）应用最佳使用原则

房地产评估中的最佳使用原则是指，房地产评估应以估价对象的最佳使用为前提。这种最佳使用的含义是法律上允许、技术和功能上可能、经济上可行，经过充分合理的论证，并能给估价对象带来最高价值。

3）法律、法规约束严格

我国关于房地产价格方面的法律、法规和政策有很多，如《中华人民共和国城市规划法》《中华人民共和国土地管理法》《城市私有房屋管理条例》《中华人民共和国城镇国有土地使用权出让和转让暂行条例》《房屋完损等级评定标准》等。因此，对房地产进行评估必须以房地产的合法取得、合法使用、合法交易、合法处分为前提，在评估过程中，评估机构和评估人员应该严格遵守法律法规，知法守法，提高自身的业务素质。

5.1.6 房地产评估的程序

1）明确评估的基本事项

评估机构在接受房地产评估委托后，在评估委托协议中除了要明确评估收费、违约责任等事项外，还必须明确评估对象、评估目的、评估时点和评估的具体工作时间等事项。

明确评估对象首先要从物质实体上明确房地产的名称、坐落、用途、面积、层数、结构、装修、基础设施、取得时间、使用年限、维修保养状况等；其次，从权益状况上来看，要明确产权性质和产权归属等。明确评估目的就是要确定评估结果的具体用途，即为何种需要而进行房地产评估。明确评估目的不仅有助于明确评估方向，便于更好地确定评估对象和评估范围，也限制了评估报告的使用范围，有助于评估人员选择恰当的评估价值类型和评估价值基础。明确评估时点就是要有明确的评估基准日。明确评估的具体工作时间是指委托方和受托方要事先明确评估机构从接受委托到提交评估报告的时间。

2）拟订评估工作方案

在明确了评估的基本事项的基础上，评估机构应当对评估项目进行充分分析，拟订评估作业计划，具体步骤包括：根据评估对象、评估目的，以及可能收集到的数据资料，初选评估方法和评估的技术路线，并确定评估人员及其分工；按评估的要求运用相应的评估方法调查、收集数据资料；规定作业步骤和作业时间；估算评估成本。

3）实地查勘收集资料

房地产评估人员必须到评估现场进行实地查勘，弄清房地产的位置和周围环境、自然和人文景观、公共设施和基础设施，以及评估对象的物质状况，如外观、结构、面积、装修、设备等，从而进一步丰富和落实此项评估所需的数据资料。

4）选用评估方法评定估算

在房地产评估中，评估人员除了可以使用其他资产评估常用的成本法、市场法和收益法外，还可以根据具体情况运用假设开发法、剩余法、路线估价法、基准地价修正法等。如果条件允许，每一个评估项目最好能选择两种或两种以上的方法进行评估。

5）确定评估结果，撰写评估说明或报告

采用两种或两种以上的方法进行评估，会得到几个初步的评估结果。评估人员应当在充分分析论证的基础上给出评估的最终结果，并撰写评估说明或评估报告。

小资料 5-1　　房地产拆迁评估权属的合法性

房地产权属的合法性是指房地产产权文件的合法性，即评估机构在评估前应该掌握房屋所有权、土地使用权、房地产抵押权等权益的有效法律凭证，包括房地产档案、房地产所有权证、土地使用证、建设用地规划许可证等，这些文件是评估对象合法性的证明文件。评估机构在评估前，必须厘清房地产产权状况，只有对被评估房地产的权属状况有一个全面的了解，才能得出正确的评估结果。这是房地产评估人员正确估价的基础，也是拆迁评估合法性的前提之一。

小思考 5-1

房地产有哪些特点？

答：(1) 位置的固定性；(2) 使用的长期性；(3) 影响因素的多样性；(4) 投资的大量性；(5) 价值的保值增值性。

5.2　土地使用权的评估

在我国，城市土地的所有权属于国家，不能进入市场流通。土地使用者可以拥有和转让土地使用权，因此地价一般是指土地使用权的价格。

5.2.1 土地使用权价格的特征

土地的不可再生性、供给的稀缺性、位置的固定性使土地使用权价格具有不同于一般商品价格的特征。

1）土地使用权价格是地租的资本化

土地使用权价格与一般商品的价格不同。一般商品是劳动的产物，其价格围绕价值上下波动，价格由生产成本和利润构成；而土地则不完全是劳动的产物，土地使用权价格并不是土地的购买价格，而是地租的资本化。

2）土地使用权价格是权益价格

由于地产位置不可移动，因此地产的买卖、抵押等并不能移转地产的物质实体本身，而是转移与土地有关的各种权益。发生经济行为的地产转移方式不同，形成的地产权益不同，其权益价格也不相同，评估时必须仔细考虑。

3）土地使用权价格具有增值性

土地使用权价格形成的特殊性，使得土地价值的变化也具有独特性。也就是说，土地使用权价格受多种因素影响，由于土地可以永续利用，因此除个别情况外，随着地块周围环境因素的调整及经济的增长，土地使用权价格往往具有自然增值的属性。

4）土地使用权价格与用途相关

一般商品的价格并不会因使用状况不同而产生差别。但是，同样一宗土地，在不同的规划用途下，其使用价值是不同的。因此，土地使用权价格与其用途密切相关。

5）土地使用权价格具有个别性

土地不像一般商品一样，可以开展样品交易、批量交易，每一宗土地交易都具有个别性。同时，在土地使用权价格的决定因素中，交易主体之间的个别因素也很容易起作用。

6）土地使用权价格具有可比性

我们可以根据土地使用权价格的形成规律，对影响土地使用权价格的因素进行比较，从而能够对不同的土地使用权价格进行比较。

5.2.2 土地使用权价格的种类

目前，我国的土地使用权价格体系是随着经济体制改革的深化而形成的，土地使用权价格的种类主要有基准地价、标定地价、交易底价、市场交易价格、课税价格等。

1）基准地价

基准地价是按照城市土地级别或均质地域分别评估的商业、住宅、工业等各类用地和综合土地级别的土地使用权的平均价格。基准地价评估以城市为单位进行。

基准地价按用途可划分为综合基准地价、商业用地基准地价、住宅用地基准地价、工业用地基准地价。综合基准地价采用面状地价的方式表示；商业用地基准地价采用线状和面状相结合的方式表示；住宅用地基准地价采用面状地价的方式表示；工业用地基准地价采用面状地价的方式表示。

2）标定地价

标定地价可以以基准地价为依据，根据土地使用年限、地块大小、土地形状、容积率、微观区位等条件，通过系数修正进行评估得到，也可以按市场交易资料，直接进行评估得到。

3）交易底价

交易底价包括土地使用权出让底价、转让底价、抵押底价等。土地使用权出让底价是正常地产市场状况下地块应达到的地价水平，是出让时的最低控制价格，一般依据基准地价或标定地价并考虑地产市场的发展状况来确定。土地使用权转让底价是土地使用权转让时，在成交前的谈判底价。土地使用权抵押底价是以不动产作为抵押物时地产的协商价格。

4）市场交易价格

市场交易价格是地产在市场交易中实际成交的价格。在正常的市场条件下，买卖双方均能迅速获得交易信息，买卖双方均以自身利益为前提，在彼此自愿的条件下，以某一价格完成地产交易。由于交易的具体环境不同，因此市场交易价格经常处在不断变化之中。租赁价格和转让价格等都属于市场交易价格。

5）课税价格

课税价格是政府为征收有关土地税收（如土地增值税、城镇土地使用税等），作为地产课税基础的价格。课税价格的确定与课税政策密切相关。

5.2.3 土地使用权价格的评估方法

根据土地使用权价格的特点，评估时一般可采用市场法、收益法、成本法、路线估价法、预期开发法等。

1）市场法

市场法是在求取一宗待评估不动产价格时，依据替代原理，将待评估不动产与类似不动产的近期交易价格进行比较，通过对交易情况、交易日期、区域因素和个别因素等的修正，得出待评估不动产的价格。

（1）市场法的一般程序

①收集交易资料。运用市场法评估地产的价格，必须有足够的交易资料，这就要求评估人员必须注意日积月累，在平时就要时刻关注地产市场的变化，随时收集有关地产交易的实例。

②确定可比交易实例。评估人员在对一宗地产价格进行评估时，需要根据待估地产的特点，从平时收集到的众多地产交易实例中选择符合一定条件的交易实例作为参照。可比实例的选择是否恰当，将直接影响运用市场法评估的结果的精度。因此，对可比实例的选择应特别慎重。

（2）修正因素

修正因素包括交易情况、交易日期、区域因素、个别因素、容积率、土地使用年期等。其基本计算公式为：

$$P=P'\times A\times B\times C\times D$$

式中：P为待估地产评估价格；P′为可比交易实例价格；A为交易情况修正系数；B为交易日期修正系数；C为区域因素修正系数；D为个别因素修正系数。

或：

$$P=P'\times A\times B\times C\times D=P'\times\frac{100}{(\ \ )}\times\frac{(\ \ )}{100}\times\frac{100}{(\ \ )}\times\frac{100}{(\ \ )}$$

式中：$A=\frac{100}{(\ \ )}=\frac{\text{正常交易情况指数}}{\text{可比实例交易情况指数}}$

$B=\frac{100}{(\ \ )}=\frac{\text{估价期日价格指数}}{\text{可比实例交易时价格指数}}$

$C=\frac{100}{(\ \ )}=\frac{\text{待估对象所处区域因素条件指数}}{\text{可比实例所处区域因素条件指数}}$

$D=\frac{100}{(\ \ )}=\frac{\text{待估对象个别因素条件指数}}{\text{可比实例个别因素条件指数}}$

在上式中，交易情况修正系数A中的分子100表示以正常交易情况下的价格为基准，确定可比实例交易情况下的价格修正系数；交易日期修正系数B中的分子100表示以可比实例交易时的价格指数为基准，确定估价期日的价格指数；区域因素修正系数C中的分子100表示以待评估对象所处的区域因素条件为基准，确定可比实例所处区域因素条件的修正系数；个别因素修正系数D中的分子100表示以待评估对象的个别因素条件为基准，确定可比实例个别因素条件的修正系数。

市场法的计算公式也可以是：

$$P=P'\times A\times B\times C\times D=P'\times\frac{100}{(\ \ )}\times\frac{(\ \ )}{100}\times\frac{(\ \ )}{100}\times\frac{(\ \ )}{100}$$

式中：P′、A、B含义同前，C和D分别为以可比实例的区域因素条件和个别因素条件为基准确定的待评估对象的区域因素条件和个别因素条件的修正系数。

如果土地容积率、土地使用年期单独修正，则其计算公式为：

$$P=P'\times A\times B\times C\times D\times\text{容积率修正系数}\times\text{土地使用年期修正系数}$$

区域因素或个别因素中的各个因素都可以独立扩展出来进行单独修正。

①交易情况修正。在对土地使用权价格进行评估时，评估人员需要对选取的可比实例进行交易情况修正，将交易中由于个别因素所产生的价格偏差予以剔除。

②交易日期修正。可比实例的交易日期与待估地产的评估基准日往往有一段时间差，因此需要根据地产价格变动率对可比实例地产价格进行修正。其计算公式为：

$$\text{评估基准日可比实例价格}=\text{可比实例价格}\times\text{评估基准日指数}\div\text{交易日期指数}$$

③区域因素修正。进行区域因素修正是市场法的难点和关键之一，可比实例地产与待估地产如果不是处于同一地区，就需要找出由于区域因素的差别而引起的可比实例地产与待估地产价格的差异，并对可比实例地产价格进行修正；可比实例地产与待估地产如果处在同一地区，则不必进行此项修正。

④个别因素修正。个别因素修正是指将可比实例地产与待估地产的个别因素加以比较，找出由于个别因素的差别而引起的可比实例地产与待估地产价格的差异，从而对可比实例地产价格进行修正。

⑤容积率修正。容积率与地价并非呈线性关系，评估人员需要根据具体区域的情况具体分析。容积率修正可采用以下公式计算：

$$\begin{matrix}\text{容积率修正后}\\\text{可比实例价格}\end{matrix}=\text{可比实例价格}\times\frac{\text{待估宗地容积率修正系数}}{\text{可比实例容积率修正系数}}$$

［例5-1］某企业有一块待估宗地，城市容积率修正系数见表5-1。

表 5-1 城市容积率修正系数

容积率	0.1	0.4	0.7	1.0	1.1	1.3	1.7	2.0	2.1	2.5
修正系数	0.5	0.6	0.8	1.0	1.1	1.2	1.6	1.8	1.9	2.1

如果确定可比实例宗地地价为800元/平方米，容积率为2.1，待估宗地规划容积率为1.7，则待估宗地容积率修正计算如下：

容积率修正后可比实例价格=800×（1.6÷1.9）=673.68（元/平方米）

⑥土地使用年期修正。我国实行有限年期的土地使用权有偿使用制度，土地使用年期的长短直接影响获得相应土地收益的多少。土地使用年期修正系数的计算公式为：

$$K=\frac{1-\frac{1}{(1+r)^m}}{1-\frac{1}{(1+r)^n}}$$

式中：K为年期修正系数；r为还原利率；m为待评估对象的使用年期；n为可比实例的使用年期。

土地使用年期修正后地价=可比实例价格×K

[例5-2] 甲企业有一块待估宗地，现收集到与待估宗地条件类似的6块宗地的情况，见表5-2。

表 5-2 与待估宗地条件类似的6块宗地的情况

宗地	成交价（元/平方米）	交易时间	交易情况	容积率	区域因素	个别因素
A	680	2014	+1%	1.3	0	+1%
B	610	2014	0	1.1	0	−1%
C	700	2013	+5%	1.4	0	−2%
D	680	2015	0	1.0	−1%	−1%
E	750	2016	−1%	1.6	0	+2%
F	700	2017	0	1.3	+1%	0
G		2017	0	1.1	0	0

城市的地价指数见表5-3。

表 5-3 城市的地价指数

时间（年）	2011	2012	2013	2014	2015	2016	2017
指数	100	103	107	110	108	107	112

另据调查，该城市此类用地容积率与地价的关系为：当容积率在1～1.5时，容积率每增加0.1，宗地单位地价比容积率为1时的地价增加5%；当容积率超过1.5时，超出部分的容积率每增加0.1，宗地单位地价比容积率为1时的地价增加3%。对交易情况、区域因素、个别因素的修正见表5-2，其中负号表示可比实例宗地条件比待估宗地条件差；正号表示可比实例宗地条件优于待估宗地条件，数值大小代表对宗地地价的修正幅度。

试根据以上条件，评估2019年待估宗地G的价格。

①建立容积率地价指数表，见表5-4。

表5-4 容积率地价指数表

容积率	1.0	1.1	1.2	1.3	1.4	1.5	1.6
地价指数	100	105	110	115	120	125	128

②可比实例修正计算。其计算公式为：

$$评估值=\frac{参照物}{成交价}\times\left(\frac{待估宗地}{时间指数}\div\frac{参照物}{时间指数}\right)\times\left(\frac{待估宗地}{交易情况}\div\frac{参照物}{交易情况}\right)\times\left(\frac{待估宗地}{容积率指数}\div\frac{参照物}{容积率指数}\right)\times\left(\frac{待估宗地}{区域因素}\div\frac{参照物}{区域因素}\right)\times\left(\frac{待估宗地}{个别因素}\div\frac{参照物}{个别因素}\right)$$

宗地A修正后的价格为：

680×（112÷110）×（100÷101）×（105÷115）×（100÷100）×（100÷101）=619.70（元/平方米）

宗地B修正后的价格为：

610×（112÷110）×（100÷100）×（105÷105）×（100÷100）×（100÷99）=627.36（元/平方米）

宗地C修正后的价格为：

700×（112÷107）×（100÷105）×（105÷120）×（100÷100）×（100÷98）=623.05（元/平方米）

宗地D修正后的价格为：

680×（112÷108）×（100÷100）×（105÷100）×（100÷99）×（100÷99）=755.48（元/平方米）

宗地E修正后的价格为：

750×（112÷107）×（100÷99）×（105÷128）×（100÷100）×（100÷102）=637.73（元/平方米）

宗地F修正后的价格为：

700×（112÷112）×（100÷100）×（105÷115）×（100÷101）×（100÷100）=632.80（元/平方米）

③确定评估结果。

经评估人员最后审定，认为宗地D的值为异常值，应予以剔除，其他结果较为接近待估宗地，取其平均值作为评估结果。因此，待估宗地G的评估值为：

宗地G的评估值=（619.70+627.36+623.05+637.73+632.80）÷5=628.13（元/平方米）

2）收益法

收益法适用于有未来收益的不动产价格的评估，如写字楼、商场、旅馆、公寓用地等，而不适用于医院、学校、公园等公用设施的土地使用权价格的评估。

（1）未来的收益

确定未来的收益一般应以未来产生的现金流量净额为依据，剔除某些特殊的、偶然的因素，还应包括对未来风险的合理预期。

（2）资本化率

资本化率（或折现率）是决定土地使用权价格的最关键因素，因为评估价格对资本化率最为敏感，资本化率的每个微小变动都会导致评估价格发生显著变化。确定资本化率有以下两种方法：

①无风险报酬率加风险报酬率法。这种方法适用于地产市场不活跃、难以寻找类似的可比交易实例的情况。

②收益与售价比率法。这种方法是在市场上收集若干个与待估地产类似的可比交易实

例，分析其内含的资本化率，然后进行加权平均或简单算术平均，求出资本化率的方法。这种方法适用于市场比较成熟、可比交易实例较多的情况。由于这种方法的数据来自市场，因此是一种比较客观的方法。

［例5-3］为评估某一宗土地的使用权价格，评估人员在地产市场上收集了6个与待估地产类似的交易实例，有关未来收益与相应价格的资料见表5-5。

表5-5　6个交易实例的有关资料

交易实例	未来纯收益（1）	价格（2）	资本化率（3）=（1）÷（2）×100%
1	450.0（元/年·平方米）	6 000（元/平方米）	7.5%
2	393.3（元/年·平方米）	5 800（元/平方米）	6.8%
3	418.9（元/年·平方米）	5 950（元/平方米）	7.0%
4	507.0（元/年·平方米）	6 600（元/平方米）	7.7%
5	432.1（元/年·平方米）	5 720（元/平方米）	7.6%
6	468.5（元/年·平方米）	6 100（元/平方米）	7.7%

从表5-5中可以看出，资本化率是未来纯收益与价格的比率，纯收益是总收入扣除总费用后的余额。对上述6个交易实例的资本化率进行简单算术平均得出的资本化率为：

平均的资本化率=（7.5%+6.8%+7.0%+7.7%+7.6%+7.7%）÷6=7.4%

若上述6个交易实例受不同因素的影响，则应进行加权平均求得资本化率。

［例5-4］某房地产公司于2016年10月以有偿出让方式取得一块使用权为50年的土地，并于2018年10月在此地块上建成一座砖混结构的写字楼，当时造价为每平方米2 500元，该建筑物占地面积为500平方米。建筑面积为900平方米。出租期间，每月平均实收租金为30 000元。另据调查，当地同类写字楼出租租金一般为每月60元/平方米，空置率为10%，每年需支付的管理费、维修费、城镇土地使用税、房产税、保险费共计93 260元，土地资本化率为7%，建筑物资本化率为8%。试根据以上资料评估该宗地2020年10月的土地使用权价格。

由于房地产具有不可分割性，因此评估人员在评估土地使用权价格时，首先应选择适用的评估方法，然后计算房地产的整体价格（可以用年总收益扣除年总费用求出），再计算房产的价格，最后从房地产整体价格中扣除房产收益就是地产收益，并将其折现后，即可以得到地产的价格。

第一步，计算房地产年纯收益。

①计算年总收益。年总收益应为客观收益，即应取得的收益，而不是实际收益。

年总收益=60×12×900×（1-10%）=583 200（元）

②计算年总费用。年总费用上述资料已给出，即93 260元。

③计算房地产年纯收益。

房地产年纯收益=583 200-93 260=489 940（元）

第二步，计算房屋纯收益。

①计算年折旧费。

年折旧费本应该根据房屋的耐用年限确定，但是在本例中，土地使用年限小于房屋耐用年限，这样房屋的重置价必须在可使用期限内全部收回。本例中，房地产使用者可使用的年期为48年，假定不计残值，视为土地使用权年期届满，并由政府无偿收回。

$$年折旧费=\frac{建筑物重置价}{使用年限}=\frac{2\ 500\times 900}{48}=46\ 875（元）$$

②计算房屋现值。

房屋现值=房屋重置价-年折旧费×已使用年限=2 500×900-46 875×2=2 156 250（元）

③计算房屋年纯收益。

房屋年纯收益=房屋现值×房屋资本化率=2 156 250×8%=172 500（元）

第三步，计算土地年纯收益。

土地年纯收益=房地产年纯收益-房屋年纯收益=489 940-172 500=317 440（元）

第四步，计算土地使用权价格。

土地使用权在2018年10月的剩余使用年期为46年。

$$土地使用权价格=317\ 440\times\frac{1}{7\%}\times\left[1-\frac{1}{(1+7\%)^{46}}\right]=4\ 333\ 062（元）$$

根据以上计算得知，本宗土地在2018年10月的土地使用权价格为4 333 062元，单价为8 666元/平方米。

3）成本法

成本法是根据土地开发成本加上一定比例的利润、利息、税费等来确定土地价格的方法。这种方法适用于土地市场发育不完善，难以寻找参照物进行比较，既无收益又很少有交易的学校、公园等公共建筑、公用设施的土地的估价。

成本法下的土地使用权价格的计算公式为：

土地使用权价格=土地取得费+土地开发费+投资利息+投资利润+土地增值收益

①土地取得费。土地取得费是为取得土地而向原土地使用者支付的费用，土地取得费分为两种情况：

第一，国家征用集体土地而支付给农村集体经济组织的费用，包括土地补偿费、地上附着物和青苗补偿费、安置补助费等。土地补偿费中包含一定的级差地租。地上附着物和青苗补偿费是对被征地单位已投入土地而未收回资金的补偿。安置补助费是为保证被征地农业人口在失去其生产资料后生活水平不致降低而设立的，可以将其看作从被征土地未来产生的增值收益中提取的一部分补偿。

第二，为取得利用城市土地而向原土地使用者支付的拆迁费用，这是对原土地使用者对土地投资未收回部分的补偿，补偿标准各地均有具体规定。

②土地开发费。一般来说，土地开发费包括基础设施配套费、公共事业建设配套费和小区开发配套费。基础设施配套费应以“七通一平”为标准计算，“七通一平”是指通上水、通下水、通电、通信、通气、通热、通路、平整地面。公共事业建设配套费主要是指图书馆、学校、公园、绿地等设施的费用。小区开发配套费同公共事业建设配套费类似，各地根据用地情况确定合理的项目标准。

③投资利息。在土地评估中，投资者贷款需要向银行偿还贷款利息，因此贷款利息也应计入成本。但是，若采用收益法进行评估，由于在折现率确定时已考虑了资金成本，因此贷款利息不应计入成本。另外，由于土地取得费和土地开发费的投入时间和占用时间不同，因此它们的计息期也不同。通常，土地取得费在土地开发前要全部付清，在完成销售后收回，因此计息期应为整个开发期和销售期；而土地开发费是在开发过程中逐步投入

的，在完成销售后收回，因此计息期为整个开发期的一半。

④投资利润。投资利润是投资土地应获取的回报。

⑤土地增值收益。土地增值收益主要是由于土地的用途改变或功能变化而引起的。例如，农用地转变为建设用地，由于新用途的土地收益将远远高于原用途的土地收益，因此必然会带来土地增值收益。

根据计算公式，前四项之和为成本价格，成本价格乘以土地增值收益率则是土地增值收益。目前，土地增值收益率通常为10%~25%。

［例5–5］某市经济技术开发区内有一块面积为45 000平方米的土地，该地块的土地征用费（含安置补助费、拆迁费、青苗补偿费和耕地占用税）为150元/平方米，土地开发费为200元/平方米，土地开发周期为2年，第1年投入资金占总开发费用的30%，第2年投入资金占总开发费用的70%，土地开发费分段均匀投入。开发商要求的投资回报率为10%，土地出让增值收益率为20%，银行贷款年利率为6%。评估目的是以该土地使用权对外投资，原账面价值为1 000万元。试评估该宗地的土地使用权价格并进行相应的会计处理。

土地开发费为200元/平方米。

①计算投资利息。

由于土地取得费的计息期为2年，土地开发费分段均匀投入，因此在计算投资利息时，年限应为2年，土地开发费的利息应分段计算，第1年投入的年限为1.5年，第2年投入的年限为0.5年。

土地取得费利息=150×（1+6%）^{2}−150=18.54（元/平方米）

土地开发费利息=200×30%×［（1+6%）$^{1.5}$−1］+200×70%×［（1+6%）$^{0.5}$−1］

=9.62（元/平方米）

②计算投资利润。

投资利润=（土地取得费+土地开发费）×投资回报率

=（150+200）×10%

=35（元/平方米）

③计算土地使用权价格。

土地使用权价格=（土地取得费+土地开发费+投资利息+投资利润）×（1+土地出让增值收益率）

=（150+200+18.54+9.62+35）×（1+20%）

=495.79（元/平方米）

土地总价=495.79×45 000=22 310 550（元）

根据以上计算得知，该宗地的土地使用权价格为495.79元/平方米，总价为22 310 550元。

4）路线估价法

路线估价法是根据土地价值随与街道距离增大而递减的原理，在特定街道上设定单价，以此单价配合深度百分率表及其他修正率表来估算临街同一街道的其他宗地地价的估价方法。这种方法尤其适用于大片土地的评估，而收益法、市场法、成本法一般只适用于单个宗地的估价。其计算公式为：

宗地评估总价=路线价×深度百分率×临街宽度×修正率

［例5–6］某路线价区段，标准深度为16米至18米，路线价为1 000元/平方米，待估宗地为一临街矩形地块（如图5–1所示），临街宽度为10米，临街深度为18米，该路线价区段临街深度指数（深度百分率）见表5–6。

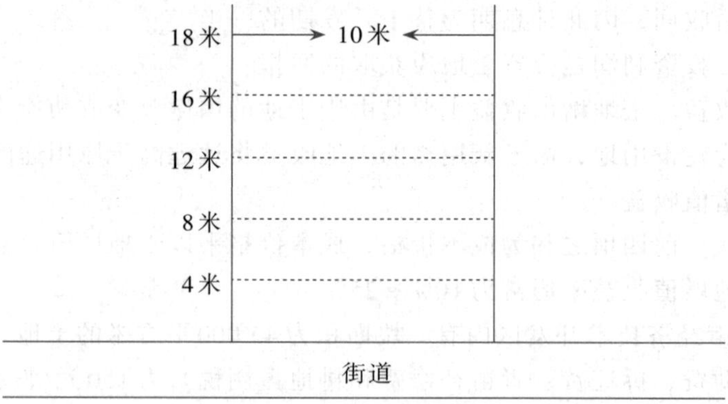

图5-1 待估宗地情况图

表5-6

该路线价区段临街深度指数表

临街深度	未满4米	满4米 未满8米	满8米 未满12米	满12米 未满16米	满16米 未满18米
深度指数	130%	125%	120%	110%	100%

根据正常宗地路线估价法的公式：

宗地价格=路线价×深度指数×宗地面积

得出其计算公式为：

$$V = A\sum_{i=1}^{n} K_i S_i$$

式中：V为待估宗地总价格；A为路线价；n为待估宗地划分的地段数；K_i为第i段地的深度指数；S_i为第i段地的面积。

请运用路线估价法评估该宗地的价值（不考虑修正率）。

一块土地，临街距离越短，利用程度越大，收益越高，评估价格也越高；反之，评估价格越低。因此，应用路线估价法时，应先选出距离街道一定深度的地段作为标准地段，评定其标准单价，然后确定不同深度的修正率（指数），调整为评估价格。

宗地价值=1 000×（1.3×10×4+1.25×10×4+1.2×10×4 +1.1×10×4+1×10×2）

=214 000（元）

5）预期开发法

预期开发法是模拟土地按最优利用原则开发，按获取销售收入扣除开发成本和利润后的余额来推算待评估土地使用权转让价格的评估方法。这种方法适用于成片待开发土地转让价格的确定。

（1）预期开发法的计算公式

土地使用权价格=开发后不动产价值-开发成本-投资利息-投资利润-税费

或：

土地使用权价格=房屋的预期售价-建筑总成本-利息-利润-税费

（2）预期开发法的应用程序

①调查待评估对象的基本情况。

调查待评估对象的基本情况包括土地的限制条件，位置、面积大小和形状，以及不动产的利用要求、使用权性质、使用年限等。

②确定待评估不动产最佳的开发利用方式。

确定待评估不动产最佳的开发利用方式包括确定用途、建筑容积率、土地覆盖率、建筑高度、装修档次等。最佳的开发利用方式是开发完成后销售时能获得的最高收益。

③预测房地产售价。

根据所开发的不动产类型，预测开发完成后的房地产总价。房地产总价可以通过两个途径获得：第一，对于出售的不动产，如居住用商品房、工业厂房等，可采用市场法确定开发完成后的不动产总价。第二，对于出租的不动产，如写字楼和商业楼宇等，首先采用市场法确定所开发不动产出租的纯收益，再采用收益法将出租纯收益转化为不动产总价。

④估算各项成本费用。

第一，估算开发建筑成本费用。开发建筑成本费用包括直接工程费、间接工程费、建筑商利润及由发包商负担的建筑附带费用。第二，估算专业费用。专业费用包括建筑设计费、工程概预算费等，一般以建造费用的一定比例估算。第三，确定开发建设工期，估算预付资本利息。开发建设工期是指从取得土地使用权一直到不动产全部售出或出租完毕的这一段时期。第四，估算税费。税费主要是指不动产建成后销售的增值税、印花税等，应根据当前政府的税收政策估算，一般以建成后不动产总价的一定比例估算。第五，估算开发完成后的不动产租售费用。开发完成后的不动产租售费用包括中介代理费、市场营销费、广告费、买卖手续费等。

⑤确定开发商的合理利润。

开发商的合理利润一般以不动产总价或预付总资本的一定比例计算。投资回报利润的计算基数一般为地价、开发费用和专业费用三项，销售利润的计算基数一般为不动产售价。

⑥估算待评估不动产价格。

[例5-7] 某企业欲接受A单位以一块土地的使用权作为投资，并要求对该宗地进行评估。有关资料如下：

(1) 宗地所处地理位置及周围环境。宗地位于××市××区××路××号，属于市商业中心用地区。该地块南临××路，该路是××市最繁华的商业街，北400米与火车站相对，东临××街，西临××街，占地10 000平方米。地块规划建设集办公、旅馆、公寓、商业及娱乐综合用途为一体的大厦。

宗地地理位置十分优越，交通也十分便利，地块内的市政基础设施也十分完善，城市生活和居民生活使用的上下水、热力、煤气、电力、电信等市政配套设施完备。

(2) 宗地规划设计条件。宗地规划设计用途有办公、旅馆、商业、娱乐等，其具体规划设计条件见表5-7。

表5-7 宗地规划设计条件

内容	指标
占地面积	10 000平方米
总建筑面积	80 000平方米
容积率	8
建筑限高	18米

（3）宗地开发的功能分布。项目总建筑面积为80 000平方米，具体功能分布情况见表5-8。

表5-8　　宗地功能分布情况

功能	建筑面积（平方米）	百分比（%）
写字楼	40 000	50
旅馆	18 000	22.5
公寓	10 000	12.5
餐饮	6 000	7.5
健身娱乐	6 000	7.5
合计	80 000	100

第一步，测算开发总价值。本项目的开发收益有写字楼和公寓的出租收益，旅馆、餐饮、健身娱乐用房的销售收入。

对该开发项目中的旅馆、餐饮、健身娱乐用房的预期售价，参照该市市场上类似物业的交易实例，并结合该项目建设周期为2年的实际情况分析估算；对该开发项目中的写字楼和公寓，以市场上类似物业的正常租金水平测算其租金收益现值；然后，再将两者相加求其总收益。

①计算销售收入。假定开发项目的建设期为2年，其中旅馆、餐饮、健身娱乐用房建成后可售出。旅馆的售价估计为18 000元/平方米，餐饮、健身娱乐用房的售价估计为16 000元/平方米，利息为10%，销售费用为售价的10%。

②测算租金收入。评估人员根据目前写字楼和公寓的租金水平，预计2年后的月租金水平将保持在100元/平方米，预计出租的费用率为20%，使用面积占建筑面积的比例为75%，平均空置率为10%，建筑物寿命预计为40年，综合考虑无风险报酬和风险报酬因素，折现率为10%。

第二步，测算开发总成本。

①建筑安装工程费（分2年投入，第1年投入60%，第2年投入40%）。其中，直接费（结构+装修）为4 000元/平方米，间接费（取直接费的20%）为800元/平方米。

②专业费用及其他费用，取直接费和间接费之和的10%。

③投资利息，取年利率为10%。

④开发商利润，取年利率为20%。

⑤各种税费，按项目开发价值的10%计算。

请对该宗地的使用权价格进行评估。

该宗地属于待开发建设的商业用地，由于市场上交易实例不足而难以采用市场法，又由于无法预测该宗地独立的收益而不宜采用收益法，用成本法也不尽合理，因此评估人员应选择预期开发法，即假设该宗地已开发完成，从房地产总价值中扣除房产价值后的余额就是土地使用权价格。

第三步，预测开发后总收益。

①旅馆、餐饮、健身娱乐用房出售收益现值。由于宗地开发后，旅馆、餐饮、健身娱

乐用房预计可马上出售，因此可按2年后的收益折现。

$$\text{旅馆现值}=18\ 000\times18\ 000\times（1-10\%）\times\frac{1}{(1+10\%)^2}=240\ 991\ 736（元）$$

$$\text{餐饮、健身娱乐用房现值}=16\ 000\times（6\ 000+6\ 000）\times（1-10\%）\times\frac{1}{(1+10\%)^2}=142\ 809\ 917（元）$$

因此，旅馆、餐饮、健身娱乐用房出售收益现值合计为383 801 653元。

②物业出租收益现值。对于写字楼和公寓的出租收入，是开发完成后40年内发生的，属于递延年金，因此应进行2次折现。

$$\text{物业出租收益现值}=100\times（40\ 000+10\ 000）\times（1-20\%）\times75\%\times（1-10\%）\times 12\times\frac{1}{10\%}\times\left[1-\left(\frac{1}{1+10\%}\right)^{40}\right]\times\frac{1}{(1+10\%)^2}$$

$$=261\ 836\ 245（元）$$

项目开发总收入=383 801 653+261 836 245=645 637 898（元）

第四步，预测开发总成本。由于建筑安装工程费分2年投入，第1年投入60%，第2年投入40%，因此在计算项目开发总成本现值时，第1年投入的年限应为0.5年，第2年投入的年限为1.5年。

$$\text{项目开发总成本}=\frac{4\ 800\times80\ 000\times60\%}{(1+10\%)^{0.5}}+\frac{4\ 800\times80\ 000\times40\%}{(1+10\%)^{1.5}}$$

$$=352\ 816\ 498（元）$$

专业费用及其他费用=352 816 498×10%=35 281 650（元）

各种税费=645 637 898×10%=64 563 790（元）

开发商利润=（地价+352 816 498+35 281 650）×20%

=地价×20%+77 619 630

因为投资利息在项目收入及项目开发费用方面都已换算为现值（即体现为折现率），所以不再考虑投资利息。

第五步，评估该宗地的价值。

地价=645 637 898−352 816 498−35 281 650−64 563 790−0.2×地价−77 619 630

解得：地价=96 130 275（元）

土地单价=96 130 275÷10 000=9 613（元）

楼面地价=9 613÷8=1 202（元）

小资料5-2　土地使用权评估的风险控制

土地使用权评估的风险，大多出在价格的计算上，因此必须做好以下几点：一是及时更新价格信息。目前报刊上所载价格往往是市场的土地价格，要想了解当地市场价或成交价，还应向当地有关单位（如土地管理部门或房地产开发公司）询价，以随时了解当地土地市场价格的变动情况。二是与委托单位保持密切联系。三是确定恰当的估价基准日。土地使用价值的高低均以基准日的有效价格为标准，有的仅相隔几天其价格变化就很大。因此，评估人员只有了解并正确掌握基准日的价格，才能正确计价。评估人员在平时要细心收集和关注有关土地价格的变化，并加以摘录登记，保存好各种价格信息，使用时要在工作底稿上注明价格的出处、日期和文号，以便在有争议或诉讼时，能有根有据地说服对方。

小思考5-2

如何确定土地取得费和土地开发费的计息期？

答：土地取得费和土地开发费的投入时间和占用时间均不相同。通常，土地取得费在土地开发前要全部付清，在完成销售后收回，因此计息期应为整个开发期和销售期；而土地开发费是在开发过程中逐步投入，在完成销售后收回，因此计息期为整个开发期的一半。

5.3 建筑物的评估

建筑物一般包括建筑物和构筑物两大类。建筑物是指供人们居住、生产、工作、学习和进行其他社会活动等的工程建筑，如房屋。构筑物是指除建筑物以外的工程建筑，如桥梁、隧道、道路等。

5.3.1 影响建筑物评估的基本因素

影响建筑物评估的基本因素主要有：

（1）坐落位置。建筑物的坐落位置对建筑物的评估值影响很大，如果建筑物与其所占土地一并评估，坐落位置因素可在土地评估中考虑，而不必在建筑物评估中考虑。

（2）面积。面积包括建筑物的占地面积和建筑物的自身面积。建筑物的占地面积应在土地评估中予以考虑，建筑物的自身面积则要注意其计算口径和内容，如建筑面积、使用面积、营业面积等。采用不同方法评估建筑物时应注意建筑物面积的计算口径和内容。

（3）用途。某一具体建筑物的用途可能是单一的，也可能是综合性的，评估时要注意建筑物的用途，尤其是要注意建筑物用途的面积分配和楼层分配。

（4）建筑结构。

（5）建筑高度。注意待评估建筑物高度与城镇规划要求是否相冲突。

（6）附属设施。附属设施的完善程度会影响建筑物主体功能的发挥。同时，附属设施的耐用年限与建筑物主体的耐用年限之间也可能存在差异，在计算成新率等指标时需注意这种差别。

（7）装修质量和水平。

（8）建成时间。

（9）外观。

（10）平面格局。

（11）产权。产权包括建筑物的所有权、使用权、使用权年限等。评估人员在评估时，要特别注意建筑物产权是否受到限制，如是否已进行抵押、担保、出租等，以及是否有产权纠纷。

（12）其他因素。例如，建筑物的质量、适用性、建筑风格与城市总体风格的吻合程度等。

5.3.2 建筑物评估的方法

1）市场法

市场法是指以市场上相同或类似建筑物的交易价格作为参照物，经必要的修正来确定待评估建筑物价格的评估方法。这种方法的操作与土地使用权评估中的市场法基本相同，只是调整的因素有所不同。

［例5-8］一幢住宅楼的建筑面积为4 000平方米，2019年建成，住宅楼与宅基地分属不同的产权主体。2020年，住宅楼产权主体拟将地上建筑物部分转让给宅基地土地使用权人，试评估该住宅楼的转让价格。

经调查得知，评估基准日同类住宅楼的单位面积造价在800元/平方米以下（评估时该城市中有大量同类住宅），待评估建筑物与现在的住宅楼相比，在室内结构、材料使用、附属设施等方面略逊一筹，估计当时造价比现行造价低5%左右，加上待评估建筑物在评估前一年建成，价格应再下调2%。根据现在住宅楼的市场情况，其造价与市价之比大约为1∶1.2。综合上述各种因素，待评估住宅楼的市场价格为：

住宅楼单价=800×（1−5%）×（1−2%）×1.2=893.76（元/平方米）

待评估住宅楼的转让价格为：

住宅楼的转让价格=4 000×893.76=3 575 040（元）

2）剩余法

剩余法是将建筑物与其土地合并计算收益，即房地合一计算，再从中扣除归属于土地的纯收益，以求取建筑物价格的评估方法。这种方法本质上属于收益法，只有存在未来收益的房地产才可以采用这种方法。其计算公式为：

建筑物评估价=建筑物年纯收益×P/A

=（房地合一纯收益−土地价格×土地预期收益率）×P/A

式中：年金现值系数中的折现率应取建筑物预期收益率和建筑物折旧率之和。

［例5-9］某砖混结构单层住宅，宅基地为200平方米，建筑面积为120平方米，月租金为2 400元，土地预期收益率为8%，建筑物预期收益率为10%，建筑物评估时的剩余使用年限为25年。房租损失为半月租金，房产税为年租金的12%，城镇土地使用税为2元/平方米，管理费为年租金的3%，修缮费为年租金的4%，保险费为288元。通过市场调查得知，土地使用权价格为1 000元/平方米。请评估该住宅建筑物的价格。

根据已知资料，该住宅可用于出租，有未来收益，因此可以运用剩余法进行评估。

①计算年房租收入。

年房租收入=2 400×12=28 800（元）

②计算年总费用。

房租损失准备费（以半月租金计）=1 200元

房产税=28 800×12%=3 456（元）

城镇土地使用税=200×2=400（元）

管理费=28 800×3%=864（元）

修缮费=28 800×4%=1 152（元）

保险费=288元

年总费用=1 200+3 456+400+864+1 152+288=7 360（元）

③计算年纯收益。

年总纯收益=28 800−7 360=21 440（元）

土地使用权总价=200×1 000=200 000（元）

归属于土地的年纯收益=200 000×8%=16 000（元）

归属于建筑物的年纯收益=21 440−16 000=5 440（元）

④计算建筑物价格。

建筑物折旧率=1÷25×100%=4%

折现率=10%+4%=14%

$$建筑物价格=5\ 440\times\frac{1}{14\%}\times\left[1-\frac{1}{(1+14\%)^{25}}\right]=37\ 388（元）$$

建筑物单价=37 388÷120=312（元/平方米）

3）成本法

建筑物评估中的成本法是从建筑物的再建造费用或投资的角度来考虑，先估算建筑物在全新状态下的重置成本，再扣减由于各种损耗因素造成的贬值，最后得出建筑物的评估值。建筑物评估中的成本法主要涉及四个基本要素，即建筑物的重置成本、实体有形损耗、功能性贬值和经济性贬值。

（1）建筑物重置成本构成

由于建筑物不可能脱离土地而独立存在，它总是建筑在土地之上的，因此这里所列的建筑物价格包括了土地部分。在评估时应注意关于土地价格部分不能重复计算。

建筑物（房地合一）价格构成项目包括土地取得费、前期工程费、建筑安装工程费、配套费、建设期利息、管理费、税费及开发商正常利润。

（2）建筑物重置成本的估算方法

①重编预算法。此方法是按工程预算的编制方法，对待评估建筑成本构成项目重新估算重置成本。其计算公式为：

$$建筑物重置成本=\sum\left[\left(\begin{matrix}实际\\工程量\end{matrix}\times\begin{matrix}现行单价或\\定额\end{matrix}\right)\times\left(1+\begin{matrix}工程\\费率\end{matrix}\right)\pm\begin{matrix}材料\\差价\end{matrix}\right]+\begin{matrix}按现行标准计算的\\各项间接成本\end{matrix}$$

用这种方法估算建筑物重置成本的准确性较高，但是此方法所需的技术经济资料较多，而且费时、工作量大。因此，此方法的适用范围为：一是测算建筑物的更新重置成本；二是评估构造比较简单的建筑物，如道路、围墙、设备基础、非标构架等。

②预决算调整法。此方法是以待评估建筑物决算中的工程量为基础，按现行工程预算价格、费率将其调整为按现价计算的建筑工程造价，再加上间接成本，从而估算出建筑物的重置成本。运用这种方法，不需要对工程量进行重新计算，它是以建筑物原工程量是合理的为假设前提，所以只需对建筑物预算价格及费率用评估基准日的标准取代建筑物购建时的标准，计算出调整后的工程决算造价，再加上按评估基准日的标准计算的间接成本即可。

③价格指数调整法。价格指数调整法是指根据待评估建筑物的账面成本，运用建筑业产值价格指数或其他相关价格指数推算出建筑物重置成本的一种方法。价格指数调整法能否运用好，关键在于对价格指数的选择和对价格变动指数的计算。对于价格指数的选择，评估人员可参考建筑业产值价格指数，该指数基本上能反映出建筑产品价格变化的趋势；对于价格变动指数的计算，评估人员则要注意所选择的价格指数在所选期间每年公布的是

定基价格指数，还是环比价格指数，不同性质的价格指数在计算价格变动指数时采用的方法有所不同。

第一，对于定基价格指数，应按下式计算价格变动指数：

价格变动指数=评估时点价格指数÷建筑物购建时价格指数×100%

第二，对于环比价格指数，应按下式计算价格变动指数：

$$X=(1+a_1)(1+a_2)(1+a_3)\cdots(1+a_n)\times 100\%$$

式中：X为价格变动指数；a为从建筑物竣工年度后第1年至评估基准日年度的各年环比价格指数。

价格指数调整法用公式表达为：

重置成本=账面原值×价格变动指数

［例5-10］某企业有一简易仓库，账面价值为200 000元，建筑面积为1 000平方米，竣工于2015年年底，要求估算2019年年底该仓库的重置成本。

经查询，企业所在地区2015年至2019年建筑业产值价格环比指数分别为19%、17%、30.5%、6.9%、4.8%。

①计算价格变动指数。

$$X=(1+19\%)\times(1+17\%)\times(1+30.5\%)\times(1+6.9\%)\times(1+4.8\%)\times 100\%=204\%$$

②估算仓库的重置成本。

重置成本=200 000×204%=408 000（元）

（3）建筑物有形损耗率及成新率的测算

建筑物有形损耗率和成新率的测算主要有使用年限法和打分法两种。

①使用年限法。使用年限法是指以建筑物实际已使用年限占建筑物耐用年限的比重作为建筑物有形损耗率，或以估测出的建筑物尚可使用年限占建筑物耐用年限的比重作为建筑物的成新率。

$$\text{建筑物的有形损耗率}=\frac{\text{建筑物实际已使用年限}}{\text{建筑物实际已使用年限}+\text{建筑物尚可使用年限}}\times 100\%$$

$$\text{建筑物的成新率}=\frac{\text{建筑物尚可使用年限}}{\text{建筑物实际已使用年限}+\text{建筑物尚可使用年限}}\times 100\%$$

运用使用年限法的关键在于测定一个较为合理的建筑物尚可使用年限，这就要求评估人员具有相当丰富的实践经验，能够结合国家以前制定的固定资产折旧年限等数据，根据待评估建筑物的实际状态和维修保养状况，估算待评估建筑物的尚可使用年限。

②打分法。打分法是指评估人员借助建筑物成新率的评分标准，包括建筑物整体成新率评分标准以及建筑物不同构成部分的评分标准进行对照打分，得出或汇总得出建筑物的成新率。用打分法估测建筑物的成新率可参照下列公式进行：

成新率=（G×结构部分合计得分+S×装修部分合计得分+B×设备部分合计得分）÷100×100%

式中：G为结构部分的评分修正系数；S为装修部分的评分修正系数；B为设备部分的评分修正系数。

［例5-11］某钢筋混凝土5层框架楼房，经评估人员现场打分，结构部分得分为80分，装修部分得分为70分，设备部分得分为60分，修正系数G=0.75，S=0.12，B=0.13，则该楼房的成新率为：

成新率=（0.75×80+0.12×70+0.13×60）÷100×100%=76.2%

（4）建筑物功能性贬值的分析测算

建筑物功能性贬值是指由于建筑物用途、使用强度、设计、结构、装修等的不合理造成建筑物功能不足或浪费而形成的价值损失。如果出现了建筑物用途和使用强度与其所占用土地的最佳使用情况不一致，土地的最佳效用没有发挥出来，则土地的价值就没有得到充分实现。建筑物设计和结构上的缺陷，可能导致建筑物面积较大，而有效使用面积却与建筑面积不成比例，从而影响建筑物的有效利用，这是建筑物功能性贬值的又一表现。建筑物的装修和设备与其总体功能的不协调，也会造成建筑物的功能性贬值，尤其是建筑物装修豪华和设备超标准安装使用，在建筑物使用价值增加不明显的情况下，往往形成建筑物局部功能浪费，其部分价值无法实现。

（5）建筑物经济性贬值的分析测算

建筑物经济性贬值是指外界条件的变化影响了建筑物效用的发挥，导致其价值贬损。从现象上来看，建筑物出现经济性贬值，一般都伴随着利用率下降，如商业用房的空房率增加、出租面积减少，以及工业用房大量闲置等。其计算公式为：

经济性贬值=建筑物年收益净损失额现值=建筑物年收益净损失×P/A

［例5-12］某事业单位拥有一栋办公楼，坐落在广州市中心，占地面积为600平方米，建筑总面积为1 800平方米，建筑物始建于2009年8月，建筑结构为钢筋混凝土框架结构。现该事业单位欲转让该办公楼的产权，产权变动后要用于商业用途，但该办公楼的内部格局在某些方面不宜直接用于商业用途，需要对内部格局重新布置，估计建筑物内部格局重新布置的费用约为50元/平方米，总费用为90 000元。

①估测土地资产的市场价值，评估结果假定为900元/平方米，土地总价为540 000元。

②估测建筑物的重置成本。按预决算调整法对待评估对象不包括土地价格在内的建筑物重置成本（含利润、税费等）进行测算，该建筑物重置价为1 000元/平方米，建筑物重置成本总额为1 800 000元。

③测算建筑物的成新率。评估人员经现场勘察，认为该建筑物尚可使用60年。

请评估该办公楼2019年8月的价格（房地合一价格，假设不存在经济性贬值）。

由于该办公楼为事业单位办公用楼，无直接收益，不宜采用剩余法，也很少有买卖实例，难以采用市场法，因此评估该房地产宜采用重置成本法。

建筑物重置成本=1 800 000元

成新率=60÷（10+60）=86%

功能性贬值=90 000元

建筑物评估价格=1 800 000×86%-90 000=1 458 000（元）

土地使用权价格=900×600=540 000（元）

房地产价格=1 458 000+540 000=1 998 000（元）

小资料5-3　　预决算调整法在评估实务中的基本步骤

第一，取得完整的竣工图、竣工验收文件等资料，根据分项工程项目按基准日的工程预算价格、材料市场价格、间接费率等计算出建筑物的工程造价。

第二，根据国家和地方规定的税费标准和实际情况计算出间接成本。

第三，将估算出的建筑物工程造价加上间接成本，作为建筑物的重置成本。

小思考 5-3

哪些因素会导致建筑物的功能性贬值？

答：导致建筑物的功能性贬值的因素主要有：

(1) 建筑物的用途与强度不合理，这是相对于其所占用的土地的最佳使用而言的。如果建筑物的用途及使用强度与其占用土地的最佳使用情况不一致，则土地的最佳效用未得到发挥，土地的价值没有得到充分实现，但土地使用权的评估通常是以其最佳使用用途为依据进行的，土地与建筑物用途不协调所造成的价值损失一般是通过建筑物的功能性贬值体现出来的。

补充阅读材料 5-1

房产税的征收与税基评估

(2) 建筑物设计和结构上的缺陷，即建筑物有效使用面积占建筑面积的比重低于正常指标，导致其不能充分发挥应有的功能。

(3) 建筑物的装修、设备与建筑物总体功能的不协调（档次不够或超出标准）导致功能性贬值。

本章小结

本章分析了房地产的特点、影响房地产价格的主要因素，以及房地产评估的特点和程序。

根据土地使用权价格的特点，评估时一般可采用市场法、收益法、成本法、路线估价法、预期开发法等。市场法是在求取一项待评估不动产价格时，依据替代原理，将待评估不动产与类似不动产的近期交易价格进行比较，通过对交易情况、交易日期、区域因素和个别因素等的修正，得出待评估不动产在评估期日的价格。收益法适用于有未来收益的不动产价格的评估，如写字楼、商场、旅馆、公寓等，而不适用于政府机关、学校、公园等公共设施的土地使用权价格的评估。成本法是根据土地开发成本加上一定比例的利润、利息、税费等来确定土地价格的方法。路线估价法是根据土地价值随街道距离增大而递减的原理，在特定街道上设定单价，依此单价配合深度百分率表及其他修正率表来估算临街同一街道的其他宗地地价的估价方法。预期开发法是模拟土地按最优利用原则开发，按获取销售收入扣除开发成本和利润后的余额来推算待评估土地使用权转让价格的评估方法。

建筑物评估的方法有市场法、剩余法和成本法等。建筑物评估中的市场法是指以市场上相同或类似建筑物的交易价格作为参照物，经必要的修正来确定待评估建筑物价格的评估方法。这种方法的具体操作与土地使用权评估中的市场法基本相同，只是调整的因素有所不同。建筑物评估中的剩余法是将建筑物与其土地合并计算收益，即房地合一计算，再从中扣除归属于土地的纯收益，以求取建筑物价格的评估方法。建筑物评估中的成本法是从建筑物的再建造费用或投资的角度来考虑，先估算建筑物在全新状态下的重置成本，再扣减由于各种损耗因素造成的贬值，最后得出建筑物的评估值。

主要概念

路线估价法　预期开发法　剩余法

基本训练

一、单项选择题

1.运用最佳使用原则评估地产的前提条件是（　　）。

A.土地的不可再生性　　B.土地位置的固定性

C.土地用途的广泛性　　D.土地利用的永续性

2.土地与建筑物用途不协调所造成的价值损失一般体现出的是（　　）。

A.土地的功能性贬值　　B.建筑物的功能性贬值

C.土地的经济性贬值　　D.建筑物的经济性贬值

3.被估房地产剩余使用年限为10年，在剩余10年中每年纯租金为20万元，假设折现率为10%，该房地产的评估值最接近（　　）万元。

A.200　　B.182　　C.130　　D.123

4.某房地产开发商投资房地产的开发费共计1 000万元，其中自有资金300万元，借入资金700万元，投资期为2年，均匀投入，月利率为1%，则该项投资利息最有可能的是（　　）万元。

A.240　　B.120　　C.10　　D.84

5.建筑物评估的价格指数调整法一般不适用于对（　　）进行评估。

A.大型、价高的建筑物　　B.结构简单的建筑物

C.成本资料比较完备的建筑物　　D.运用其他方法有困难的建筑物

6.被评估建筑物账面价值为80万元，2016年建成，评估时间为2019年，要求评估该建筑物的重置成本。经调查得知，被评估建筑物所在地区的建筑行业价格环比指数从2016年到2019年每年比上年分别提高3%、3%、2%，该建筑物的重置成本最接近于（　　）万元。

A.86　　B.87　　C.90　　D.85

7.被评估建筑物因市场原因在未来3年内每年收益净损失额约为5万元，假定折现率为10%，该建筑物的经济性贬值最接近于（　　）万元。

A.15　　B.12　　C.10　　D.50

二、多项选择题

1.影响房地产价格的区域性因素是指房地产所在地区的自然条件、社会条件、经济发展状况和行政条件相结合所形成的区域性特点，这些特点集中表现为（　　）。

A.区域的繁华程度　　B.区域的交通发达程度　　C.区域的公共配套设施

D.地区环境　　E.城市规划限制

2.房地产不论是作为一种资产还是一种商品，其市场价格都要受到许多因素的影响，这些因素为（　　）。

A.自然因素　　B.社会因素　　C.行政因素

D.经济因素　　E.传统因素

3.土地价格通常是指空地的价格，目前我国的地价体系将地价分为（　　）。

A.基准地价　　B.标定地价　　C.出让底价
D.转让价格　　E.交易底价

4.对住宅用地价格有影响的主要区域因素是（　　）。
A.建筑高度　　B.位置　　C.公共设施高度
D.土地形状　　E.规模

5.房地分估主要是针对（　　）进行的。
A.用地性质不合理的房地产　　B.新开发的房地产
C.占地面积不合理的房地产　　D.工业用房地产
E.非经营性房地产

6.判断建筑物是否存在经济性贬值的指标主要有（　　）。
A.使用用途不合理　　B.利用率下降　　C.使用强度不够
D.设计不合理　　E.收益水平下降

7.评估建筑物需考虑的因素包括（　　）。
A.产权　　B.用途　　C.建筑结构
D.建成时间　　E.装修质量和水平

8.引起建筑物功能性贬值的因素主要有（　　）。
A.政策变化　　B.使用强度不够　　C.市场不景气
D.用途不合理　　E.商业环境变化

三、判断题

1.房地产保值增值是一种趋势，无论在哪一个时点，房地产价值都会上涨。（　　）

2.如果待评估对象的用途不合理，且无改造的价值，则应按拆除重新利用为评估前提。（　　）

3.在我国，城市土地的所有权属于国家，但可以进入市场流通。（　　）

4.土地使用权出让的最高年限由国有土地管理局确定。（　　）

5.地产在市场交易中实际成交的价格称为交易底价。（　　）

6.由现行市价法估价得到的价格称为比准价格。（　　）

7.在运用成本法评估土地价格时，若土地开发费是均匀投入，则计算期为开发期的一倍。（　　）

8.作为基础设施，配套费用应以“七通一平”为准。（　　）

四、技能题

某企业欲以一块待开发的熟地对甲企业投资，面积为1 000平方米，允许用途为商住混合，允许容积率为7，覆盖率小于或等于50%，土地使用年限为50年，评估基准日为2018年8月1日。

经评估人员调查分析，待估土地最佳用途为商住混合，按限定容积率设计，建筑面积为7 000平方米，共14层，每层500平方米，第1～2层为商铺，第3～14层为住宅。

预计建设期为2年，第1年投入总建筑费用的60%，第2年投入总建筑费用的40%。

总建筑费用预计为500万元，全部从银行借入，利率为10%。专业费用预计为总建筑费用的6%，利润率为20%，租售费用及税费合计为售楼价的5%。

假定大楼建成后即可全部售出，预计售价为：商铺4 000元/平方米，住宅2 000元/平方米，折现率为10%。

注：投资利润=（地价+总建筑费用+专业费用）×20%。

要求：

（1）房地有什么不同？房地产的评估为什么要房地分开？有什么依据？

（2）若采用折现方法，向银行借款的利息是否应计入评估价格？为什么？

（3）什么是收益法？采用收益法时应遵循哪些原则？

（4）运用折现方法，以预期开发法对该待开发的熟地进行评估，计算评估价值。

提示：第1年投入视为第1年年中投入，n=0.5；第2年投入视为第2年年中投入，n=1.5。

第6章 长期投资性资产及其他长期资产评估

【学习目标】 通过本章的学习，了解长期投资性资产评估的特点和评估程序，掌握评估上市交易债券和非上市交易债券的方法，掌握股票投资、其他长期资产评估的主要评估方法和计算公式，了解长期待摊费用评估的思路。

投资行为已成为现代企业经营活动不可缺少的组成部分，其重要性不言而喻。本章以长期投资性资产的各种形态、收益形式、风险因素等为基础，阐述长期投资性资产的评估特点、评估原则及主要评估方法。

6.1 长期投资性资产评估概述

6.1.1 长期投资性资产的概念及分类

1）长期投资性资产的概念

《国际会计准则第25号——投资会计》中指出，投资是指企业为了通过分配（如利息、使用费、股利和租金等）增加财富，为了资本增值或者给投资企业带来诸如通过贸易关系所能获得的其他利益而持有的资产。投资按其目的和持有时间长短的不同，可分为短期投资和长期投资。长期投资是指企业将资金投入不准备随时变现且持有时间超过一年的资产，包括购买股票、债券及以要素资产（如资金、土地、房屋、无形资产等）进行的直接投资行为。

从企业的角度出发，长期投资有广义与狭义之分。广义的长期投资泛指企业投入财力、物力以期获得投资报酬的行为，包括向本企业投资和企业的对外投资。狭义的长期投资仅指企业的对外投资行为，即企业向那些并非直接为本企业使用的资产项目的投资。企业的对外投资行为是现代企业经营活动的重要组成部分。

对外投资的目的有以下几点：

①有效利用企业尚未使用的积累资金，获得投资回报，以期通过长期积累，扩大企业规模；

②从企业生存和发展的需要出发，通过对外投资优化资源配置，提高资产利用效率，增强抵御市场风险的能力；

③影响或控制其他企业的经济业务，建立某种协作或控制关系，为企业带来某些利益。

作为企业评估对象的长期投资性资产，对应的是狭义的长期投资概念，即企业通过分配来增加收益，或为谋求其他利益，而将资产让渡给其他单位所获得的另一项拟长时间持有的（持有期在一年以上）、不准备随时变现的资产。

2）长期投资性资产的分类

长期投资的目的是多种多样的，因而长期投资的方式也是形形色色的。较为普遍的长期投资方式有：购买有价证券，以现金、有形资产或无形资产直接投资到其他企业，企业联营、合资等。

（1）长期投资性资产按投资的性质，可分为长期股权投资、长期持有债券投资和混合性投资

①长期股权投资。长期股权投资是指为了获取其他企业的权益或净资产而进行的投资，投资企业作为被投资单位的股东，通常长期持有这项股权，并按所持股份比例享有权益和承担责任，如对其他企业的股票投资、联营投资等。

②长期持有债券投资。长期持有债券投资是指企业的长期债权投资。此处的长期债券

通常是指公司持有的公司债券、国库券、金融债券等各种中、长期债券。

③混合性投资。混合性投资通常兼有权益性投资和债权性投资的性质，如企业购买的优先股股票、可转换公司债券等。

（2）长期投资性资产按投资的形式，可分为实物资产投资、无形资产投资和货币资产投资

①实物资产投资。实物资产投资主要包括投资方以厂房、机器设备、材料等作为资本金的投资。

②无形资产投资。无形资产投资是指企业以专利权、专有技术、土地使用权等作为资本金进行的投资。

③货币资产投资。货币资产投资是指以货币形式进行的各项投资，主要包括货币直接投资、通过证券市场购买其他企业的股票和债券等进行的投资。

6.1.2 长期投资性资产评估的特点

长期投资是指投资企业以放弃对其拥有的资产的直接控制权来换取享有被投资企业的权益，以及从被投资企业处获取投资收益和资本增值权利的投资行为。因此，长期投资性资产评估主要是对长期投资所代表的权益进行评估，主要有以下特点：

1）长期股权投资评估是对被投资单位资本金的评估

尽管长期投资的出资形式不同，有货币资产投资、实物资产投资或无形资产投资等方式，但是它们都是被投资方作为资本投入到其他企业中去的。因此，对长期股权投资的评估，实质上是对被投资单位资本金的评估。

2）长期股权投资评估是对被投资企业获利能力的评估

进行长期股权投资的根本目的是获取投资收益和实现投资增值。一项长期投资作为资产，其价值的高低主要取决于该项投资所能带来的收益，与原投资资产本身的成本或作价并无太大关系，而收益的高低取决于被投资企业的获利能力。因此，被投资企业的获利能力就成为长期股权投资评估的决定性因素。

3）长期持有债券投资评估是对被投资企业偿债能力的评估

长期持有债券投资的投资者主要关注的是到期能否将投资收回，而被投资企业偿债能力的大小直接影响投资企业债券投资到期收回本息的可能性。因此，被投资企业的偿债能力就成为长期持有债券投资评估的决定性因素。

6.1.3 长期投资性资产评估的程序

1）明确长期投资项目的具体内容

在进行长期投资性资产评估时，首先需要验证待评估资产的基础资料。评估人员要明确长期投资性资产的有关具体内容，应掌握的主要资料有：投资种类、原始投资额、评估基准日余额、投资收益计算方法、历史收益额、长期股权投资占被投资企业实收资本的比重以及相关会计核算方法。对长期持有债券投资，主要了解债券名称、数量、利率、票面价值、取得成本、取得日期等。对长期股权投资，主要了解被投资企业评估基准日的财务报表、有关章程、协议、合同、重要的董事会决议等有关资料。

2）对长期投资性资产进行核查和鉴定

评估人员要审核委托方提供的资产负债表和相应的长期投资性资产清单，通过实施全面清查或局部抽查，验证委托方提供的资料与财务记录是否吻合，核查长期投资性资产中的长期股权投资、长期持有债券投资和其他长期投资的明细账、总账余额与长期投资性资产清单所列余额是否相符，判断长期投资性资产投出和预计收回金额计算的正确性和合理性，判断其在被投资企业资产负债表上列示的余额的准确性。

3）选择适当的评估方法

根据长期投资性资产的特点和种类，选择相应的评估方法。可上市交易的债券和股票一般采用现行市价法进行评估，按评估基准日的收盘价确定评估值；非上市交易及不能采用现行市价法评估的债券和股票一般采用收益法进行评估，根据综合因素选择适宜的折现率，确定其评估价值。

4）得出评估结论

根据影响长期投资性资产价值的各种因素，选择恰当的评估方法，通过评定、测算得出评估结论。

小资料6-1　　长期投资性资产的评估特点

长期投资性资产作为一个独立的评估对象，有其独特的评估特点。长期投资性资产评估是对被投资单位的偿债能力和获利能力的评估。投资方把一部分资金长期投放到其他企业或特殊资产项目上，其目的在于获得相应的投资利益。一项长期投资性资产，其价值的高低主要取决于该项投资所能获得的收益，而一项长期投资能否获得相应的投资收益，在很大程度上取决于被投资方是否有足够的偿债能力和较强的获利能力。

小思考6-1

评估长期投资性资产是对投资者内部资产的评估吗？

答：一项长期投资性资产的价格主要取决于该项投资所能带来的收益。显然，这并不取决于投资方，而是取决于被投资方的经营状况、财务状况。对债权形式的长期投资评估，主要考虑债务人是否有足够的偿债能力，能否按期支付利息和到期归还本金。对股权形式的长期投资评估，主要考虑被投资企业是否有较强的获利能力，能否使投资者获得较高的股息收入与资本利得。由此可见，评估长期投资性资产不是对投资者内部资产的评估，而是对被投资方资产的评估。

6.2　长期持有债券投资的评估

6.2.1　长期持有债券投资及其特点

债券是指政府、公司、金融机构等债务人为了筹集资金，按照法定程序发行并向债权人承诺在规定时间内支付利息和到期偿还本金的有价证券。根据发行主体的不同，债券可分为政府债券、公司债券和金融债券。对购买主体而言，债券是一种投资工具。长期持有债券投资与长期股权投资相比，具有以下特点：

1）投资风险小，安全性较强

和长期股权投资相比，长期持有债券投资的风险比较小，安全性较高。因为无论政府发行债券、企业发行债券还是银行发行债券，国家都进行了严格的规定。例如，政府发行债券由国家财政担保，银行或其他金融机构发行债券，要经中央银行或其他政府管理部门批准，并要以其信誉及实力作为保证。对于企业发行债券，国家有严格的限制条件，一般来说发行债券的企业实力都较强，发展前景也较好，而且即使债券发行者出现财务困难或者企业破产，在破产清算时债券持有者也拥有优先受偿权，比股权投资的安全性要高。

2）收益稳定

债券的收益主要是由债券的面值和债券的票面利率决定的，两者在发行时就进行了约定，不随市场的变化而变化。一般情况下，为了吸引投资，债券的票面利率比同期的银行存款利率高。因此，只要债券发行主体不发生较大的变故，债券的收益是比较稳定的。

3）流动性强

目前在我国发行的债券中，有相当一部分是可流通债券，这种债券可以随时在证券市场上变现，流动性较强。

6.2.2 长期持有债券投资评估的原则

债券属于确定请求权有价证券，在发行时已明确地规定支付利息及本金的期限和方式。债券分为可上市流通的债券和不可上市流通的债券两类。一般来说，可上市流通的债券可随时变现，而不可上市流通的债券只能按规定的期限还本付息。根据债券的这些特点，在评估时应遵循两大原则，即收益折现原则和实际变现原则。

1）收益折现原则

债券的价格最终是由其发行主体的盈利状况决定的，投资者关心的是购买债券所能获得的收益。因此，评价或评估一种债券的价格就需要把长期债券的预期收益折现，对发行主体的信誉、经营状况、财务状况和盈利能力等进行综合分析，以便恰当地预测其收益。

2）实际变现原则

长期债券的价格固然由收益现值决定，但是在证券市场比较发达的条件下，债券作为一种特殊的商品可以在市场上流通，其价格受供求关系、投机等因素的影响。因此，对债券的评估还要随行就市，对债券估价时也要考虑到实际变现的状况。

6.2.3 长期持有债券投资评估的方法

债券按能否在公开市场上进行自由交易，有不同的评估方法。

如果债券能在市场上自由买卖，债券的市场价格就是债券的评估值。债券作为一种有价证券，从理论上来说，它的市场价格应反映其收益现值，但是这需要一定的前提条件：一是债券具有高度的流动性，即可在市场上自由买卖、贴现；二是市场交易情况正常，不存在垄断和过度投机行为。如果债券不能在市场上自由交易，理论上的价格就不能实现，这时就要通过其他方法进行评估。

相应地，长期持有债券评估的方法也有两种：上市交易债券的评估采用现行市价法（市场法）；非上市交易债券的评估采用收益法。

1）现行市价法

上市交易的债券是指经政府管理部门批准，可以在证券交易所内买卖的债券，也称挂牌债券，它可以在市场上自由交易、买卖。在市场交易正常的情况下，此类债券一般用市场法进行评估，该债券的现行市价就可作为该债券的评估值（即评估基准日的收盘价）。采用现行市价法进行评估时，应该在评估报告中说明所用的评估方法和结论与评估基准日的关系，并申明该评估结果应随市场价格的变化而调整。需要强调的是，不论按什么方法评估上市交易债券，其评估值一般不应高于证券交易所的同种债券的卖出价。

如果在某些特殊情况下市场价格被严重扭曲，已不能反映债券的内在价值，就不能再用市场法进行评估，而应采用非上市交易债券的评估方法。

现行市价法下债券评估值的计算公式为：

债券评估值=债券数量×评估基准日债券的市价（收盘价）

［例6-1］评估公司对某企业的长期持有债券进行评估，该企业持有5年期的国库券1 000张，每张面值100元，年利率为8%，该债券已上市交易，评估基准日的收盘价为120元/张。评估人员经分析认为该价格比较合理，则其评估值为：

评估值=1 000×120=120 000（元）

2）收益法

非上市交易债券不能在证券市场上进行交易，只能在场外交易，流动性差，因此不能用现行市价法进行评估，一般采用收益法。另外，上市交易债券在市场投机严重、债券价格严重扭曲的情况下，也应采用收益法进行评估。收益法是评估债券价格的基本方法。

收益法是在考虑债券风险的前提下，按适当的资本化率折现预期收益的方法。由于债券的利率、还本期限、利息支付方式等都是事先约定的，因此，计算债券的预期收益并不困难，较为复杂的是如何确定适当的资本化率。债券的资本化率一般由无风险报酬率和风险报酬率两个部分组成。无风险报酬率在市场经济较完善的国家一般以市场利率为准，目前我国以官方利率（即银行存款利率或政府债券利率）作为无风险报酬率。风险报酬率可根据债券发行企业的信用评级确定，级别越低，风险报酬率越高；若无信用评级，则可根据债券发行企业的经营、财务、信用、行业等状况进行判断。此外，风险报酬率的确定还需要考虑通货膨胀率。

一年内到期的债券可以根据本金加上持有期间的利息确定其评估值；超过一年到期的债券就要考虑资金的时间价值，其评估值的确定要依据本利和的现值计算。对于不能按期收回本金和利息的债券，评估人员应在充分调查取证的基础上，通过分析预测，合理确定评估值。

债券根据付息方式的不同，可分为到期一次还本付息债券和定期付息、到期一次还本债券。这两种债券的评估方法是不同的，评估时应加以区别。

（1）到期一次还本付息债券的评估

到期一次还本付息债券是指平时不支付利息，到期后连本带利一次性支付的债券。这类债券在评估时，将债券到期时一次性支付的本利和折现求得评估值。

到期一次还本付息债券的评估计算公式为：

$$P=F(1+r)^{-n}$$

式中：P为债券的评估值；F为债券到期时的本利和；r为折现率；n为评估基准日到债券到期日的时间间隔（以年或月为单位）。

债券到期时的本利和的计算要区分单利和复利两种情况。

①债券到期时的本利和用单利计算，计算公式为：

$$F=A（1+m·i）$$

②债券到期时的本利和用复利计算，计算公式为：

$$F=A（1+i)^m$$

式中：A为债券面值；m为债券的计息次数；i为债券利率。

上式中，债券面值、债券的计息次数、债券利率在债券上均有明确记载，它们在债券发行时就已经约定，因此很容易取得，但折现率的确定则比较困难，需要评估人员根据评估时的具体情况和社会环境分析确定。

债券评估的折现率由无风险报酬率和风险报酬率构成。无风险报酬率主要采用同期银行存款利率、国库券（公债）利率等，而风险报酬率则需要评估人员根据经验和专业知识结合发行债券企业的经营状况、行业风险和通货膨胀率等因素综合确定。一般来说，国库券、金融债券等有良好的担保条件，风险报酬率一般较低；企业债券视企业具体情况而定，风险报酬率与企业经营业绩成反比，即企业经营业绩越好，风险报酬率越低，否则，风险报酬率提高。评估时，评估人员还可以参考信用评定机构对债券的评定等级来确定风险报酬率。

［例6-2］评估公司对某企业的长期持有债券进行评估，被评估企业的长期持有债券的账面余额为60 000元，为A企业发行的3年期的到期一次还本付息债券，年利率为6%，单利计算。评估时点距到期日还有2年，当时国库券利率为4%。评估人员通过对发行企业的经营状况进行分析认为，被投资企业的风险较低，取2%的风险报酬率，无风险报酬率按国库券利率计算，则该债券的评估值为：

$$F=A（1+m·i）=60\,000×（1+3×6\%）=70\,800（元）$$

$$r=4\%+2\%=6\%$$

$$P=F（1+r)^{-n}=70\,800×（1+6\%)^{-2}=70\,800×0.89=63\,012（元）$$

（2）定期付息、到期一次还本债券的评估

定期付息、到期一次还本债券的评估适宜采用收益法，债券价值由债券预期现金流量的现值总和决定。债券预期现金流量是债券持有人获得的预期收益（利息）和到期收回的本金，其现值的计算公式为：

$$P=\sum_{t=1}^{n}\frac{R_t}{(1+r)^t}+\frac{A}{(1+r)^n}$$

式中：P为债券的评估值；R_t为第t年的预期利息收益；r为折现率；A为债券面值；t为评估基准日距收取利息日的期限；n为评估基准日距到期还本日的期限。

［例6-3］以［例6-2］的资料为例，假定该债券每年付息一次、到期一次还本，第一年利息已收，则债券的评估值为：

$$P=\sum_{t=1}^{n}\frac{R_t}{(1+r)^t}+\frac{A}{(1+r)^n}$$

$$=60\,000×6\%×（1+6\%)^{-1}+60\,000×6\%×（1+6\%)^{-2}+60\,000×（1+6\%)^{-2}$$

$$=3\,600×0.9434+3\,600×0.89+60\,000×0.89$$

$$=60\,000.24（元）$$

小资料 6-2　　非上市交易债券的评估方法

对于非上市交易债券，评估人员不能直接采用现行市价法进行评估。对于距评估基准日一年内到期的债券，评估人员可以根据本金加上持有期间的利息确定评估值；对于距评估基准日超过一年到期的债券，评估人员可以根据本利和的现值确定评估值；对于不能按期收回本金和利息的债券，评估人员应在调查取证的基础上，通过分析预测，合理确定评估值。

小思考 6-2

上市债券和非上市债券的评估分别适用哪种方法？

答：对于已上市流通的债券，一般用现行市价法进行评估，以评估基准日的收盘价确定评估值。如果存在有意操纵市场的力量，如存在垄断和过度投机行为或者市场价格严重扭曲，应该按非上市债券进行评估。

对于无法通过市场取得现行市价、不能进入市场自由买卖的非上市债券，主要采用收益法进行评估。

6.3　长期股权投资的评估

长期股权投资按投资方式的不同，可分为股票投资和股权投资。股票投资是指企业通过购买等方式取得被投资企业的股票而实现的投资行为；股权投资则是指投资主体将货币资产、实物资产或无形资产等直接投入到被投资企业，取得被投资企业的股权，然后通过控制被投资企业来获取利益的投资行为。

6.3.1　股票投资的评估

1）股票的概念及分类

股票是由股份公司发行的，用以证明投资者的股东身份及权益，并据以获得股息和红利的有价证券。企业实行股票投资既可取得股利收入，又可按其股份占被投资企业总股份的比重参与被投资企业的经营管理。由于股票投资不能要求股票发行公司还本，并且投资收益需要根据股票发行公司的盈利水平和股市行情来确定，因此与债券投资相比，股票投资具有风险大、盈利高、价格波动大的特点。

股票的种类很多，按股票有无票面金额，可分为有面值股票和无面值股票；按票面是否记名，可分为记名股票和无记名股票；按股票所得权益的不同，可分为普通股和优先股；按股票是否上市，可分为上市股票和非上市股票。

股票的价格有以下表现形式：

（1）票面价格

票面价格是股份有限公司在发行股票时，标明的每股股票的票面金额。

（2）发行价格

发行价格是指股份有限公司在发行股票时的出售价格，有面额发行、溢价发行和折价发行三种发行价格，一般同一只股票只能有一种发行价格。

(3) 账面价格

账面价格是指股东持有的每一股股票在公司财务账面上所表现出来的净值。

(4) 清算价格

清算价格是指公司清算时每股股票所代表的真实价格，是公司净资产的变现价格与公司股票总数之比。从理论上来讲，每一股普通股的清算价格与账面价格应当是一致的，但实际情况常常并非如此。在公司清算中，只有当资产的实际销售价格与财务报表上所反映的账面价格一致时，普通股的清算价格才会等于账面价格（如果考虑到要从资产的销售收入中减去清算成本，那么清算价格仍将小于账面价格）。在大多数情形下，由于公司的许多资产在清算中只能压价出售，因此每一股普通股的清算价格常常小于账面价格。

(5) 内在价值

内在价值是一种理论价值或模拟市场价值，它是根据评估人员对股票未来收益的预测经过折现后得到的股票价格。股票的内在价值主要取决于公司的经营状况、发展前景、财务状况及获利风险等因素，但是在评估实践中，这些因素往往具有一定的不确定性，数据的选择也取决于评估人员的主观判断，因此常常会影响评估结果的可信度。

(6) 市场价格

市场价格是证券市场上股票的交易价格。在证券市场发育较成熟且较稳定的情况下，股票的市场价格基本上能反映其内在价值。以股票的市场价格作为股票的评估值可以克服内在价值的缺陷。但是，在证券市场发育不成熟、股市交易处于非正常情况下形成的市场价格，缺乏现行市价标准所要求的公平市场的前提，因而缺乏公正性。此时，股票的市场价格与其内在价值就会脱节，市场价格就不能作为评估股票价值的依据。

在以上几种股票价格中，与股票的价值评估有密切联系的是股票的清算价格、内在价值、市场价格。另外三种价格与评估的关系并不大。

2) 股票评估的原则

股票的收益基本上取决于发行企业的经营效果，如果是上市股票，股市行情也会影响到股票收益。针对股票的基本特点，在进行股票评估时，应遵循以下基本原则：

(1) 内在价值原则

内在价值原则所强调的是，在股票的评估过程中要充分注意股票发行主体的经营绩效及预期收益。股票是典型的虚拟资本，股票的价格基础（内在价值）是股票发行主体的生产能力和获利能力。

(2) 收益资本化原则

股票作为一种虚拟资本，它的评估价格就是股票预期收益的资本化价格。

(3) 实际变现原则

实际变现原则是指对可上市流通股票的评估，可以其变现值作为评估的依据。完善成熟的证券市场接近于理论上的完全竞争市场，股票作为在这个市场中交易的商品，其价值可根据股票的变现值来确定。

3) 股票评估的方法

对股票价值的评估，一般分上市交易股票和非上市交易股票来进行。

（1）上市交易股票的评估方法

上市交易股票是指企业公开发行的、可以在证券市场上自由交易的股票，由于市场情况的不同，评估方法也有所不同。

①在正常市场条件下，可以采用现行市价法进行评估。这时股票的市场价格可以代表评估时点被评估股票的价值，所以被评估股票的评估值等于评估基准日该股票的收盘价。所谓正常市场条件，是指股票市场发育正常，股票可以自由交易，不存在各种非法歪曲股票市场价格的情况。

②在非正常市场条件下，应采用与非上市交易股票相同的评估方法，即采用收益法进行评估。非正常市场条件主要是指存在政治、公众心理、人为的市场炒作等非正常因素而使市场价格不能反映股票价值的情况，这时就要以股票的内在价值作为评估股票价值的依据。需要注意的是，以控股为目的持有的上市公司股票一般也用收益法来进行评估。

用现行市价法对上市股票进行评估，其计算公式为：

股票评估值=股票股数×评估基准日该股票的市场收盘价

［例6-4］某企业持有A公司上市股票60万股，评估基准日该股票的收盘价为每股12元，则：

股票评估值=60×12=720（万元）

依据股票市场价格进行评估时，在评估报告中应说明所用的评估方法和结论，而且由于上市股票的价格在证券市场经常处于变动之中，因此在评估报告中还应说明评估结果应随市场价格变化而加以调整。

（2）非上市交易股票的评估方法

非上市交易的股票，一般采用收益法进行评估。股票带给投资者的现金流入包括股利收入和出售时的资本利得两个部分。因此，评估人员需要综合分析股票发行主体的经营状况及风险、历史利润水平和分红情况、行业收益水平等因素，合理预测股票投资的未来收益，并选择适宜的折现率进行折现来确定评估值。

非上市交易股票的评估需要区分普通股和优先股。与优先股股东相比，普通股股东是公司的真正所有者，享有公司收益的剩余索取权。在正常经营时，企业利润首先用于支付债务利息，其次缴纳所得税，然后用于支付优先股股息，最后剩余部分归普通股股东所有。在企业破产清算时，普通股股东是经营风险的最终承担者，优先股股东的求偿权在债权人之后、普通股股东之前。由此可见，优先股在分派股息与清偿剩余资产方面比普通股具有优先权。此外，优先股的股利是固定的，一般情况下按事先确定的股利率支付股利，这一点与债券相似。股票与债券的区别是：债券的利息在所得税前支付，优先股的股利在所得税后支付。然而，普通股没有固定的股利，完全取决于企业的经营状况、盈利水平和收益分配政策，所以普通股的投资风险要大于优先股。正是由于普通股与优先股在所享有的权益与所承担的风险方面具有差异，因此具体评估方法也有所不同。

①普通股股票的评估。

对非上市普通股股票的评估，实际上是预测普通股股票的预期收益，并将预期收益折算成评估时点的价值，最主要的就是确定普通股股票的预期收益和折现率。为此，评估人员应对股票发行企业有一个客观、全面、准确的了解与分析，具体包括以下方面：

第一，股票发行企业的经营历史，如盈利水平、收益分配情况等；

第二，股票发行企业的发展前景，如资产质量、创利能力、市场竞争力、管理人员素质和创新能力等；

第三，股票发行企业所在行业和宏观经济的现状、前景、经营风险等，这有助于折现率的确定；

第四，股票发行企业的股利分配政策。

与优先股不同，普通股的未来股利收入一般是不确定的，主要取决于企业的经营状况和股利政策。当企业经营状况良好且没有更好的投资机会时，可能大量分发股利；当企业经营状况不佳，或者虽然经营状况良好但存在投资机会时，可能不发或少发股利。

股票发行企业的股利分配政策通常划分为固定股利模型、股利增长模型和分段模型。股利分配政策直接影响被评估股票的价值，不同类型的分配政策所对应的具体评估方法也不相同。

A.固定股利模型。

固定股利模型也称零增长模型，其股利分配政策是假定股票发行企业每年分配的股利是固定的，并且在今后也能保持原有水平固定不变，因此该模型适用于生产经营一直比较稳定，股利派发也比较稳定的企业的普通股价值评估。在这种假设条件下，普通股股票评估应采用年金法。其计算公式为：

$$P=\sum_{i=1}^{\infty}\frac{D}{(1+r)^i}=\frac{D}{r}$$

式中：P为股票评估值；D为股票每期的固定股利；r为折现率；i为持股期限。

［例6-5］A企业拥有B企业发行的非上市普通股股票1 000股，每股面值10元。评估人员经调查分析了解到，B企业生产经营状况比较稳定，企业所处的行业也相对比较稳定，在今后若干年内，股利分配能保持稳定，预计今后能保持每年平均16%的收益率，当前国库券预计利率为4%，考虑到通货膨胀等因素，确定风险报酬率为4%，折现率为8%，则股票的评估值为：

$$P=\frac{D}{r}=\frac{1\,000\times10\times16\%}{8\%}=20\,000\text{（元）}$$

B.股利增长模型。

股利增长模型的股利分配政策是指股票发行企业有很大的发展潜力，在今后若干年，股票的收益率会逐渐提高，股利呈增长趋势。这一政策的假设前提是股票发行企业并未将全部的剩余收益以股利的形式分配给股东，而是将一部分用于追加投资，扩大生产经营规模，增加企业获利能力，从而使股东的潜在获利能力增强，股利呈增长趋势。股利增长模型适用于成长型企业。在这种假设前提下，普通股股票的价值评估应考虑将股票收益的预期增长率包含在资本化率中。股票价值评估的计算公式为：

$$P=\frac{D_1}{r-g}=\frac{D_0(1+g)}{r-g}\quad(r>g)$$

式中：P为股票评估值；D_1为未来第一年该股票的股利；D_0为本年度该股票的股利；r为折现率；g为股利增长率。

在运用股利增长模型时，对股利增长率的估计要特别慎重。因为某一企业当前的股利增长率可能很高，但这不意味着该企业能一直保持这种增长率。对股利增长率的计算主要有两种方法：一种是统计分析法，即根据过去股利的数据，用统计学的方法计算出股利历年的平均增长速度，可采用算术平均法，也可采用几何平均法；另一种是发展趋势分析法，即以企业剩余收益中用于再投资的比率与企业净资产利润率相乘来确定股利增长率。无论采用何种方法计算股利增长率，都必须满足股利增长率小于折现率的要求。

［例6-6］某企业拥有B企业发行的非上市普通股股票10 000股，每股面值100元，B企业前3年的股票年收益率分别为15%、17%、18%。评估人员经调查分析了解到，B企业经过3年的发展，目前生产经营状况比较稳定，企业所处的行业也比较稳定，预计今后能保持每年平均16%的收益率，当前国库券预计利率为10%，考虑到通货膨胀等因素，确定风险报酬率为4%，折现率为14%，则股票的评估值为：

$$P=\frac{10\,000\times 100\times 16\%}{14\%}=1\,142\,857\text{（元）}$$

在［例6-6］中，如果预计下一年股票收益率为16%，以后每年以2%的比率增长，则股票的评估值为：

$$P=\frac{10\,000\times 100\times 16\%}{14\%-2\%}=1\,333\,333\text{（元）}$$

［例6-7］某被评估企业拥有A公司非上市普通股股票30万股，每股面值1元。A公司持有股票期间，每年股票收益率在15%左右。根据调查了解，A公司每年按净利润的60%发放股利，40%用于追加投资。评估人员对A公司的经营状况进行调查分析后认为，A公司所在行业具有发展前途，A公司具有进一步发展的潜力，今后A公司的净资产收益率将保持在20%的水平，测定的风险报酬率为4%，无风险报酬率以国库券利率6%为依据，则该股票的评估值为：

$$P=\frac{300\,000\times 15\%}{6\%+4\%-40\%\times 20\%}=2\,250\,000\text{（元）}$$

C.分段模型。

固定股利模型强调股利波动很小，股利增长模型强调股利不断增长，这两种模型都过于模式化，与实际情况不符，很难用于所有的股票评估。在实际中可能会出现这种情况，即股利波动较大，但又没有呈现出不断增长的趋势。

针对实际情况，采用分段模型会比较客观，其股利分配政策的基本思路是：将股票的收益期分为两个阶段，即将收益不稳定时期作为前期，分别预测每年的收益并折现；在收益进入稳定时期后，按固定股利模型或股利增长模型计算永续收益的现值，将前后两期的现值相加得到评估值。

［例6-8］甲企业持有乙企业非上市普通股20 000股，每股面值1元。评估人员经调查了解到，乙企业在未来三年中因各种原因导致其收益极不稳定，预计第一年股利收益率为10%，第二年股利收益率为5%，第三年股利收益率为8%。从第四年起因生产销售步入正轨，产品进入成熟期，股利收益率可达到12%，并将持续下去。当前国债利率为8%，乙企业风险报酬率为2%，则该普通股的评估值为：

P=前三年收益的折现值+第四年后收益的折现值

$$=20\,000\times 1\times\left[\frac{10\%}{1+10\%}+\frac{5\%}{(1+10\%)^2}+\frac{8\%}{(1+10\%)^3}+\frac{12\%}{10\%\times(1+10\%)^3}\right]$$

$$=20\,000\times(0.0909+0.0413+0.0601+0.9016)$$

$$=21\,878\text{（元）}$$

②优先股股票的评估。

优先股股票是介于债券和普通股股票之间的证券品种，其股息一般是固定的，且比债券收益高，但不享受公司利润增长带来的收益。优先股比普通股优先分配股息，在公司解散时优先于普通股分配公司的剩余财产。优先股股票的评估方法可以参考债券的评估。但是，由于优先股股票的投资风险相对于债券的投资风险来说比较大，因此评估人员在确定折现率时应充分考虑这个因素。优先股的收益有其自身的特点，一般包括以下方面：

A.按约定在普通股之前分派定额股息；

B.按约定在取得定额股息后，参加剩余利润的分配；

C.按约定条款转换为普通股所获得的收益；

D.公司终结时按约定分配财产。

优先股按其包含的权利的不同，可分为累积优先股、参与优先股和可转换优先股。

累积优先股，即本年未支付的股息可累积到下一年或以后的盈利年度支付，并且优先股股息未付清之前，普通股无权分发股利。

参与优先股，即不仅能按规定分得额定股息，而且有权与普通股一起参与公司剩余利润的分配。

可转换优先股，即优先股持有人可在规定的条件下把所持有的优先股股票转换成普通股股票。

对优先股的评估主要考虑两大要素：一是评估优先股的风险；二是按优先股的性质和条款确定预期收益。由于优先股在发行时就已规定了股息率，因此对优先股风险的评估主要是判断股票发行主体是否有足够的税后利润用于优先股的股息分配。这种判断是建立在对股票发行企业全面了解与分析的基础之上的，包括股票发行企业生产经营状况、利润实现情况、股本构成中优先股所占比重及负债情况等。如果发行企业经营状况较好，且具有较强的支付能力，表明优先股基本上具备了“准企业债券”的性质。评估人员可根据事先确定的股息率计算优先股的年收益额，然后进行折现得出评估值。

若优先股股东不打算转让优先股，则评估优先股价值的计算公式为：

$$P=\sum_{i=1}^{\infty}\frac{R_i}{(1+r)^i}=\frac{A}{r}$$

式中：P为股票评估值；R_i为第i年的股息；A为优先股的年等额股息收益；r为折现率；i为持股期限。

若优先股股东打算若干年后转让其持有的优先股，则评估优先股价值的计算公式为：

$$P=\sum_{i=1}^{\infty}\frac{R_i}{(1+r)^i}+\frac{P_{n+1}}{(1+r)^{n+1}}$$

式中：P为股票评估值；R_i为第i年的股息；P_{n+1}为预期优先股的变现价格；r为折现率；n为优先股的持有期限。

[例6-9] 某企业持有另一家企业的优先股100 000股，每股面值为20元，年股息率为10%。评估时，国债利率为6%，评估人员经过调查分析，确定风险报酬率为2%，则该优先股的评估值为：

$$P=\frac{A}{r}=\frac{100\ 000\times 20\times 10\%}{6\%+2\%}=2\ 500\ 000\text{（元）}$$

[例6-10] A企业持有B公司发行的优先股500万股，每股面值600元，股息率为15%。假设市场无风险报酬率为8%，B公司的风险报酬率为2%，A企业打算持有3年后将这些优先股出售，则该优先股的评估值为：

由于优先股是额定股息，在企业盈利相对稳定的情况下，假设该股息能够一直持续下去，那么可以采用永续年金折现的方法来评估优先股3年后的市场价格，即：

$$P=\frac{R}{r}$$

式中：P为资产现值；R为资产每年的等额收益；r为折现率。

该优先股3年后的每股市价为：

$$P_{n+1}=\frac{600\times15\%}{8\%+2\%}=900\text{（元）}$$

该优先股的评估值为：

$$P=\sum_{i=1}^{3}\frac{5\,000\,000\times600\times15\%}{(1+10\%)^{i}}+\frac{5\,000\,000\times900}{(1+10\%)^{3+1}}$$

=450 000 000×（P/A，10%，3）+4 500 000 000×0.683

=4 192 605 000（元）

6.3.2 股权投资的评估

股权投资主要是指投资者以货币资产、实物资产或无形资产直接投入被投资企业，主要是为了组建联营企业、合资合作企业或股份制企业，取得被投资企业的股权。

投资方不仅享有收益分配权，同时享有一定的经营管理参与权，乃至控制权。投资双方的权利和义务，特别是投资方投资收益的分配形式和投资本金的处理办法都是由投资协议明确规定的。常见的投资收益分配方式主要有：①按投资方出资额（非货币性投资要经过评估折算成货币）占被投资企业实收资本的比例，参与被投资企业净利润的分配；②按被投资企业销售收入或利润的一定比例提成；③按投资方出资额的一定比例支付资金使用报酬等。投资本金的处置首先取决于投资是否有期限。无期限的投资不存在本金的处置问题。投资合同或协议规定有期限的，在期限届满时，需按照有关规定办法处置，通常有：①按投资时的作价金额以现金返还；②返还实物资产；③按期满时实物资产的变现价格或续用价格作价以现金返还。

股权投资按投资比例可分为非控股型股权投资和控股型股权投资两大类。

1）非控股型股权投资的评估

非控股型股权投资一般在有关协议、合同或章程中，规定了投资方和被投资方的权利、责任、义务和有效期限。在有效期内，投资各方按投资收益的分配方式获得收益、分担风险，投资期届满时，可收回本金。评估这类投资，一般采用收益法，即根据历史的收益情况和被投资企业的未来经营情况及风险，预测未来收益，再用适当的折现率计算得出评估值。其计算公式为：

$$P=\sum_{i=1}^{n}\frac{R_i}{(1+r)^{i}}+\frac{M}{(1+r)^{n}}$$

式中：P为股权投资的评估值；R_i为第i年的投资收益；M为收回的投资额；r为折现率；n为投资期限。

对非控股型股权投资评估的具体说明：

①对于合同、协议明确约定了投资报酬的长期股权投资，可按规定将获得的收益折为现值，作为评估值。

②对于到期收回资产的实物投资，可将约定或预测的收益折为现值，再加上到期收回

资产的现值，计算评估值。

③对于不是直接获取资金收入，而是取得某种权利或其他间接经济效益的，可通过了解和分析，测算相应的经济效益，折现计算评估值。

④对于明显没有经济利益，也不能形成任何经济权利的投资，则按零价值计算。在未来的收益难以确定时，可以采用重置价值法进行评估，即通过对被投资企业进行评估，确定净资产数额，再根据投资方所占的份额确定评估值。

⑤如果投资的期限较短，价值变化不大，被投资企业资产账实相符，则可根据核实后的被投资企业资产负债表上的净资产数额，以及投资方所占的份额确定评估值。非控股型股权投资在某些情况下也可以采取成本法评估。

不论采用什么方法评估非控股型股权投资，都应考虑少数股权折价因素对评估值的影响。

［例6-11］A企业以80万元的设备向B公司投资，占B公司总资本的20%，协议联营期限为12年，按投资比例分配利润，期满后B公司返还设备，估计设备的回收价值为25万元。评估时，联营企业已经营7年，目前经营稳定，经调查分析，今后有把握每年实现50万元的利润，经过测定，折现率为10%，该项股权投资评估过程及其结果如下：

$$P=\sum_{i=1}^{5}\frac{R_i}{(1+r)^i}+\frac{M}{(1+r)^5}$$

$$=50\times20\%\times(P/A,10\%,5)+25\times(1+10\%)^{-5}$$

$$=53.43（万元）$$

［例6-12］甲企业以自有的某名牌商标的使用权向乙企业进行非控股型股权投资，协议联营期限为3年，甲企业每年按乙企业销售收入的2%收取投资报酬，到期后甲企业收回商标使用权。评估人员经过调查了解到，乙企业近年来生产的产品平均年销售额为400万元，由于可以使用甲企业的商标，投入第1年的销售额将会达到800万元，而且每年可以递增10%，甲企业预期收益率为15%，折现率为15%，则该项股权投资的评估值为：

$$P=8\,000\,000\times2\%\times(1+15\%)^{-1}+8\,000\,000\times(1+10\%)\times2\%\times(1+15\%)^{-2}+$$
$$8\,000\,000\times(1+10\%)^2\times2\%\times(1+15\%)^{-3}$$

$$=139\,130+133\,081+127\,295$$

$$=399\,506（元）$$

2）控股型股权投资的评估

控股型股权投资通常是指投资企业的股权投资数额超过被投资企业全部资本投资的50%，或者事实上达到能够影响甚至决定被投资企业的生产经营的股权投资。

对控股型股权投资的评估，应对被投资企业进行整体资产评估，将整体评估确定的企业价值按照投资方股权份额计算该投资的评估值。整体评估以收益法为主，在特殊情况下，可以单独采用市场法，被投资企业整体资产的评估基准日要与投资方的评估基准日相同。

评估控股型股权投资和非控股型股权投资，都要单独计算评估值，并记录于长期股权投资项目下，不能将被投资企业的资产和负债与投资方合并处理。

评估人员评估股东部分权益价值，应当在适当及切实可行的情况下考虑由于控股权和少数股权等因素产生的溢价或折价。资产评估人员应当在评估报告中披露是否考虑了控股权和少数股权等因素产生的溢价或折价。

[例6-13] 被评估企业以厂房和设备进行投资，出资建立A公司，投资额为900万元，占A公司股权的60%。由于对A公司的投资占控股地位，评估人员先对A公司进行了整体评估，评估值为5 000万元，则股权投资的评估值为：

股权投资的评估值=5 000×60%=3 000（万元）

小资料6-3　　上市流通股票的价值评估

一般来说，如果股票持有者是为了短期投资，那么应以市场价格进行评估；如果是为了长期投资，那么应以内在价格进行评估，以评估基准日的市场价格作为参考。除此之外，以控股为目的而持有上市公司的股票，评估时一般采用收益法。

依据股票市场价格进行评估，应在评估报告中说明所用的方法，并说明该评估结果应随市场价格而予以适当调整。

小思考6-3

上市流通股票和非上市流通股票分别适用什么评估方法？

答：对上市流通股票的评估，在正常情况下一般可以采用现行市价法，按照评估基准日的市场价格确定评估值。

对于非上市流通股票，一般采用收益法进行评估，即综合分析股票发行主体的经营状况及风险、历史利润水平和分红情况、行业收益等因素，合理预测股票投资的未来收益，并选择合理的折现率确定评估值。

6.4　长期待摊费用的评估

长期待摊费用在会计核算上是指企业发生的不能全部计入当年损益、应在本年和以后年度内分期摊销的各项费用，包括固定资产大修理支出、经营性租入固定资产的改良支出以及摊销期限在一年以上的其他待摊费用。

6.4.1　长期待摊费用作为资产评估对象的界定

长期待摊费用的实质是一种预付费用，它没有具体的物质实体，主要体现为已发生费用的摊余价值，因而不能单独对外交易和转让，只有在它赖以生存的企业发生整体产权变动时，才可能涉及长期待摊费用的评估。

从资产评估的角度，特别是从潜在的投资者的角度来看，这些在评估基准日以前就已经发生的预付性质的费用是否能成为资产评估的对象，并不取决于它在评估基准日前已经支付的数额，而是取决于其所对应的资产在评估基准日之后能否为新的产权主体带来经济利益。因此，长期待摊费用成为资产评估对象的界定依据是，它是否能为未来服务，是否能为新的产权主体带来经济利益。

此外，评估时需要注意与长期待摊费用所付预付费用有关的资产，如经过大修、改良的固定资产，其所增加的价值是否在固定资产的评估中得到体现，如已得到体现，那么固定资产大修理支出、改良支出所形成的长期待摊费用就不应再进行评估，否则将出现重复评估。

6.4.2 长期待摊费用的评估思路

在评估长期待摊费用时，要了解其合法性、合理性、真实性和准确性，了解费用支出和摊余情况，了解形成的新资产和权利及尚存情况。

评估人员应根据评估目的实现后还存在的、与其他评估对象没有重复的资产和权利在未来所能产生的效益来确定长期待摊费用评估值，因此在评估时评估人员应把握以下内容：

1）长期待摊费用未来可产生效益的时间

长期待摊费用未来可产生效益的时间是长期待摊费用评估的首要依据。评估人员应注意长期待摊费用的效益在评估基准日以后是否还存在。若仅仅因为发生数额过大才采用分期摊销的办法，则这种长期待摊费用不应在评估范围内。

2）长期待摊费用在未来单位时间内可产生的效益

长期待摊费用在未来单位时间内可产生的效益可根据长期待摊费用所付费用的数额、所付费用取得的尚存资产或某种服务权利持续的时间，以及评估基准日后尚存资产或权利的剩余时间等来确定。

3）货币时间价值

长期待摊费用在评估基准日后所能产生的效益是否需考虑其货币时间价值，取决于新的产权主体在未来获取收益的时间长短。一般来说，获取收益的时间不到一年的不予考虑，超过一年的要根据长期待摊费用的具体内容、数额大小和市场行情的变化趋势处理。

在实践中，由于这些费用对未来产生收益的能力和状况并不能准确界定，如果物价总水平波动不大，可以将其账面价值作为评估价值，或者按发生额的平均数计算。

小资料6-4　　长期待摊费用在何时才能成为资产评估的对象

长期待摊费用属于预付费用性质，收益期滞后，其本身没有交换价值，不可转让，一经发生就已消耗，但能为企业创造未来收益，并从未来收益的会计期间抵补各项支出。从资产评估的角度，特别是从潜在的投资者的角度来看，这些在评估基准日以前已发生的预付性质的费用的价值并不取决于它在评估基准日之前已支付了多少数额，而是取决于它在评估基准日之后能够为企业新的产权主体带来多大的收益。因此，只有在长期待摊费用为新的产权主体形成某些新的资产或带来经济利益时，才能成为资产评估的对象。

小思考6-4

补充阅读材料
6-1

资产评估报告
更新公告

长期待摊费用作为评估对象的界定依据是什么？

答：长期待摊费用是否能成为资产评估的对象，并不取决于它在评估基准日之前已经支付的数额，而是取决于其所对应的资产在评估基准日之后能否为新的产权主体带来经济利益。因此，长期待摊费用成为资产评估对象的界定依据是，它是否能为未来服务，是否能为新的产权主体带来经济利益。

本章小结

本章主要阐述了长期投资性资产评估的特点和程序，按照长期投资性资产的性质分别阐述了长期持有债券投资评估、长期股权投资评估和长期待摊费用评估的具体方法。

长期投资性资产评估的特点主要有：①长期股权投资评估是对被投资企业资本金的评估；②长期股权投资评估是对被投资企业获利能力的评估；③长期持有债券投资评估是对被投资企业偿债能力的评估。

长期投资性资产评估一般按以下程序进行：①明确长期投资项目的具体内容；②对长期投资性资产进行核查和鉴定；③选择适当的评估方法；④评定、测算长期投资性资产，得出评估结论。

长期持有债券投资评估的方法主要有：①对已上市流通的债券，一般用现行市价法进行评估，以评估基准日的收盘价确定评估值。如果存在有意操纵市场的力量、存在垄断和过度投机行为，以及市场价格存在严重扭曲，则应该按非上市债券进行评估。②对无法通过市场取得现行市价、不能进入市场自由买卖的非上市债券，主要采用收益法进行评估。

长期股权投资评估的方法主要有：①对上市流通股票的评估，在正常情况下一般可以采用现行市价法，按照评估基准日的市场价格确定评估值。②对非上市流通股票的评估，一般采用收益法进行评估，即综合分析股票发行主体的经营状况及风险、历史利润水平和分红情况、行业收益等因素，合理预测股票投资的未来收益，并选择合理的折现率确定评估值。③对非控股型股权投资的评估，一般采用收益法，即根据历史的收益情况和被投资企业的未来经营情况及风险，预测未来收益，再用适当的折现率计算得出评估值。④对控股型股权投资的评估，应对被投资企业进行整体资产评估，将整体评估确定的企业价值按照投资方股权份额计算该投资的评估值。

长期待摊费用评估的思路是：①对尚存资产或权利的价值难以准确计算的某些预付性质和性质特殊的租入固定资产的改良支出等，可按其账面余额计算评估值；②对没有尚存资产或权利对应的长期待摊费用不计算评估值；③对在其他类型资产中已计算过的也不计算评估值，如固定资产的大修理支出，其对固定资产成新率的影响已在固定资产评估价值中得到体现，因此不能重复评估。由于长期待摊费用涉及的期限较长，有时会涉及货币时间价值问题，因此一般应根据新的产权主体在未来获得收益的时间长短，并结合长期待摊费用的内容、市场行情的变化情况等进行具体处理。

主要概念

固定股利模型　股利增长模型　分段模型　长期待摊费用

基本训练

一、单项选择题

1.上市交易的债券最适合运用（　　）进行评估。

A.成本法　　B.市场法　　C.收益法　　D.价格指数法

2.从理论上来讲，无风险报酬率是受（　　）影响的。

A.资金的使用成本　　　　　　　　B.资金的投资成本

C.资金的时间成本　　　　　　　　D.资金的机会成本

3.被评估债券为2017年发行的，面值为100元，年利率为10%，3年期。2019年评估时，债券市场上同类面值债券的交易价格为110元，则该债券的评估值最接近于（　　）元。

A.120　　　　B.98　　　　C.100　　　　D.110

4.被评估企业以无形资产向A企业进行长期投资，协议规定投资期为10年，A企业每年以运用无形资产生产的产品的销售收入的5%作为投资方的回报，10年后投资方放弃无形资产产权。评估时，此项投资已满5年，评估人员通过前5年A企业产品销售情况和对未来5年的市场预测，认为今后5年A企业产品销售收入将保持200万元的水平，折现率为12%，则该项无形资产的评估值最有可能是（　　）元。

A.180 240　　　　B.720 000　　　　C.360 480　　　　D.500 000

5.被评估资产为某一股份公司非上市股票10 000股，每股面值1元，账面价格为每股1.5元。该股票过去每年股息为0.2元/股，经评估人员分析，该公司将来可以保持该股利水平不变。评估时，银行1年期存款利率为5%，确定风险报酬率为3%。该批股票的评估值为（　　）元。

A.40 000　　　　B.25 000　　　　C.20 000　　　　D.15 000

6.被评估企业拥有另一家企业发行的面值共800万元的非上市普通股股票，从持股期间来看，每年股利分派相当于票面金额的10%。评估人员通过调查了解到，股票发行企业每年只把税后利润的80%用于股利分配，另20%用于扩大再生产。假定股票发行企业今后的股本利润率（即净资产收益率）将保持在15%左右，折现率为12%，则被评估企业拥有的该普通股股票的评估值最有可能是（　　）万元。

A.888.9　　　　B.800　　　　C.666.7　　　　D.1 142.8

7.对于明显没有经济利益，也不能形成任何经济权利的非控股型股权投资，其评估值应为（　　）。

A.零值　　　　　　　　B.以净资产额乘以投资比例

C.负值　　　　　　　　D.无法确定

8.被评估企业甲拥有乙企业发行的优先股100万股，每股面值为10元，股利率为12%。根据评估人员调查，乙企业的资产收益率每年都在16%左右，并可持续下去。甲企业计划在评估基准日后第5年年末新上一个大型项目，到时将所持有的乙企业的优先股出让，预计出让价格为每股14元。若折现率为8%，则甲企业持有的乙企业优先股的评估值最接近于（　　）万元。

A.1 159　　　　B.1 432　　　　C.1 500　　　　D.1 592

9.某评估事务所对某企业进行评估，采用成本法进行。其中，该企业长期待摊费用账面摊余价值为78万元，其中生产线大修理费账面待摊余额48万元，车间翻修费待摊余额30万元。假设以上费用发生时至评估基准日价格变化指数为7%，则该企业长期待摊费用的评估值为（　　）万元。

A.83.46　　　　B.0　　　　C.78　　　　D.72.54

10.作为评估对象的长期待摊费用的确认标准是（　　）。

A.是否已经摊销　　B.摊销方式

C.能否带来预期收益　　D.能否变现

二、多项选择题

1.与股票投资相比，非上市债券作为一种投资工具具有（　　）的特点。

A.风险较小　B.投资报酬率高　C.流动性强　D.收益相对稳定

2.债券评估的折现率包含的内容有（　　）。

A.无风险报酬率　B.企业收益率　C.风险报酬率　D.债券利息

3.非上市普通股股票评估的基本类型有（　　）。

A.到期一次还本型　B.股利增长模型　C.固定股利模型

D.分段模型　E.逐期分红，到期还本型

4.股票评估通常与股票的（　　）估测有关。

A.内在价值　B.账面价值　C.市场价格

D.清算价格　E.票面价格

5.长期股权投资评估是对被投资方（　　）。

A.资本金的评估　　B.偿债能力的评估

C.获利能力的评估　　D.变现能力的评估

6.下列关于非控股型股权投资评估的描述，正确的有（　　）。

A.对于非控股型股权投资评估，可以采用收益法

B.对于明显没有经济利益，也不能形成任何经济权利的投资则按零价值计算

C.在未来收益难以确定时，可以采用重置价值法进行评估，即通过对被投资企业进行评估，确定净资产数额，再根据投资方所占的份额确定评估值

D.如果进行该项投资的期限较短，价值变化不大，被投资企业资产账实相符，则可根据核实后的被投资企业资产负债表上净资产数额和投资方所占的份额确定评估值

E.评估非控股型股权投资，不必考虑少数股权因素对评估值的影响

7.注册资产评估师在评估甲企业长期股权投资的价值时，通常要考虑（　　）等因素。

A.甲企业所有者权益的评估价值

B.被投资企业所有者权益的评估价值

C.长期股权投资在甲企业所有者权益价值中的比重

D.被评估股权在被投资企业所有者权益中的比重

E.甲企业的资本结构

三、判断题

1.公司在可转换债券中设置赎回条款，可以保护债券投资人的利益，因而更有利于投资者。（　　）

2.国债由政府的信用作担保，所以不存在任何风险。（　　）

3.在市场利率大于票面利率时，债券的发行价格大于其面值。（　　）

4.由于优先股在分配公司盈利、剩余财产权等方面有优先权，因此一般来说其收益要高于普通股。 ( )

5.与短期债券相比，长期债券的投资风险比较大。 ( )

四、技能题

1.某企业购买债券1 200张，面值为100元，长期持有债券投资账面余额为12万元，该债券年利率为10%，期限为3年，已上市交易。若该债券评估基准日的收盘价为120元/张，则该项长期持有债券投资的评估值是多少？

2.某企业购买另一家企业50 000元债券，利率为10%，不计复利，4年期，到期一次还本付息。评估时，债券购入时间已满2年，当时的银行储蓄利率为8%，该企业实力雄厚，无投资风险，试评估该企业拥有的债券价值。

3.被评估企业A拥有企业B优先股100股，每股金额为1 000元，股息率为15%，无风险利率为10%、企业B的经营风险报酬率为2%，评估人员确定资本化率为12%。根据上述资料，计算企业A拥有股票的价值。

4.E公司拥有某一公司非上市交易的普通股股票10万股，每股面值为1元。在持有期间，每年股利收益率均在15%左右。评估人员调查分析后认为，该股票前3年可保持15%的收益率，从第4年起，因新型设备的投入使用，收益率可提高5%，并将持续下去，折现率为6%，计算该股票的评估值。

五、案例分析题

某评估公司受托对D企业进行资产评估，D企业拥有非上市公司的普通股股票20万股，每股面值为1元，在持有股票期间，每年的股票收益率在12%左右。股票发行企业每年以净利润的60%用于发放股利，其余40%用于追加投资。评估人员根据对企业经营状况的调查分析认为，该企业具有较强的发展潜力，可以保持3%的发展速度，净资产收益率将保持在16%，无风险报酬率为4%，风险报酬率为4%，试计算该股票的评估值。

第7章 无形资产评估

【学习目标】

通过本章的学习，掌握无形资产的分类和特点，掌握收益法、市场法和成本法在无形资产评估中的应用，掌握专利权、专有技术、商标权、著作权等无形资产的评估方法。

无形资产作为经济发展的重要资源，其交易、评估非常频繁。在知识经济时代，无形资产的经济价值往往比有形资产更高，并且已经成为推动经济发展的重要力量。

7.1 无形资产评估概述

7.1.1 无形资产的概念及分类

1）无形资产的概念

财政部2017年发布的《资产评估执业准则——无形资产》中指出，无形资产是指特定主体所拥有或者控制的，不具有实物形态，能持续发挥作用且能带来经济利益的资源。

无形资产的特征表现为：

（1）非实体性

无形资产没有具体的实物形态，但却是客观存在的资产。有些无形资产也有其相应的有形的表现形式，如专利权文件、商标标记、技术图纸、工艺文件、著作权等。无形资产与有形资产的根本区别在于有形资产的价值取决于有形要素的贡献，而无形资产的价值取决于无形要素的贡献。

（2）效益性

有形资产在生产过程中将其价值逐渐转移到产品中，而无形资产的价值则体现在它能在未来给无形资产的拥有者或使用者带来经济利益。成为无形资产的前提是，该资产必须能够以一定的方式，直接或间接地为其控制主体（即所有者、使用者或投资者）创造效益，而且必须能够在较长时期内持续产生经济效益。

（3）控制性

无形资产是被特定主体所控制的，且能产生效益的资源。那些能产生效益但不能给特定主体创造效益的公知技术，不能被视为无形资产。

（4）共益性

无形资产与有形资产的不同之处在于，无形资产可以在不同的地点、同一时间由不同的主体所使用或控制。例如，专利技术可以在技术拥有者自己使用的同时，转让或租赁给其他企业使用。有形资产的权属是通过物质实体直接界定的，而无形资产的评估则需要根据其权益或收益权属来加以界定。

（5）积累性

无形资产的积累性体现在两个方面：一是无形资产的形成是基于其他无形资产的发展；二是无形资产的发展也是一个不断积累和发展的过程。

（6）替代性

无形资产除了具有积累性之外，其还具有替代性。一种技术取代另一种技术，一种工艺替代另一种工艺，其体现的不是积累，而是替代。例如，彩色显像管替代黑白显像管，以及后来的背投、液晶、等离子以及LED显像技术的出现，都是一种替代而不是积累。

2）无形资产的分类

无形资产的种类有很多，按照不同的分类方式，可以分为以下几种：

（1）按照无形资产取得方式的不同，可分为自创的无形资产和外购的无形资产。自创的无形资产是由其持有人研制或发明的，如专利权、专有技术、商标权等；外购的无形资产是付出一定的代价从其他单位或个人购入的，如外购的专利权和专有技术等。

（2）按照无形资产有无专门法律保护，可分为有专门法律保护的无形资产和无专门法律保护的无形资产。专利权、商标权等均受国家专门法律保护。无专门法律保护的无形资产有非专利技术等。

（3）按照无形资产是否独立存在，可分为可确指的无形资产和不可确指的无形资产。可确指的无形资产是指具有专门的名称，可单独取得、转让或出售的无形资产，如专利权、商标权、著作权、专有技术、销售网络、客户关系、商业特许权以及合同权益等。不可确指的无形资产是指不可确认、不可单独取得，离开企业整体就不复存在的无形资产，如商誉。

（4）财政部发布的《资产评估执业准则——无形资产》第十三条规定，执行无形资产评估业务，应当根据具体经济行为，谨慎区分可辨认无形资产和不可辨认无形资产、单项无形资产和无形资产组合。

（5）国际评估准则委员会发布的《国际评估指南No.4——无形资产评估》中，将无形资产分为权利型无形资产（如租赁权）、关系型无形资产（如顾客关系、客户名单等）、组合型无形资产（如商誉）和知识产权（如专利权、商标权等）。

7.1.2 无形资产的确认与计量

1）无形资产的确认

无形资产必须同时满足以下两个条件才能予以确认：

（1）与该项资产相关的预计未来经济利益很可能流入企业。这就要求在预计的使用年限内作出合理预计，并要有明确的证据支持该项经济利益可能流入企业。

（2）无形资产的成本能够被可靠地计量。《企业会计准则第6号——无形资产》将企业内部研究开发项目的支出分为研究阶段支出与开发阶段支出。研究阶段支出是指为获取并理解新的科学或技术知识而进行的有独创性的、有计划调查所发生的支出。开发阶段支出是指在进行商业性生产或使用前，将研究成果或其他知识应用于某项计划或设计，以生产出新的或具有实质性改进的材料、装置、产品等所发生的支出。计量时要明确企业内部研究和开发项目的支出，区分研究阶段支出与开发阶段支出。研究阶段支出应当在发生时计入当期损益。对企业内部开发项目阶段的支出，如果能够同时满足《企业会计准则第6号——无形资产》列出的五个条件，则进行资本化处理，计入无形资产。《企业会计准则第6号——无形资产》列出的五个条件为：①完成该无形资产以使其能够使用或者出售在技术上具有可行性；②具有完成该无形资产并使用或者出售的意图；③无形资产产生经济利益的方式，包括能够证明运用该无形资产生产的产品存在市场或无形资产自身存在市场，无形资产将在内部使用的，应当证明其有用性；④有足够的技术、财务资源和其他资源支持，以完成该无形资产的开发，并有能力使用或出售该无形资产；⑤归属于该无形资产开发阶段的支出能够可靠地计量。

2）无形资产的计量

（1）无形资产的初始计量

无形资产应当按照实际成本进行初始计量。

①外购无形资产的成本，包括购买价款、相关税费以及直接归属于使该项资产达到预定用途所发生的其他支出。购买无形资产的价款超过正常信用条件延期支付，其实质上具有融资性质，无形资产的成本以购买价款的现值为基础来确定。实际支付的价款与购买价款的现值之间的差额，除按照《企业会计准则第17号——借款费用》应予以资本化的以外，应当在信用期内计入当期损益。

②自行开发的无形资产，其成本包括自满足《企业会计准则第6号——无形资产》第四条和第九条规定后至达到预定用途前所发生的支出总额，但是对于以前期间已经费用化的支出不再调整。

③投资者投入无形资产的成本，应当按照投资合同或协议约定的价值确定，但合同或协议约定价值不公允的除外。

④非货币性资产交换、债务重组、政府补助和企业合并取得的无形资产的成本，应当分别按照《企业会计准则第7号——非货币性资产交换》、《企业会计准则第12号——债务重组》、《企业会计准则第16号——政府补助》和《企业会计准则第20号——企业合并》的规定来确定。

（2）无形资产的后续计量

企业应当于取得无形资产时分析判断其使用寿命。无形资产的使用寿命为有限的，应当估计该使用寿命的年限或者构成使用寿命的产量等类似计量单位的数量；无法预见无形资产为企业带来经济利益期限的，应当视为使用寿命不确定的无形资产。

使用寿命有限的无形资产，其应摊销金额应当在使用寿命内被系统地、合理地摊销。企业摊销无形资产，应当自无形资产可供使用时起，至不再作为无形资产确认时止。企业选择的无形资产摊销方法，应当反映与该项无形资产有关的经济利益的预期实现方式。无法可靠确定预期实现方式的，应当采用直线法摊销。无形资产的摊销金额一般应当计入当期损益，其他会计准则另有规定的除外。

无形资产的应摊销金额为其成本扣除预计残值后的金额。已计提减值准备的无形资产，还应扣除已计提的无形资产减值准备累计金额。使用寿命有限的无形资产，其残值应当视为零，但下列情况除外：①有第三方承诺在无形资产使用寿命结束时购买该无形资产；②可以根据活跃市场得到预计残值信息，并且该市场在无形资产使用寿命结束时很可能存在。

对于使用寿命不确定的无形资产不作摊销。

3）无形资产评估

《资产评估执业准则——无形资产》中所指的无形资产评估，是指资产评估机构及其资产评估专业人员遵守法律、行政法规和资产评估准则，根据委托对评估基准日特定目的下的无形资产价值进行评定和估算，并出具资产评估报告的专业服务行为。

7.1.3 影响无形资产评估价值的因素

一般来说，影响无形资产评估价值的因素主要有：

（1）无形资产的取得成本。无形资产与有形资产一样，也有取得成本。对于外购的无形资产，其成本比较容易确定，但对于自创无形资产的成本计量，则较为困难。这是因为无形资产的创造与其投入的研发经费、人力、失败次数等因素有关。一般来说，这些成本项目包括发明创造成本、法律保护成本、发行推广成本等。

（2）机会成本。无形资产的机会成本是指因将无形资产用于某一确定用途所导致的不能用于其他用途而遭受的损失。

（3）预期收益。无形资产最重要的特征是其具有创造收益的能力。一项无形资产，在环境、制度允许的条件下，获利能力越强，其评估值越高；获利能力越弱，其评估值越低。

（4）无形资产的发展趋势、更新换代的速度。无形资产的寿命期受其更新换代的速度的影响较大。无形资产更新换代的速度越快，无形资产价值损耗越大，评估值越低。无形资产价值的损耗和贬损，不取决于自身的使用损耗，而是取决于市场上该类无形资产更新换代的速度。

（5）无形资产的市场供需状况。首先，市场供需状况会影响评估值，市场需求大，评估值就高；市场需求小，若还有其他资产可以替代，其评估值就低。其次，无形资产的适用程度也会影响评估值，适用程度高，需求者就多，评估值也就越高。

（6）转让内容。无形资产在其产权转让过程中，一般分为所有权转让和使用权转让。所有权转让的无形资产评估值一般高于使用权转让的无形资产评估值。对于许可使用转让，一般许可程度越高，评估值也会越高。

（7）技术成熟的程度。科技成果的发展都有一个发展、成熟、衰退的过程。科技成果的成熟程度直接影响评估价值的高低。其开发程度越高，技术越成熟，运用该技术成果的风险性越小，评估值越高。

（8）使用期限。每一项无形资产，一般都有一定的使用期限。无形资产的使用期限，除了应考虑法律保护期限外，更主要的是要考虑其具有实际超额收益的期限。例如，某项发明专利保护期为20年，但由于无形损耗较大，拥有该项专利实际能获得超额收益的期限为10年，则这10年为评估该项专利时所应考虑的期限。

（9）同行业同类无形资产的交易方式及其价款的支付方式。无形资产评估值的高低，与无形资产的交易方式以及转让时的价款支付方式相关。

7.1.4 无形资产评估的程序

无形资产评估的程序是评估无形资产的操作规程。无形资产的评估一般按以下程序进行：

1）明确评估目的

无形资产因其评估目的的不同，其评估的价值类型和选择的方法也不一样，评估结果也会不同。从目前无形资产的评估实践情况来看，大多数无形资产评估是因为以下业务的发生而进行的：①无形资产的转让；②无形资产作价投资；③股份制改造、合资、合作，以及企业兼并与重组等无形资产的作价；④质押贷款；⑤法律诉讼；⑥其他目的。

2）确认和鉴定无形资产

对无形资产进行评估时，评估人员首先应对被评估的无形资产进行确认和鉴定。其目的在于确认无形资产的存在、鉴别无形资产的种类和确定无形资产的有效期限。

（1）确认无形资产的存在

评估时要验证无形资产的来源是否合法，产权是否明确，经济行为是否合法、有效。查验可以从以下方面进行：①查询被评估无形资产的内容、国家有关规定、专业人员评价情况、法律文件（如专利证书、技术鉴定书等），核实有关资料的真实性、可靠性和权威性；②分析无形资产使用所要求的与之相适应的特定技术条件和经济条件，鉴定其应用能力；③确定无形资产的归属是否为委托者所有，要考虑其存在的条件和要求，对于剽窃、仿造的无形资产要加以鉴别，对于部分特殊的无形资产要分析其历史渊源，看其是否符合国家的有关规定。

（2）鉴别无形资产的种类

无形资产的鉴别主要是确定无形资产的种类、具体名称、存在形式。有些无形资产是由若干项无形资产综合构成的，应加以确认和分离，避免重复评估和漏评估。

（3）确定无形资产的有效期限

无形资产有效期限是其存在的前提。某项专利权，如超过法律保护期限，就不能作为专利权评估。有效期限对无形资产的评估值具有很大的影响，如有的商标，历史越悠久，价值越高；而有的商标历史并不悠久，但也具有较高的价值。

3）收集相关资料

无形资产的相关资料具体包括：①无形资产的法律文件或其他证明材料；②无形资产的性质特点、目前和历史发展状况；③无形资产给受益主体能否带来显著、持续的可辨识经济利益；④无形资产的存续期、法定期限、受益年限、技术寿命期等；⑤无形资产实施的地域范围、领域范围、获利能力与获利方式；⑥无形资产以往的评估和交易情况；⑦无形资产在实施过程中所受到国家法律法规或其他资产的限制；⑧无形资产转让、出资、质押等的可行性；⑨类似无形资产的市场价格信息；⑩宏观经济环境；⑪行业状况及发展前景；⑫企业状况及发展前景；⑬其他相关信息。

4）确定评估方法

根据无形资产的具体类型、特点、评估目的及外部市场环境等具体情况，选用合适的评估方法。无形资产的评估方法主要包括收益法、市场法和成本法三种基本方法及其衍生方法。

采用收益法评估无形资产，要确定无形资产的受益期限，根据与收益有关的资金规模、配套资产、现金流量及货币时间价值等因素，合理确定该项无形资产的超额获利能力和预期收益，并充分考虑该无形资产的预期价值变动，还要区分无形资产的收益额与其他资产带来的收益额，还要充分考虑法律法规、宏观经济环境、技术进步、行业发展变化、企业经营管理、产品更新和换代等因素对无形资产收益期、收益额和折现率的影响。若评估值与实际情况明显不符，要分析产生差异的原因。

采用市场法评估无形资产，要注意被评估无形资产必须确实满足运用市场法的前提，确定具有合理比较基础的类似无形资产交易参照对象，收集类似无形资产交易的市场信息和被评估无形资产以往的交易信息。参照类似无形资产的市场价值，根据宏观经济、行业和无形资产变化情况，考虑交易条件、时间因素和影响价值的各种因素的差异，调整确定评估值。

若被评估无形资产的确具有超额获利能力，在评估时又不宜采用市场法和收益法，可采用成本法进行评估。评估时要注意根据现行条件下重新形成或取得该项无形资产所需的包括资金成本在内的全部成本费用和合理利润来确定评估价值，同时要注意扣除实际存在的功能性贬值和经济性贬值。

5）撰写报告，得出评估结论

无形资产的评估报告应根据评估资料、评估的推理过程，明确阐释评估结论产生的前提、假设及限定条件、各种参数的选用依据、评估方法使用的理由和逻辑推理方式。评估报告书要简洁、明确、避免误导。

无形资产评估报告应当说明下列内容：①无形资产的性质、权利状况和限制条件；②无形资产实施的地域限制、领域限制以及法律法规限制条件；③与无形资产相关的宏观经济和行业前景；④无形资产的历史、现实状况和发展前景；⑤评估依据的信息来源；⑥其他必要信息。

无形资产评估报告应当说明有关评估方法的下列内容：①评估方法的选择及其理由；②各重要参数的来源、分析、比较与测算过程；③对测算结果进行分析，形成评估结论的过程；④评估结论成立的假设前提和限制条件。

无形资产评估报告书是无形资产评估过程的总结，也是评估者承担法律责任的依据。

小资料 7-1　《企业会计准则第 6 号——无形资产》

《企业会计准则第6号——无形资产》第三条规定：无形资产，是指企业拥有或者控制的没有实物形态的可辨认非货币性资产。

资产满足下列条件之一的，符合无形资产定义中的可辨认性标准：

（一）能够从企业中分离或者划分出来，并能单独或者与相关合同、资产或负债一起，用于出售、转移、授予许可、租赁或者交换。

（二）源自合同性权利或其他法定权利，无论这些权利是否可以从企业或其他权利和义务中转移或者分离。

《企业会计准则第6号——无形资产》第四条规定：无形资产同时满足下列条件的，才能予以确认：

（一）与该无形资产有关的经济利益很可能流入企业。

（二）该无形资产的成本能够可靠地计量。

《企业会计准则第6号——无形资产》第五条规定：企业在判断无形资产产生的经济利益是否很可能流入时，应当对无形资产在预计使用寿命内可能存在的各种经济因素作出合理估计，并且应当有明确证据支持。

《企业会计准则第6号——无形资产》第十一条规定：企业自创商誉以及内部产生的品牌、报刊名等，不应确认为无形资产。

小思考 7-1

无形资产有哪些特点？

答：无形资产具有以下特点：（1）非实体性；（2）收益性；（3）独占性；（4）可辨认性。

7.2　无形资产评估的方法

与其他资产评估类似，无形资产的评估方法也可归纳为收益法、市场法和成本法及其衍生方法。

7.2.1 无形资产评估的收益法

1）收益法的公式

应用收益法评估无形资产价值的基本公式为：

$$P=\sum_{i=1}^{n}\frac{R_i}{(1+r)^i}$$

式中：P为无形资产的评估值；R_i为第i年使用该无形资产带来的收益；r为折现率；n为受益期限。

实际评估时，往往无法严格区分使用无形资产所带来的收益的大小。影响收益大小的因素不仅有无形资产，还有资本、技术、管理以及其他因素。实际工作中，往往采用收益分成率来计算无形资产带来的收益，因此应用收益法评估无形资产价值的基本公式又可表示为：

$$P=\sum_{i=1}^{n}\frac{K_i\cdot R_i}{(1+r)^i}$$

式中：P为无形资产的评估值；K_i为无形资产第i年的收益分成率；R_i为第i年总收益；r为折现率；n为受益期限。

2）无形资产收益的确定

使用无形资产会带来超额收益，从总收益中找出无形资产带来的收益的方法有以下四种：

（1）直接估算法

直接估算法是指通过对未使用无形资产与使用无形资产的收益情况进行对比分析，从而对无形资产带来的收益额进行估算。按无形资产带来收益的方式不同，可分为因为增加销售收入而带来收益的收入增长型无形资产；因为节约成本费用而带来收益的成本费用节约型无形资产。

①收入增长型无形资产收益的计算。

收入增长型无形资产能够使产品的销售收入大幅度增加的原因在于：第一，生产的产品能够以高出同类产品的价格销售；第二，生产的产品在与同类产品价格相同的情况下，销售数量大幅度增加，市场占有率扩大，从而获得超额收益。

第一种原因形成的超额收益的计算公式为：

$$R=(P_2-P_1)\cdot Q\cdot(1-T)$$

式中：R为超额收益；P_2为使用无形资产后单位产品的价格；P_1为使用无形资产前单位产品的价格；Q为产品销售量（此处假定销售量不变）；T为所得税税率。

第二种原因形成的超额收益的计算公式为：

$$R=(Q_2-Q_1)\cdot(P-C)\cdot(1-T)$$

式中：R为超额收益；Q_2为使用无形资产后产品的销售量；Q_1为使用无形资产前产品的销售量；P为产品价格（此处假定价格不变）；C为产品的单位成本；T为所得税税率。

②成本费用节约型无形资产收益的计算。

成本费用节约型无形资产，是指无形资产的应用使得生产产品中的成本费用降低，从而形成超额收益。其为投资者带来的超额收益的计算公式为：

$R=(C_1-C_2)\cdot Q\cdot(1-T)$

式中：R为超额收益；C_1为使用无形资产前产品的单位成本；C_2为使用无形资产后产品的单位成本；Q为产品销售量（此处假定销售量不变）；T为所得税税率。

无形资产的使用所带来的收益，不能简单地划分为收入增长型或成本费用节约型，在大多数情况下，超额收益是收入变动和成本费用变动共同作用的结果。评估人员应根据上述特殊情况，加以综合性地运用和测算，以便科学地计算出无形资产所带来的超额收益。

（2）差额法

若无法对无形资产使用前后的收益情况进行对比，可以将无形资产和其他类型资产在经济活动中的综合收益与行业平均水平进行比较，从而得到无形资产的获利能力，即超额收益，这种方法称为差额法。使用差额法的步骤如下：

①收集有关使用无形资产的产品生产经营活动财务资料，进行盈利分析，得到经营利润和销售利润率等基本数据。

②对上述生产经营活动中的资金占用情况（如固定资产、流动资产和已有账面价值的其他无形资产）进行统计。

③收集行业平均资金利润率等指标。

④计算无形资产所带来的超额收益，其计算公式为：

无形资产带来的超额收益=净利润-净资产总额×行业平均净利润率

使用这种方法应注意，这样计算出来的超额收益有时不完全由被评估无形资产产生（除非能够认定只有这种无形资产存在），它往往是一种组合无形资产的超额收益，还需进行分解处理。

（3）分成率法

无形资产收益通过分成率来获得，是目前国际和国内技术交易中常用的一种方法，其计算公式为：

无形资产收益额=销售收入×销售收入分成率×（1-所得税税率）

或：

无形资产收益额=销售利润×销售利润分成率×（1-所得税税率）

销售收入和销售利润的测算比较容易，公式中无形资产收益的分成率是无形资产在总收益中的分成比例，实质上是确定无形资产对总收益的贡献率。分成对象是销售收入或销售利润，因而就有两个不同的分成率。由于销售收入与销售利润有内在的联系，可以根据销售利润分成率推算出销售收入分成率，反之亦然。两者的关系为：

无形资产收益额=销售收入×销售收入分成率×（1-所得税税率）

无形资产收益额=销售利润×销售利润分成率×（1-所得税税率）

即：

销售收入分成率=销售利润分成率×销售利润率

销售利润分成率=销售收入分成率÷销售利润率

在资产转让实务中，一般是双方商定一个销售收入分成率，俗称“抽头”或“收入提成”。国际市场上一般技术转让费为销售收入的1%～10%，如果按社会平均销售利润率10%推算，当技术转让费为销售收入的3%时，则利润分成率为30%。在实际无形资产转让业务中，评估人员应根据实际情况加以分析判断，在利润分成和收入分成的选择上合理确定并选择收益分成率。

评估无形资产转让的利润分成率有多种方法，下面主要介绍边际分析法和约当投资分成法。

①边际分析法。

边际分析法是比较使用无形资产前后的利润。使用无形资产后的利润大于使用前的那部分利润，即投资于无形资产所带来的追加利润，测算各年度追加利润占总利润的比重，并按各年度利润现值的权重求出无形资产经济寿命期间追加利润占总利润的比重，即评估的利润分成率。使用这种方法的关键是科学分析追加无形资产投入带来的净追加利润，这也是购买无形资产所必须进行决策分析的内容。

$$利润分成率=\frac{\sum 无形资产使用后新增利润现值}{\sum 无形资产使用后利润总额现值}$$

[例7-1] 某企业受让一专利技术用于改造生产线。经对无形资产边际贡献因素的分析，无形资产剩余使用寿命为5年，测算在其寿命期间各年度分别可带来追加利润200万元、180万元、150万元、120万元和90万元，分别占当年利润总额的40%、30%、20%、15%和10%，折现率为8%，则无形资产利润分成率为：

①计算各年度利润总额现值之和。

$$\frac{200\div 40\%}{1+8\%}+\frac{180\div 30\%}{(1+8\%)^2}+\frac{150\div 20\%}{(1+8\%)^3}+\frac{120\div 15\%}{(1+8\%)^4}+\frac{90\div 10\%}{(1+8\%)^5}$$

=500×0.9259+600×0.8573+750×0.7938+800×0.7350+900×0.6806

=462.95+514.38+595.35+588+612.54

=2 773.22（万元）

②计算各年度增加利润的现值之和。

$$\frac{200}{1+8\%}+\frac{180}{(1+8\%)^2}+\frac{150}{(1+8\%)^3}+\frac{120}{(1+8\%)^4}+\frac{90}{(1+8\%)^5}$$

=200×0.9259+180×0.8573+150×0.7938+120×0.7350+90×0.6806

=185.18+154.314+119.07+88.2+61.254

=608.018（万元）

③计算无形资产利润分成率。

$$无形资产利润分成率=\frac{608.018}{2\,773.22}\times 100\%$$

=21.92%

边际分析法是根据各种生产要素对提高生产率的贡献来计算的，但无形资产与有形资产的作用往往互为条件，常常难以确定无形资产的贡献率。

②约当投资分成法。

利润往往是无形资产与其他资产共同作用的结果，而无形资产通常具有较高的成本利润率，可以考虑采取在成本的基础上附加相应的成本利润率，折合成约当投资量的办法，按无形资产的折合约当投资与购买方投入的资产约当投资的比例来确定利润分成率，其计算公式为：

$$无形资产利润分成率=\frac{无形资产约当投资量}{购买方约当投资量+无形资产约当投资量}\times 100\%$$

无形资产约当投资量=无形资产重置成本×（1+适当成本利润率）

购买方约当投资量=购买方投入的总资产重置成本×（1+适当成本利润率）

确定无形资产约当投资量时，适用成本利润率按转让方无形资产带来的利润与其成本之比计算，没有企业的实际数据时，按社会平均水平确定。确定购买方约当投资量时，适用的成本利润率，按购买方的现有水平测算。

［例7-2］A企业以专有技术向B企业投资，该技术的重置成本为100万元，B企业拟投入合营的资产重置成本为8 000万元，A企业无形资产成本利润率为500%，B企业拟投入合营的资产原利润率为12.5%，求无形资产投资的利润分成率。

如果按投资双方的投资成本价格折算利润分成率，就不能体现无形资产作为知识智能密集型资产的较高生产率。因此，评估人员应采用约当投资分成法评估利润分成率。

①计算无形资产的约当投资量。

无形资产的约当投资量=100×（1+500%）=600（万元）

②计算企业的约当投资量。

企业的约当投资量=8 000×（1+12.5%）=9 000（万元）

③计算A企业投资无形资产的利润分成率。

利润分成率=600÷（9 000+600）×100%=6.25%

应该指出的是，在国内外的技术交易中，分成率不是一个固定的值，它会随着受让与使用无形资产生产的产品产量的增加而递减，表7-1就是分成率递减的一个例子。

表7-1　我国某技术转让规定的递减分成率

年产量（万套）	递减分成率（%）
1 ~ 10	100
10 ~ 20	75
20 ~ 50	25

评估人员在利用分成率法确定无形资产收益额时，要根据实际情况进行分析，合理确定分成收益。

（4）要素贡献法

有些无形资产已成为生产经营的必要条件，由于某些原因不可能或很难确定其带来的超额收益，这时可以根据构成生产经营的要素在生产经营活动中的贡献，从正常利润中粗略估计无形资产带来的收益。我国理论界通常采用“三分法”，即主要考虑生产经营活动中的三大要素：资金、技术和管理。这三个要素的贡献率在不同行业是不一样的。一般认为，在资金密集型行业，三者的贡献率依次是50%、30%、20%；在技术密集型行业，三者的贡献率依次是40%、40%、20%；在一般行业，三者的贡献率依次是30%、40%、30%；在高科技行业，三者的贡献率依次是30%、50%、20%。这些数据仅供在确定无形资产收益额时参考。

3）无形资产评估中折现率的确定

折现率的内涵是指与投资于该无形资产相适应的投资报酬率。折现率一般包括无风险利率和风险报酬率。一般情况下，无形资产投资收益高，风险性强，因此无形资产评估中折现率往往要高于有形资产评估的折现率。评估时，评估者应根据该项无形资产的功能、投资条件、收益获得的可能性条件和形成概率等因素，科学地测算其风险利率，以进一步测算出其合适的折现率。另外，折现率的口径应与无形资产评估中采用的收益额的口径保持一致。

4）无形资产收益期限的确定

无形资产收益期限也称有效期限，是指无形资产发挥作用并具有超额获利能力的时间。无形资产在发挥作用的过程中，其损耗是客观存在的。无形资产因为没有物质实体，不像有形资产那样存在由于使用或自然力作用形成的有形损耗。无形资产价值降低是由于无形损耗形成的，是由于科学技术进步而引起的价值减少，主要有以下三种情况：

一是更新的、更先进的、更经济的无形资产出现，这种新的无形资产可以替代旧的无形资产，原无形资产已无法带来任何超额价值时，原有无形资产的价值也就完全丧失。

二是因无形资产传播范围扩大，其他企业普遍掌握这种无形资产，获得这项无形资产已不需要任何成本，使拥有这种无形资产的企业不再具有获取超额收益的能力，那么它的价值也就大幅度减少或丧失。

三是企业拥有的某项无形资产所决定的产品销售量骤减，需求大幅度下降时，这种无形资产的价值就会减少，以致完全丧失。

在资产评估实践中，可依照下列方法预计和确定无形资产的有效期限：

（1）法律、企业合同、企业申请书分别规定有法定有效期限和受益年限的，可按照法定有效期限与受益年限孰短的原则确定。

（2）法律未规定有效期，企业合同或企业申请书中规定有受益年限的，可按照规定的受益年限确定。

（3）法律、企业合同、企业申请书均未规定有效期限和受益年限的，按预计受益期限确定。预计受益期限可以采用统计分析法或与同类资产比较得出。

受许多因素的影响，特别是科学技术的飞速发展，无形资产更新周期加快，无形资产的有效期限可能比其法定保护期限短。在评估时，对这些情况都应给予足够的重视。

7.2.2 无形资产评估的市场法

国外学者认为，市场法强调的是具有合理竞争能力的财产的可比性特征。如果有充分的源于市场的交易案例，可以从中取得作为比较分析的参照物，并能对评估对象与可比参照物之间的差异作出合适的调整，就可应用市场法。

如果需要使用市场法评估无形资产，评估人员应注意以下事项：

（1）具有合理比较基础的类似的无形资产

国际资产评估准则委员会颁布的《国际评估指南No.4——无形资产评估》中指出，使用市场法必须具备合理的比较依据和可进行比较的类似的无形资产。参照物与被评估无形资产必须处于同一行业或处于对相同经济变量有类似反应的行业。这种比较必须具有意义，并且不能引起误解。

作为参照物的无形资产与被评估无形资产至少要满足形式相似、功能相似、载体相似和交易条件相似的要求。形式相似，是指参照物与被评估无形资产按照无形资产分类原则，可以归并为同一类。功能相似，是指尽管参照物与被评估无形资产的设计和结构不可避免地存在差异，但它们的功能和效用应该相同或近似。载体相似，是指参照物与被评估无形资产所依附的产品或服务应满足同质性要求，所依附的企业则应满足同行业与同规模的要求。交易条件相似，是指参照物的成交条件与被评估无形资产模拟的成交条件在宏观和微观层面上都应大体接近。

（2）收集类似的无形资产交易的市场信息是为横向比较提供依据，而收集被评估无形资产以往的交易信息则是为纵向比较提供依据

关于横向比较，评估人员在参照物与被评估无形资产在形式、功能和载体方面满足可比性的基础上，应尽量收集致使交易达成的市场信息，主要涉及供求关系、产业政策、市场结构、企业行为和市场绩效等内容。其中，对市场结构的分析尤为重要，即需要分析卖方之间、买方之间、买卖双方之间、市场内已有的买方和卖方与正在进入或可能进入市场的买方和卖方之间的关系。评估人员应熟悉经济学对市场结构作出的完全竞争、完全垄断、垄断竞争和寡头垄断的分类。对于纵向比较，评估人员既要看到无形资产具有依法实施多元和多次授权经营的特征，使过去交易的案例成为未来交易的参照依据，也要看到时间、地点、交易主体和交易条件的变化，会影响被评估无形资产的未来交易价格。

（3）作为市场法应用基础的价格信息应满足相关、合理、可靠和有效的要求

在这里，相关是指所收集的价格信息与需要作出判断的被评估无形资产的价值有较强的关联性；合理是指所收集的价格信息能反映被评估无形资产载体结构和市场结构特征，不能简单地用行业或社会平均的价格信息推理具有明显结构异质特征的被评估无形资产的价值；可靠是指所收集的价格信息经过对信息来源和收集过程的质量控制，具有较高的置信度；有效是指所收集的价格信息能够有效地反映评估基准日的被评估无形资产在模拟条件下的可能的价格水平。

（4）无论是横向比较，还是纵向比较，参照物与被评估无形资产都会因时间、空间和条件的变化而产生差异，评估人员应对此作出合理的调整

国际资产评估准则委员会发布的《国际评估指南No.4——无形资产评估》中强调，当以被评估无形资产以往的交易记录作为评估的参照依据时，则可能需要根据时间的推移、经济、行业和无形资产的环境变化进行调整。

7.2.3 无形资产评估的成本法

1）无形资产的成本特性

无形资产的成本包括研发、取得和持有期间的全部物化劳动和活劳动的费用支出，其成本特性明显区别于有形资产。

（1）不完整性

我国现行财务制度一般将科研费用从当期生产经营费用中列支，而不是先对科研成果进行费用资本化处理，再按无形资产折旧或摊销的办法从生产经营费用中补偿。这种办法简便易行，大体上符合实际需要，不影响无形资产的再生产。但是，这样企业账簿上反映的无形资产成本就是不完整的，大量账外无形资产的存在是不可忽视的客观事实。同时，即使按国家规定进行费用资本化，无形资产的成本核算一般也是不完整的。

（2）弱对应性

无形资产的创建要经历基础研究、应用研究和工艺生产开发等漫长的过程，成果的出现具有很大的随机性和偶然性，其价值并不与其开发费用和时间产生某种既定的关系。如果在一系列的研究失败之后偶尔出现一些成果，由这些成果承担所有的研究费用是不合理

的。在大量的先行研究（无论成功还是失败）成果的积累之上，往往可能产生一系列的无形资产，很难确定这些研究成果是否应该承担先行的研究费用，如何承担也很难明确。

（3）虚拟性

无形资产的成本往往是相对的，特别是一些无形资产的内涵已经远远超出了它的外在形式的含义，这种无形资产的成本只具有象征意义，如商标，其成本核算的是商标的设计费、登记注册费、广告费等，而商标的内涵是标示商品的内在质量信誉。这种无形资产实际上包括了该商品使用的特种技术、配方和多年的经验积累，而商标形式本身所花费的成本只具有象征意义，称之为虚拟性。

2）无形资产评估中成本法的应用

采用成本法评估无形资产的基本公式为：

无形资产评估值=无形资产重置成本×成新率

确定无形资产重置成本（或称重置完全成本）和成新率，是运用成本法评估无形资产价值的关键。

（1）无形资产重置成本的确定

无形资产重置成本，是指现时市场条件下重新创造或购置一项全新无形资产所耗费的全部货币总额。根据无形资产的取得来源，可分为自创无形资产和外购无形资产两种类型。不同类型的无形资产，其重置成本构成和评估方式不同，需要分别进行估算。

①自创无形资产重置成本的估算。

自创无形资产的成本是由创制该资产所消耗的物化劳动和活劳动费用构成的，如果自创无形资产已有账面价格，由于它在全部资产中的比重一般不大，可以按照定基物价指数作出相应调整，即得到重置成本。在实际操作中，自创无形资产往往无账面价格，需要进行评估，评估方法主要有核算法和倍加系数法。

A.核算法。

核算法的基本计算公式为：

无形资产重置成本=成本+期间费用+合理利润

式中：期间费用是指创建无形资产过程中分摊到该项无形资产的费用。

期间费用=管理费用+财务费用+销售费用

无形资产直接成本根据无形资产创制过程中实际发生的材料、工时消耗量，按现行价格和费用标准进行估算。其计算公式为：

$$\text{无形资产直接成本}=\sum\left(\begin{matrix}\text{物质资料}\\\text{实际耗费量}\end{matrix}\times\begin{matrix}\text{现行}\\\text{价格}\end{matrix}\right)+\sum\left(\begin{matrix}\text{实耗}\\\text{工时}\end{matrix}\times\begin{matrix}\text{现行}\\\text{费用标准}\end{matrix}\right)$$

在自创无形资产重置成本的计算中，一般需要考虑合理利润。合理利润来源于自创无形资产的直接成本、间接成本和资金成本之和与外购同样的无形资产的平均市场价格之间的差额。基于一些特定评估目的，无形资产重置成本的计算可以不考虑合理利润。

B.倍加系数法。

对于投入智力成果比较多的技术型无形资产，考虑到科研劳动的复杂性和风险性，可用以下公式估算无形资产的重置成本：

$$\text{无形资产重置成本}=\frac{C+\beta_1 V}{1-\beta_2}\times(1+L)$$

式中：C为无形资产研制开发中的物化劳动消耗；V为无形资产研制开发中活劳动消耗；

β_1为科研人员创造性劳动倍加系数；β_2为科研的平均风险系数；L为无形资产投资报酬率。

②外购无形资产重置成本的估算。

外购无形资产一般有购置费用的原始记录，也可能有可以参照的现行交易价格，其评估相对比较容易。外购无形资产的重置成本包括购买价和购置费用两个部分，一般可以采用以下两种方法计算：

A.市价类比法。

在无形资产交易市场中选择类似的参照物，再根据功能和技术的先进性、适用性对其进行调整，从而确定现行购买价格。对于购置费用，则可根据现行标准和实际情况进行核定。

B.物价指数法。

物价指数法是以无形资产的账面历史成本为依据，用物价指数进行调整，进而估算其重置成本，其计算公式为：

$$无形资产重置成本=无形资产账面成本\times\frac{评估时物价指数}{购置时物价指数}$$

从无形资产的价值构成来看，无形资产主要有两类费用：一类是物质消耗费用；另一类是人工消耗费用。前者与生产资料物价指数相关度较高，后者与生活资料物价指数相关度较高，并且最终通过工资、福利标准的调整体现出来。不同的无形资产，两类费用的比重可能有较大差别，一些利用现代科研和实验手段的无形资产，物质消耗的比重就比较大。在生产资料物价指数与生活资料物价指数差别较大的情况下，评估人员可以根据两类费用的大致比例，按结构分别适用生产资料物价指数和生活资料物价指数进行估算。当两种价格指数比较接近，且两类费用的比重有较大倾斜时，可按比重较大费用类适用的物价指数来估算。

［例7-3］某企业2019年外购的一项无形资产账面价值为500万元，2020年进行评估。经过核查，该无形资产系运用现代先进的实验仪器经反复试验研制而成，物化劳动耗费的比重较大，可适用生产资料物价指数。物价的市场资料显示，此项无形资产购置时的物价指数和评估时的物价指数分别为110%和121%，因此该项无形资产的重置完全成本为：

$$重置完全成本=500\times\frac{121\%}{110\%}=550\text{（万元）}$$

（2）无形资产成新率的估算

无形资产成新率的确定，可以采用专家鉴定法和剩余经济寿命预测法进行。

①专家鉴定法。专家鉴定法是指邀请有关技术领域的专家，对被评估无形资产的先进性、适用性作出判断，从而确定其成新率的方法。

②剩余经济寿命预测法。剩余经济寿命预测法是指由评估人员通过对无形资产剩余经济寿命的预期和判断，确定其成新率的方法。其计算公式为：

$$成新率=\frac{剩余使用年限}{已使用年限+剩余使用年限}\times100\%$$

式中：已使用年限比较容易确定，剩余使用年限应由评估人员根据无形资产的特征，通过分析判断获得。

在评估实践中，一般选择综合考虑被评估无形资产的各种无形损耗（即功能和经济方面的损耗）后的折算比率。在确定适用的成新率时，应注意无形资产使用效用与时间的关系。这种关系通常是非线性的，有的无形资产的效用是非线性递减的（如技术型无形资产），有的无形资产的效用在一定时间内呈非线性递增（如商标），评估人员应对这种变化趋势进行分析和说明。

小资料 7-2　　无形资产评估价值的不确定性

无形资产的价值相对于有形资产具有更大的不确定性，价值评估结果的科学性和合理性取决于多方面因素，与有形资产相比难度也更大。资产评估只是一种咨询性、公正性和专业性的中介服务，评估结果并非交易价格，评估结果是否满足评估目的的要求，还有赖于相关各方的判断。因此，了解无形资产的性质、特点、评估程序、评估依据和评估方法等不仅是资产评估从业人员的需要，也是与无形资产交易相关各方以及企业经营管理者的需要。

小思考 7-2

如何区分知识型无形资产和权利型无形资产？

答：无形资产分为知识型无形资产和权利型无形资产，其价值构成和评估方法均不相同。

知识型无形资产的构成主要是高度密集的知识、智力、技术和技巧及可能带来的高附加值，如专利技术、驰名商标、计算机软件等。权利型无形资产的构成主要是特许权利和可获盈利条件的关系，如土地使用权、矿业权、专营权、进出口许可证、生产（设计）许可证，以及雇员关系、顾客关系、代理销售关系、原材料供应关系等。

知识型无形资产的评估价格远不是开发成本所能包括的，其价格一般用收益法来计算，即首先将若干年内可能得到的收益（由技术所产生的部分）资本化和再现值化。对于权利型无形资产，则较多地采用市场法、收益法以及成本法（重置成本法）来进行评估。

7.3　专利权和专有技术评估

7.3.1　专利权的概念及使用的限制条件

1）专利权的概念和特点

专利权是国家专利机关依法批准的发明人或其权利受让人对其发明成果在一定期间内享有的独占权或专有权，任何人如果要利用该项专利进行生产经营活动或出售使用该项专利制造的产品，须事先征得专利权所有者的许可，并付给报酬。

财政部2017年发布的《专利资产评估指导意见》中指出，专利资产是指权利人所拥有的，能持续发挥作用且能带来经济利益的专利权益。

专利权一般包括发明专利权、实用新型专利权和外观设计专利权。

专利权具有以下特点：

（1）独占性，也称排他性。同一内容的技术发明只授予一次专利，对于已取得专利权的技术，任何人未经许可不得进行营利性实施。

（2）地域性。任何一项专利只在其授权范围内才有法律效力，在其他地域范围内不具有法律效力。

（3）时间性。依法取得的专利权在法定期限内有效，受法律保护，期满后，专利权人的权利自行终止。《中华人民共和国专利法》（以下简称《专利法》）规定，发明专利权的期限为二十年，实用新型专利权的期限为十年，外观设计专利权的期限为十五年，均自申请日起计算。

（4）可转让性。专利权可以转让，由当事人订立合同，并经原专利登记机关或相应机构登记和公告后生效，专利权一经转让，原发明者不再拥有专利权，购入者继承专利权。

2）专利资产评估业务的评估对象

专利资产评估业务的评估对象是指专利资产权益，包括专利所有权和专利使用权。专利使用权是指专利实施许可权，具体包括专利权独占许可、排他许可和普通许可等形式。执行专利资产评估业务，应当明确专利资产的权利属性。评估对象为专利所有权的，应当关注专利权是否已经许可他人使用及使用权的具体形式，并关注其对专利所有权价值的影响。评估对象为专利使用权的，应当明确专利使用权的许可形式、许可内容及许可期限。不同情形下的专利权以及转让形式不同，确定的评估方法也不相同。

专利权转让形式主要分为全权转让和使用权转让两种。在转让使用权时，其使用权限、时间期限、地域范围和处理纠纷的仲裁程序都受到一定条件的约束和限制。

（1）使用权限。按技术使用权限的大小，使用权限可分为独家使用权、排他使用权及普通使用权等。

①独占使用权，是指在合同规定的时间和地域范围内卖方只把技术转让给某一特定买方，买方不得转卖。同时，卖方也不得在合同规定的时间和地域范围内使用该技术和销售该技术生产的产品。

②排他使用权，是指卖方在合同规定的时间和地域范围内只把技术授予买方使用，同时卖方自己保留使用权和产品销售权，不再将该技术转让给第三者。

③普通使用权，是指卖方在合同规定的时间和地域范围内可以向多家买主转让技术，同时卖方自己保留技术使用权和产品销售权。

（2）地域范围。专利技术许可证合同大多数都明确地规定了地域范围，如某个国家或地区，买方的使用权不得超过这个地域范围。

（3）时间期限。专利技术许可证合同一般都规定有效期限，不同专利技术的许可期限一般要和该专利的法律保护期相适应。

（4）法律和仲裁。专利技术许可证合同是法律文件，是依照参与双方所在国的法律制定的，因此受法律保护。当一方违约时，另一方可遵循法律程序追回损失的权益。

7.3.2 专利权的评估程序

1）确认专利资产的存在

（1）专利名称，是指专利申请保护的主题名称，不应包含非技术词语。

（2）专利类别，是指发明、实用新型和外观设计。①发明。发明是指对产品、方法或者其改进所提出的新的技术方案。②实用新型。实用新型是指对产品的形状、构造或者其结合所提出的适于实用的新的技术方案。③外观设计。外观设计是指对产品的形状、图案或者其结合，以及色彩与形状、图案的结合所作出的富有美感并适于工业应用的新设计。

（3）专利申请的国别和地区。专利在申请的国别和地区受法律保护，对其他国别和地区不发生法律效力。

（4）专利申请号或者专利号。

（5）专利的法律状态。专利的法律状态通常包括所有权人（申请阶段为专利申请人，授权后为专利权人）及其变更情况、专利所处的专利审批阶段、年费缴纳情况，专利权的终止、专利权的恢复、专利权的质押，以及是否涉及法律诉讼或者处于复审、宣告无效状态。

（6）专利申请日。国务院专利行政部门收到专利申请文件之日为申请日。如果申请文件是邮寄的，以寄出的邮戳日为申请日。

（7）专利授权日。

（8）专利权利要求书记载的权利要求。

（9）专利使用权利。

2）确定评估方法，收集相关资料

专利权评估最常用的评估方法是收益法、市场法、成本法及其衍生方法。在评估专利资产时要分析、确定方法运用中的各项技术参数和指标。这些分析包括技术状况分析、收益能力分析、实施状况分析。

（1）技术状况分析包括对技术先进性的确认、对技术成熟程度与寿命周期的分析等。

（2）收益能力分析包括对是否具有获利能力的分析，对获利表现为收入增长型还是费用降低型的分析等。

（3）专利及其实施情况的调查，包括必要的现场调查、市场调查，并收集相关信息、资料等。

3）信息资料核查分析，评定估算

信息资料核查分析主要包括：

（1）专利资产的权利人及实施企业的基本情况。

（2）专利证书、最近一期的专利缴费凭证。

（3）专利权利要求书、专利说明书及其附图。

（4）专利技术的研发过程、技术实验报告，专利资产所属技术领域的发展状况、技术水平、技术成熟度、同类技术竞争状况、技术更新速度等有关信息、资料。如果技术效果需要检测，还应当收集相关产品检测报告。

（5）分析专利产品的适用范围、市场需求、市场前景及市场寿命、相关行业政策发展状况、宏观经济、同类产品的竞争状况、专利产品的获利能力等相关的信息、资料。

（6）以往的评估和交易情况，包括专利权转让合同、实施许可合同及其他交易情况。

7.3.3 专利权的评估方法

专利权评估主要采用收益法，特殊情况下也可以采用成本法。

1）收益法

专利权的收益额是指由专利权带来的直接预期收益。对于收益额的测算，通常可以通过直接测算超额收益和测算利润分成率获得。

采用利润分成率测算专利技术收益额是以专利技术投资产生的收益为基础，按一定比例（利润分成率）分成确定专利技术的收益。利润分成率反映专利技术对整个利润额的贡献程度。联合国工业发展组织在对印度等发展中国家引进技术价格的分析中认为，利润分成率在16%～27%是合理的；美国一般认为，利润分成率在10%～30%是合理的；我国理论工作者和评估人员通常认为，利润分成率在25%～33%较合理。这些观点在实际评估业务过程中具有一定的参考价值。

［例7-4］A公司3年前获得发明专利，专利权的期限为二十年。该公司拟将该专利技术出售给B公司，现对该项专利技术进行评估。

评估分析和计算过程如下：

①评估对象和评估目的。由于A公司系出售该项专利技术，因此A公司转让的是专利技术的所有权。

②专利技术鉴定。该项技术已申请专利，技术已在A公司使用了3年，产品已进入市场，并深受消费者欢迎，市场潜力较大。这说明该项专利技术的有效功能较好。

③评估方法选择。经了解，市场上同类型技术授权使用情况较多，利润分成率较易获得，因此决定采用收益法进行评估。

④判断确定评估参数。根据对该类专利技术的更新周期以及市场上产品更新周期的分析，确定该专利技术的剩余使用期限为5年。分析该专利技术对产品的贡献率，判断销售收入的利润分成率为3%。

根据历年经营效果和未来市场的需求，评估人员对未来5年的销售收入进行了预测，结果见表7-2。

表7-2　预期销售收入测算结果　单位：万元

未来年份	销售收入
第1年	1 200
第2年	1 500
第3年	1 800
第4年	2 500
第5年	2 400

根据目前的市场投资收益率，确定该专利技术评估的折现率为12%。

⑤计算评估值。得出的结论见表7-3。

表7-3　评估值计算表　单位：万元

未来年份	销售收入 ①	销售收入分成额 ②=①×3%	税后净额 ③=②×（1-25%）	收益总额 （r=12%）
第1年	1 200	36	27.00	24.10
第2年	1 500	45	33.75	26.91
第3年	1 800	54	40.50	28.83
第4年	2 500	75	56.25	35.75
第5年	2 400	72	54.00	30.64
合计	—	—	—	146.23

因此，该专利技术的评估值为146.23万元。

2）成本法

应用成本法评估专利技术时，要分析计算其重置完全成本的构成、数额以及相应的成新率。需要注意的是，外购专利技术重置成本的确定比较容易，自创专利技术的成本一般由下列因素组成：

（1）研制成本

研制成本包括直接成本和间接成本两类。直接成本是指研制过程中直接投入所发生的费用；间接成本是指与研制开发有关的费用。

①直接成本。直接成本一般包括以下费用：

A.材料费，即为完成技术研制所耗费的各种材料费用。

B.工资费用，即为参与研制技术的科研人员和相关人员支付的工资。

C.专用设备费，即为研制开发技术所购置专用设备的费用及其摊销。

D.资料费，即购买研制开发技术所需的资料等所产生的费用。

E.咨询鉴定费，即为完成该项目发生的技术咨询、技术鉴定费用。

F.协作费，即项目研制开发过程中某些零部件的外加工费以及使用外单位资源的费用。

G.培训费，即为完成本项目，委派有关人员接受技术培训所产生的各种费用。

H.差旅费，即为完成本项目发生的差旅费用。

I.其他费用。

②间接成本。间接成本主要包括以下费用：

A.管理费，即为管理、组织本项目开发所负担的管理费用。

B.非专用设备折旧费，即采用通用设备和其他设备所负担的折旧费。

C.应分摊的公共费用及能源费用。

（2）交易成本

发生在交易过程中的费用支出主要包括：①技术服务费，即卖方为买方提供专家指导、技术培训、设备仪器安装调试及市场开拓所产生的费用；②交易过程中的差旅费及管理费，即谈判人员和管理人员参加技术洽谈会及在交易过程中发生的食宿及交通费等；③手续费，即有关的公证费、审查注册费、法律咨询费等；④税费，即无形资产交易、转让过程中应缴纳的增值税。

[例7-5] 某上市公司重组，需对该公司全部资产进行评估。该公司有一项发明专利技术，两年前自行研制开发并获得专利证书，现对该专利技术进行评估。

评估分析和计算过程如下：

①确定评估对象。该项专利技术为上市公司申请的专利技术，因此确定的评估对象是专利技术的完全产权。

②技术功能鉴定。该专利技术的专利权证书、技术检验报告书均齐全，根据专家鉴定和现场勘察，表明该项专利技术的应用对于提高产品质量、降低产品成本均有很大作用，效果良好，与同行业的同类技术相比，处于领先水平。

③评估方法选择。由于该公司经济效益欠佳，很难确切地预计该项专利技术的超额收益，同类技术在市场上尚未发现有交易案例，因此决定选用成本法。

④各项评估参数的估算。该项专利技术系自创形成，其开发形成过程中的成本资料可从企业中获得，具体如下：材料费68 000元、工资费用13 000元、专用设备费9 800元、资料费1 500元、咨询鉴定费7 000元、专利申请费5 600元、培训费3 800元、差旅费6 000元、管理费分摊4 000元、非专用设备折旧费分摊9 600元，合计为128 300元。

由于市场上无该类专利技术的参考资料，因此按过去实际发生额计算各类消耗，但其价格按现行价格计算。根据考察、分析和测算，近两年生产资料价格上涨指数分别为3%和5%。因为生活资料物价指数难以获得，且该项专利技术开发过程中的工资费用所占份额不大，所以将全部成本按生产资料价格指数调整，即可估算出重置完全成本。

$$重置完全成本=128\ 300\times(1+3\%)\times(1+5\%)=138\ 756.45（元）$$

该项发明专利技术的法律保护期限为20年，剩余保护期限为18年。但是，根据专家分析和预测，该项专利技术的剩余使用期限仅为12年，因此该项专利技术的实际寿命按照14年（12+2）计算。由此可以计算出成新率为：

$$成新率=\frac{12}{2+12}\times100\%=85.71\%$$

⑤计算评估值，得出结论。

$$评估值=138\ 756.45\times85.71\%=118\ 928.15（元）$$

最后，确定该项专利技术的评估值为118 928.15元。

7.3.4 非专利技术的评估

1）非专利技术的概念及特点

非专利技术，又称专有技术、技术秘密，是指未经公开、未申请专利的知识和技巧，主要包括设计资料、技术规范、工艺流程、材料配方、经营诀窍和图纸、数据等技术资料。从法律角度来讲，非专利技术不是一种法定的权利，而仅仅是一种自然的权利，是一项收益性无形资产。因此，对非专利技术的评估，应该先鉴定该非专利技术是否存在。

企业中的某些设计资料、技术规范、工艺流程、配方等能否作为非专利技术存在，可以根据以下特性判断：

（1）实用性。非专利技术的价值取决于其是否能够在生产实践过程中操作，不能应用的技术不能称为非专利技术。

（2）收益性。非专利技术必须有价值，表现在它能为企业带来超额利润。价值是非专利技术能够转让的基础。

（3）保密性。保密性是非专利技术的最主要特性。非专利技术不是一种法定的权利，其自我保护是通过保密性进行的。

非专利技术与专利技术的区别表现在以下方面：

①保护方式不同。非专利技术具有保密性，而专利技术则是在《专利法》规定范围内公开的。申请的专利技术既然被公开，就受到《专利法》的保护，而非专利技术只能通过保密手段进行自我保护。

②技术的内容范围不同。非专利技术的内容范围很广，包括设计资料、技术规范、工艺流程、材料配方、经营诀窍和图纸等，而专利技术通常包括三种，即发明、外观设计和

实用新型。

③法律保护期限不同。专利技术有明确的法律保护期限，而非专利技术没有法律保护期限。

④适用的法律不同。对专利技术的保护通常按《专利法》的规定进行，对非专利技术进行保护的法律主要有《中华人民共和国合同法》《中华人民共和国反不正当竞争法》等。

2）影响非专利技术评估值的因素分析

在非专利技术评估中，应注意研究影响非专利技术评估值的各项因素，这些因素包括非专利技术的使用期限、非专利技术的预期获利能力、非专利技术的市场情况，以及非专利技术的开发成本。

（1）非专利技术的使用期限

非专利技术依靠保密手段进行自我保护，没有法定保护期限，其作为一种知识和技巧会因技术进步、市场变化等被先进技术所替代。作为非专利技术，一旦成为一项公开的技术，它的价值就不复存在了。因此，非专利技术的使用期限应由评估人员根据本领域的技术发展情况、市场需求情况及技术保密情况进行估算，也可以根据双方合同的规定期限、协议情况进行估算。

（2）非专利技术的预期获利能力

非专利技术具有使用价值和价值，使用价值是非专利技术本身应具有的，而其价值则在于非专利技术的使用所能产生的超额获利能力。因此，评估人员应充分研究分析非专利技术的直接和间接获利能力，这是确定非专利技术评估值的关键，也是评估过程中的困难所在。

（3）非专利技术的市场情况

技术商品的价格也取决于市场供求情况，市场需求越大，其价格越高；反之，价格则越低。从非专利技术本身来说，一项非专利技术价值的高低取决于其技术水平在同类技术中的领先程度。在科学技术高速发展的情况下，技术更新换代的速度加快，无形损耗加大，一项非专利技术很难长时间处于领先水平。另外，非专利技术的成熟程度和可靠程度对其价值也有很大的影响，技术越成熟、可靠，其获利能力越强，风险越小，卖价越高。

（4）非专利技术的开发成本

非专利技术取得的成本也是影响非专利技术价值的因素，评估人员应根据不同的技术特点，研究开发成本和其获利能力的关系。

（5）保密措施

对非专利技术的保密措施的核查，是核查其是否处于保密状态或是否处于易于公开的环节。评估人员可以通过核心技术人员的流动情况、保密协议、保密制度，以及其他相关的保密措施进行核查。

3）非专利技术的评估方法

非专利技术的评估方法与专利权评估方法基本相同，大多采用收益法和成本法。

（1）运用收益法对非专利技术进行评估

［例7-6］A公司以一项非专利技术出资，与B公司共同成立合资企业。根据双方协议，确定该非专利技术的收益期限为6年，请计算该非专利技术的评估值。

①预测未来6年的收益（假定评估基准日为当年12月31日）。预测结果见表7-4。

②确定折现率。根据银行利率确定无风险利率为5%，根据技术所属行业及市场状况

确定风险报酬率为10%，由此确定折现率为15%。

③计算确定评估值。

表7-4　　未来6年非专利技术的预测收益　　金额单位：万元

项　目	第一年	第二年	第三年	第四年	第五年	第六年	合计
销售量（件）	50	55	60	65	70	75	375
销售单价	3.20	3.00	2.80	2.60	2.40	2.20	—
销售收入	160.00	165.00	168.00	169.00	168.00	165.00	995.00
减：成本、费用	96.00	99.00	100.80	101.40	100.80	99.00	597.00
利润总额	64.00	66.00	67.20	67.60	67.20	66.00	398.00
减：所得税费用	21.12	21.78	22.18	22.31	22.18	21.78	131.35
税后利润	42.88	44.22	45.02	45.29	45.02	44.22	266.65
非专利技术利润分成率（%）	40	40	40	40	40	40	—
非专利技术收益	17.15	17.69	18.01	18.12	18.01	17.69	106.67

$$非专利技术评估值=\sum_{t=1}^{6}\frac{各年非专利技术收益}{(1+r)^t}$$

$$=\frac{17.15}{1+15\%}+\frac{17.69}{(1+15\%)^2}+\frac{18.01}{(1+15\%)^3}+\frac{18.12}{(1+15\%)^4}+\frac{18.01}{(1+15\%)^5}+\frac{17.69}{(1+15\%)^6}$$

=14.91+13.38+11.84+10.36+8.95+7.65

=67.09（万元）

（2）运用成本法对非专利技术进行评估

［例7-7］某企业现有不同类型的设计工艺图纸6 000张，需要对其进行评估，以确定该设计工艺图纸的价值，其估算过程如下：

第一步，分析鉴定图纸的使用状况。根据分析，将这些图纸分成以下四种类型：

①活跃/当前型图纸，是指目前正在生产，可随时订货的产品零部件、组合件的工程图纸及其他工艺文件，属于该类型的图纸有4 800张。

②半活跃/当前型图纸，是指目前已不再成批生产但仍可订货的产品零部件、组合件的工程图纸及其他工艺文件，属于该类型的图纸有600张。

③半活跃/陈旧型图纸，是指计划停止生产但目前仍可供销售的产品零部件、组合件的工程图纸及其他工艺文件，属于该类型的图纸有400张。

④不活跃/陈旧型图纸，是指停止生产而且不再销售的产品零部件、组合件的工程图纸及其他工艺文件，属于该类型的图纸有200张。

根据分析确定，继续有效使用的图纸共有5 400张。

第二步，估算图纸的重置完全成本。根据图纸设计、制作耗费及现行价格分析确定，这批图纸每张的重置成本为360元，由此可以计算出这批图纸的重置完全成本。

图纸的重置完全成本=5 400×360=1 944 000（元）

第三步，估算图纸的贬值。对于图纸的重置完全成本总额，还需按其产品的剩余使用年限与总使用年限的比较百分比（也称条件百分比）进行调整，即：

条件百分比=（剩余使用年限÷总使用年限）×100%

假如由活跃/当前型图纸控制的产品的剩余使用年限为3年，总使用年限为8年，则其条件百分比为：

条件百分比=3÷8×100%=37.5%

由此确定的贬值率为62.5%。

以此类推，可以分别计算每种类型图纸的条件百分比。为了简化估算，假定估算出综合条件百分比为35%。

第四步，估算这批图纸的价值。

图纸的价值=1 944 000×35%=680 400（元）

小资料7-3　专利权的类型和保护期限

专利权一般包括发明专利权、实用新型专利权和外观设计专利权。

《专利法》所称发明，是指对产品、方法或者其改进所提出的新的技术方案。

《专利法》所称实用新型，是指对产品的形状、构造或者其结合所提出的适于实用的新的技术方案。

《专利法》所称外观设计，是指对产品的整体或者局部的形状、图案或者其结合以及色彩与形状、图案的结合所作出的富有美感并适于工业应用的新设计。

《专利法》第四十二条规定，发明专利权的期限为二十年，实用新型专利权的期限为十年，外观设计专利权的期限为十五年，均自申请日起计算。

小思考7-3

专有技术、非专利技术以及商业秘密有什么不同？

答：无形资产包括专利权、非专利技术、商标权等。《企业会计准则第6号——无形资产》中规定的无形资产包含“非专利技术”，没有提及“专有技术”，一般情况下我们所说的“专有技术”基本上等同于“非专利技术”。从《中华人民共和国反不正当竞争法》中对商业秘密的定义来看，商业秘密不仅包括技术秘密，还包括其他具有商业价值的保密信息，如企业客户名单、商业计划、经营战略、财务信息、管理模式和诀窍等。

因此，非专利技术和专有技术是可以相互替换的等同概念，但是商业秘密概念的外延要比技术秘密、专有技术和非专利技术大得多，具有商业价值的未公开的技术信息只是商业秘密的一个组成部分。

7.4　商标权评估

7.4.1　商标权的概念、分类和特点

1）商标的概念和作用

商标是商品或服务的标记，是商品生产者或服务的提供者为了使自己的商品或服务区别于他人的商品或服务而使用的一种特殊标记，这种标记一般是由文字、图案或两者组合而成的。

商标的作用表现在：商标能表明商品或服务的来源；商标能把一个企业提供的商品或服务与其他企业的商品或服务相区别；商标标志一定的商品或服务的质量；商标反映向市

场提供某种商品或服务的特定企业的声誉；商标可以让消费者了解这个企业的品牌与形象，企业也可以通过商标宣传自己的商品，提高企业的知名度；商标最终能为企业带来超额收益。

2）商标的分类

商标的种类有很多，可以依照不同标准进行分类。

（1）按商标是否具有法律的专用权，可分为注册商标和非注册商标。商标权的评估，是指对受法律保护的注册商标专用权的评估。

（2）按商标的表现形式，可分为文字商标、图形商标、符号商标、文字图形组合商标、色彩商标、三维标志商标等。

（3）按商标的不同作用，可分为商品商标、服务商标、集体商标和证明商标等。集体商标是指以团体、协会或者其他组织的名义注册，供该组织成员在商事活动中使用，以表明使用者在该组织中的成员资格的标志。证明商标是指由对某种商品或者服务具有监督能力的组织所控制，而由该组织以外的单位或者个人用于其商品或者服务，用以证明该商品或者服务的原产地、原料、制造方法、质量或者其他特定品质的标志。

3）商标权中的经济权利

商标权一般包括排他专用权（或独占权）、转让权、许可使用权、继承权等。排他专用权是指注册商标的所有者享有禁止他人未经其许可而在同一种商品劳务或类似商品劳务上使用其商标的权利。转让权是商标的所有者作为商标权人享有将其拥有的商标转让给他人的权利。许可使用权是指商标权人依法通过商标使用许可合同允许他人使用其注册商标的权利。商标权人通过使用许可合同，转让的是注册商标的使用权。继承权是指商标权人将自己的注册商标交给指定的继承人继承的权利，但这种继承必须依法办理有关手续。法律保护注册商标所有者的权益，未注册商标则不受法律保护。

2019年4月23日，第十三届全国人民代表大会常务委员会第十次会议通过修改的《中华人民共和国商标法》（以下简称《商标法》）。《商标法》第四十二条规定："转让注册商标的，转让人和受让人应当签订转让协议，并共同向商标局提出申请。受让人应当保证使用该注册商标的商品质量。转让注册商标的，商标注册人对其在同一种商品上注册的近似的商标，或者在类似商品上注册的相同或者近似的商标，应当一并转让。对容易导致混淆或者有其他不良影响的转让，商标局不予核准，书面通知申请人并说明理由。转让注册商标经核准后，予以公告。受让人自公告之日起享有商标专用权。"

许可使用权是指商标权人依法通过商标使用许可合同允许他人使用其注册商标的权利。商标权人通过使用许可合同，转让的是注册商标的使用权。继承权是指商标权人将自己的注册商标交给指定的继承人继承的权利，但这种继承必须依法办理有关手续。法律保护商标所有者的权益，未注册商标则不受法律保护。

商标权和专利权都属于知识产权，它和专利权一样需要经过申请、审批、核准、公告等法定程序才能获得，但取得商标权的实质性条件与专利权不同，具体表现为：①《专利法》规定取得专利权的技术要求是具有新颖性、创造性和实用性，而商标权取得的条件是具有显著性、不重复性和不违反禁用条款；②专利权有法定的有效保护期限，一般不准续展，而商标权尽管在注册时需要规定有效期，如我国的《商标法》规定注册商标的有效期为10年，但是可以按照每一期10年无限续展。

商标权的价值是由商标所带来的效益决定的，其带来的效益越大，商标价值就越高；反之，商标价值则越低。而商标带来效益的原因在于，它代表企业的产品质量、信誉、经营状况。从表面上来看，商标价值来自设计和广告宣传，但实际并非如此。尽管在商标设计、制作、注册和保护等方面都需要耗费一定的费用（广告宣传有利于扩大商标知名度，为此需支付很高的费用），但是这些花费只对商标价值起影响作用，而不起决定作用，起决定作用的是商标所能带来的超额收益。

4）影响商标资产价值的因素

商标权作为一种无形资产，其经济价值并非由简单的设计、制作、申请、保护等方面所耗用的费用构成。商标资产的经济价值体现在它能够获得超额收益，不能带来超额的收益也就不具有经济价值。商标资产的评估价值与评估基准日的社会状况、经济状况和评估目的等密切相关。影响商标资产评估价值的因素有：

（1）商标的法律状态。其包括：①商标的注册情况；②商标权的失效；③商标权的续展；④商标权的地域性；⑤商标权在特定商品范围内有效。

（2）商标的知名度。商标的知名度越大，其价值就越高。

（3）商标所依托的商品。其包括：①商品所处的行业及前景；②商品的生命周期；③商品的市场占有率、竞争状况；④商品的利润情况；⑤商品经营企业的素质；⑥经营业绩。

（4）宏观经济状况。宏观经济景气时，评估值相对较高；宏观经济低迷时，评估值较低。另外，宏观经济政策对商标价值的评估也有影响。例如，财政政策、货币政策等都是商标评估的重要考虑因素。

（5）评估目标。商标评估主要表现为商标权投资入股、商标权许可使用、商标权转让等。不同的评估目标有不同的商标权价值。

（6）类似商标的交易情况。当市场上有类似商标的交易情况时，该可比商标的交易价格、交易情况、交易日期等因素都将作为运用市场法评估商标价值的参照。

（7）商标设计。商标设计关系到企业的成败与兴衰，好的商标设计将为企业的发展带来较大的经济利益。

（8）商标声誉的维护。商标的维护时间越长，价值越大。

（9）其他因素。商标的注册、使用、购买成本、商标注册时间、有无许可使用等都是影响商标资产评估价值的重要因素。

7.4.2 商标权的评估程序

商标权的评估程序如下：

（1）接受委托，明确评估目的

①商标资产的评估目的，商标权评估目的即商标权发生的经济行为。

②商标权的转让方式有商标权转让和商标权许可使用两种。商标权转让是指将商标转让给受让方所有，即出售商标所有权。商标权许可使用是指商标权人在不放弃商标所有权的前提下，特许他人按照许可合同规定的条款使用商标。商标权转让方式不同，评估值也不一样。通常情况下，商标所有权转让的评估值高于商标权许可使用的评估值。

③明确商标评估的范围，包括待评估商标的种类、数量以及应用商品种类和地域

情况。

④确定评估基准日，明确待评估商标的价值时点。

⑤可能影响待评估商标的价值时点。

（2）向委托方收集有关资料

需要收集的资料包括：①商标注册人的基本情况；②商标和有关权利事项登记情况；③商标权利的限制情况等；④公众对商标的知晓程度；⑤商标使用的持续时间；⑥商标宣传工作的持续时间、程度和地理范围；⑦与使用该商标的商品或者服务相关的著作权、专利、非专利技术等其他无形资产权利的情况；⑧宏观经济发展数据资料、相关产业政策、商标商品及相关服务市场发展的状况；⑨其使用范围、市场需求、经济寿命、同类商品或服务的竞争状况；⑩商标使用、收益的可能性和方式；⑪类似商标近期的市场交易情况；⑫商标以往的评估及交易情况；⑬商标权利维护方面的情况，包括维权方式、效果、成本费用等。

（3）市场调研和分析

市场调研和分析的主要内容包括：①产品市场需求量的调研和分析；②商标现状和前景的分析；③商标产品的信誉、竞争情况的分析；④商标产品市场占有率的分析；⑤财务状况分析，主要分析、判断商标产品现有获利能力，为未来收益发展趋势预测提供依据；⑥市场环境变化的风险分析；⑦其他相关信息资料的分析。

（4）确定评估方法，收集确定有关指标

商标权评估多采用收益法，也可以采用市场法和成本法。

（5）计算、分析、得出结论，撰写评估报告

7.4.3 商标权的评估方法

商标权评估一般采用收益法，下面通过案例说明收益法在商标权评估中的应用。

1）商标所有权转让的价值评估

［例7-8］某企业欲转让注册商标，历史资料显示，该企业近6年使用这一商标的产品价格每件比同类产品的价格高8元，该企业每年生产该产品20万件。使用该商标的产品目前市场状况良好，产品供不应求。如果使用这种商标的产品每年生产50万件，每件可获超额利润6元，预计该商标能够继续获取超额利润的时间是8年，前5年可保持目前的超额利润水平，后3年每年可获取的超额利润为270万元，则该项商标所有权转让的评估值为：

①计算其预测期内前5年中每年的超额利润。

前5年中每年的超额利润=50×6=300（万元）

②根据企业的资金成本率及相应的风险率，确定其折现率为12%。

③确定该项商标所有权转让的评估值。

$$\text{商标所有权转让的评估值}=300\times\left[\frac{1}{1+12\%}+\frac{1}{(1+12\%)^2}+\frac{1}{(1+12\%)^3}+\frac{1}{(1+12\%)^4}+\frac{1}{(1+12\%)^5}\right]+$$

$$270\times\left[\frac{1}{(1+12\%)^6}+\frac{1}{(1+12\%)^7}+\frac{1}{(1+12\%)^8}\right]$$

$$=1\,081.43+367.97$$

$$=1\,449.40\text{（万元）}$$

由此可以确定商标所有权转让的评估值为1 449.40万元。

2）商标使用权的价值评估

［例7-9］A公司欲转让注册商标使用权给B公司，使用时间为6年，双方约定B公司每年按使用该商标新增利润的30%支付给A公司作为商标使用费，则该商标使用权的评估值为：

①预测使用期限内新增利润总额。根据评估人员预测，第1年至第6年生产的产品分别为30万件、40万件、50万件、60万件、70万件和80万件，第1年至第6年每件产品可新增净利润分别为20元、18元、15元、12元、10元和8元，则每年的新增净利润为：

第1年的新增净利润=30×20=600（万元）

第2年的新增净利润=40×18=720（万元）

第3年的新增净利润=50×15=750（万元）

第4年的新增净利润=60×12=720（万元）

第5年的新增净利润=70×10=700（万元）

第6年的新增净利润=80×8=640（万元）

②确定分成率。按许可合同中确定的30%作为分成率。

③确定折现率。假设折现率为15%，由此可以计算出每年新增净利润的折现值，见表7-5。

表7-5 **每年新增净利润的折现值** 金额单位：万元

年　份	新增净利润额	折现系数	折现值
第1年	600	0.8696	521.760
第2年	720	0.7561	544.392
第3年	750	0.6575	493.125
第4年	720	0.5718	411.696
第5年	700	0.4972	348.040
第6年	640	0.4323	276.672
合　计	—	—	2 595.685

④按30%的分成率计算该商标使用权的评估值。

该商标使用权的评估值=2 595.685×30%×（1-25%）=584.03（万元）

由此可以确定该商标使用权的评估值为584.03万元。

小资料7-4　商标权人的权利

商标权人的权利包括独占使用权、许可使用权和商标转让权。

①独占使用权。商标一经国家商标管理机关核准注册，商标权人即享有在一定范围内对其注册商标完全的独占使用权。所谓独占使用权，是指他人未经注册商标所有人的许可，不得在同一种商品或者类似商品上使用该注册商标或者与该注册商标相近似的商标；否则，即构成商标侵权，商标权人可以请求市场监督管理部门依法处理或者向法院起诉。

②许可使用权。商标权人可以将其注册商标许可他人使用，并因此而获得报酬。根据许可人（商标权人）与被许可人（商标使用人）签订的许可使用合同，商标权人可以保留自己对商标的使用权，也可以放弃使用权，由被许可方独占使用或者多人同时使用。无论商标权人保留自己对商标的使用权还是放弃使用权，商标的所有权人仍然是原来的商标注册人。在商标许可使用条件下，仅仅是商标的使用权发生转移，所有权并没有发生变化。

③商标转让权。转让注册商标，是商标权人根据《商标法》规定的程序将商标所有权转让给他人的法律行为。商标权转让后，原商标注册人丧失对于注册商标的一切权利，商标所有权转移给了新的商标权人，注册商标本身没有发生变化，而注册商标的所有者发生了变化。

小思考7-4

以商标权出资需要符合什么条件?

答：以商标权作为出资有两种方式：一是商标权的转让；二是商标的使用许可。

以商标权转让方式出资应当符合以下五个条件：

(1) 接受商标权投资的企业必须具备《商标法》第四条规定的商标注册申请人的资格。

(2) 企业接受人用药品、烟草制品的注册商标权投资，必须有相应的商品生产主管机关的证明。

(3) 企业接受商标权投资，必须保证使用该注册商标的商品或服务的质量。

(4) 商标权人须将其在同一种或者类似商品或服务上的注册商标一并作为投资客体。

(5) 商标权人如果已将该商标许可他人使用，在办理投资转让之前，须征得被许可人的同意，按照使用许可合同的规定，处理好善后事宜，不得因用商标权投资而损害被许可人的利益。

以商标使用许可方式出资应当符合以下三个条件：

(1) 商标权投资者，即商标使用许可方必须是该注册商标的商标权人。

(2) 商标权出资者和所投资的企业必须对使用该商标的商品质量负责。

(3) 采取商标使用许可方式投资，许可使用合同须报商标局备案，并报当地市场监督管理部门备查。

7.5 著作权评估

7.5.1 著作权的概念

著作权是指文学、艺术作品和科学作品的创作者依照法律规定对这些作品所享有的各项专有权利。2020年11月11日，第十三届全国人民代表大会常务委员会第二十三次会议通过了《全国人民代表大会常务委员会关于修改〈中华人民共和国著作权法〉的决定》，新修正的《中华人民共和国著作权法》（以下简称《著作权法》）自2021年6月1日起施行。

1）著作权人

《著作权法》第九条规定：著作权人包括：作者；其他依照本法享有著作权的自然人、法人或者非法人组织。

2）《著作权法》的保护对象

《著作权法》的保护对象是作品，具体来说是保护作品的表现形式。一般来说，一部作品可以分为两个部分，即作品的内容及作品的表现形式。

（1）作品的内容

作品的内容是指作品的构成要件，作为《著作权法》保护的对象，作品应符合创造性、可复制性及合法性的条件。

（2）著作权保护的作品

2020年修正的《著作权法》所称的作品，是指文学、艺术和科学领域内具有独创性并能以一定形式表现的智力成果，包括：①文字作品；②口述作品；③音乐、戏剧、曲艺、舞蹈、杂技艺术作品；④美术、建筑作品；⑤摄影作品；⑥视听作品；⑦工程设计图、产品设计图、地图、示意图等图形作品和模型产品；⑧计算机软件；⑨符合作品特征的其他智力成果。

2020年修正的《著作权法》的第四条规定：著作权人和与著作权有关的权利人行使权利，不得违反宪法和法律，不得损害公共利益。国家对作品的出版、传播依法进行监督管理。《著作权法》第五条则规定了不适用的情形：①法律、法规，国家机关的决议、决定、命令和其他具有立法、行政、司法性质的文件，及其官方正式译文；②单纯事实消息；③历法、通用数表、通用表格和公式。

3）著作权的归属

著作权是一种法律赋予的权利，是一种无形资产。《著作权法》对如何确定著作权的归属作了规范。

（1）著作权属于作者

《著作权法》第十一条规定：著作权属于作者，本法另有规定的除外。创作作品的自然人是作者。由法人或者非法人组织主持，代表法人或者非法人组织意志创作，并由法人或者非法人组织承担责任的作品，将法人或者非法人组织视为作者。《著作权法》第十二条规定，在作品上署名的自然人、法人或者非法人组织为作者，且该作品上存在相应权利，但有相反证明的除外。

著作权的取得，采用自动保护原则。著作权归属确定的基本原则是著作权属于作者。作者是指在作品上署名的自然人、法人或者非法人组织。

（2）具体类别作品著作权的归属

《著作权法》除规定著作权归属于作者外，还对演绎作品、合作作品、汇编作品、委托作品、职务作品、美术作品及影视作品的著作权归属分别进行了规范。

4）著作权的内容

著作权的内容是法律赋予著作权人的权利内容，是为权利人带来经济效益的基础。作品的著作权包括精神权利和经济权利，评估时一般考虑的是权利人拥有的经济权利。评估人员需要依据相关法律，对著作权进行评估。对于法律没有赋予权利人的权利，在评估中是不能计算的。

2020年修正的《著作权法》第十条中列出了17项著作权（包括人身权和财产权），并对各项权利的内容作了准确的界定。①发表权，即决定作品是否公之于众的权利；②署名权，即表明作者身份，在作品上署名的权利；③修改权，即修改或者授权他人修改作品的权利；④保护作品完整权，即保护作品不受歪曲、篡改的权利；⑤复制权，即以印刷、复印、拓印、录音、录像、翻录、翻拍、数字化等方式将作品制作一份或者多份的权利；⑥发行权，即以出售或者赠与方式向公众提供作品的原件或者复制件的权利；⑦出租权，即有偿许可他人临时使用视听作品、计算机软件的原件或者复制件的权利，计算机软件不是出租的主要标的的除外；⑧展览权，即公开陈列美术作品、摄影作品的原件或者复制件的权利；⑨表演权，即公开表演作品，以及用各种手段公开播送作品的表演的权利；⑩放映权，即通过放映机、幻灯机等技术设备公开再现美术、摄影、视听作品等的权利；⑪广播权，即以有线或者无线方式公开传播或者转播作品，以及通过扩音器或者其他传送符号、声音、图像的类似工具向公众传播广播的作品的权利，但不包括本款第十二项规定的权利；⑫信息网络传播权，即以有线或者无线方式向公众提供，使公众可以在其选定的时间和地点获得作品的权利；⑬摄制权，即以摄制视听作品的方法将作品固定在载体上的权利；⑭改编权，即改变作品，创作出具有独创性的新作品的权利；⑮翻译权，即将作品从一种语言文字转换成另一种语言文字的权利；⑯汇编权，即将作品或者作品的片段通过选择或者编排，汇集成新作品的权利；⑰应当由著作权人享有的其他权利。著作权人可以许可他人行使前款第⑤项至第⑰项规定的权利，并依照约定或者本法有关规定获得报酬。著作权人可以全部或者部分转让本条第一款第⑤项至第⑰项规定的权利，并依照约定或者本法有关规定获得报酬。

5）著作权的限制

著作权的限制是指对著作权经济权利的限制，《著作权法》对权利人的权利进行了一定的限制。

（1）地域的限制

著作权的赋予具有一定的时间和地域的限制。《著作权法》属于国内法，赋予的著作权仅在本国有效，但我国承认《保护文学和艺术作品伯尔尼公约》及《世界版权公约》，并且我国是世界贸易组织的成员方，根据这些国际公约的条款，著作权受到保护的地域已经远远超出了一个国家的范围，国内法变成了区域性法律。著作权的获得采用“自动获得”原则，可以通过国际公约在世界各国获得保护。

（2）时间的限制

《著作权法》规定了各种类型的著作权的期限。评估时，法定的权利期限是判断收益期限的一个重要参数。

（3）合理使用

在法律许可下，使用作品可以不经过著作权人许可，不向其支付报酬，但应当指明作者姓名或者名称、作品名称，并且不得影响该作品的正常使用，也不得不合理地损害著作权人的合法权益。

（4）强制许可

由政府部门发放强制许可证，可以不经著作权人许可，但要支付报酬。

（5）法定许可

在法律特定的条款下，不经著作权人许可，也可以使用已发表的作品，但必须支付报酬，并且不得侵犯著作权人的其他权利。

6）著作权的保护期

《著作权法》第二十二条、第二十三条规定：作者的署名权、修改权、保护作品完整权的保护期不受限制。自然人的作品，其发表权、本法第十条第一款第⑤项至第⑰项规定的权利的保护期为作者终生及其死亡后五十年，截止于作者死亡后第五十年的12月31日；如果是合作作品，截止于最后死亡的作者死亡后第五十年的12月31日。

法人或者非法人组织的作品、著作权（署名权除外）由法人或者非法人组织享有的职务作品，其发表权的保护期为五十年，截止于作品创作完成后第五十年的12月31日；本法第十条第一款第⑤项至第⑰项规定的权利的保护期为五十年，截止于作品首次发表后第五十年的12月31日；但作品自创作完成后五十年内未发表的，本法不再保护。

视听作品，其发表权的保护期为五十年，截止于作品创作完成后第五十年的12月31日；本法第十条第一款第⑤项至第⑰项规定的权利的保护期为五十年，截止于作品首次发表后第五十年的12月31日；但作品自创作完成后五十年内未发表的，本法不再保护。

7.5.2 著作权的特点

1）自动保护

我国著作权采用自动保护原则，即作品一旦产生，作者便享有著作权，登记与否都受法律保护，这是与专利权和商标权不同的地方。由于著作权无须登记，其权利范围不易确定，容易出现相关权利纠纷，因此许多作者将自己的作品交著作权管理部门登记备案。已登记的作品比未登记的作品受法律保护的力度更大。

2）保护形式的局限性

《著作权法》从根本上来说，《著作权法》是为某些思想、观点的原创表达形式提供法律保护，但并非保护这些思想本身，这是它区别于《专利法》的重要特征。下面分别针对工业类著作权及学术类著作权说明著作权保护的内容，并分析它们在形式上的局限性。

（1）工业类著作权

工业类著作权一般是指与工业生产相关的著作权，如计算机软件、工程设计图及模型等享有的著作权。其中，以计算机软件的权利范围最难判定，在学术界及公众中引发的争论也最多。

（2）艺术类著作权

艺术类著作权是指在艺术领域内作品享有的著作权，如文学作品、音乐舞蹈作品、美术摄影作品、视听作品等享有的著作权。在很多情况下，艺术作品描述的对象是一致的，如历史人物或历史事件，如何界定“思想”及“表达”同样是比较困难的。

3）独立性

著作权对保护的内容强调创作的独立性，不强调新颖性，即不同的人有相同的思想，创作的作品只要是独立完成的，就分别享有著作权。

4）权利的多样性

《著作权法》规定的著作权人的权利多达十几项，其中法律明确规定著作权人享有的经济权利有13项，而且这些权利的行使可以是彼此独立的、不同的经济权利，如表演权、播放权、翻译权等权利在行使过程中彼此独立。对专利权及商标权而言，虽然在许可或转让方式上具有多种形式，但在权利内容方面，一般体现为使用权，而不存在公开表演权、播放权、翻译权等其他权利。著作权权利内容的多样性，使其在参与经济活动时具有极强的灵活性。在著作权交易中，很多情况实际上是部分权利的交易。一般来说，著作权的受让方或者被许可人没有必要也不会打算获得提供方著作权的全部。例如，某影视公司需要将一部小说改编成影视作品，向原作者购买著作权，其真正需要购买的是该作品的改编权以及摄制权等权利，并不需要购买该作品的所有著作权。

5）法律保护性

《著作权法》规定了著作权的权利内容、保护期以及权利的限制，因此著作权具有显著的法律特性，主要体现在时间性、地域性及独占性等方面。这些特点与专利权及商标权是相同的。

6）扩散性

著作权与专利权、商标权相比，在使用过程中，除了具有共享性外，还具有扩散性。著作权的扩散性是指具有著作权的作品在使用过程中可以产生新的具有著作权的作品。

7.5.3 著作权评估

1）著作权资产评估对象

著作权资产评估对象是指著作权中的财产权益以及与著作权有关权利的财产权益。

著作权资产的财产权利形式包括著作权人享有的权利和转让或者许可他人使用的权利。许可使用形式包括法定许可和授权许可。授权许可形式包括专有许可、非专有许可和其他形式许可等。

2）著作权资产评估的基本要求

进行著作权资产评估，评估人员应当对享有著作权的作品的相关情况进行调查，包括必要的现场调查和市场调查，并收集相关信息、资料等。调查过程收集的相关信息、资料通常包括：①作品作者和著作权权利人的基本情况；②作品基本情况，包括作品的创作完成时间、首次发表时间、复制、发行、出租、展览、表演、放映、广播、信息网络传播、摄制、改编、翻译、汇编等使用情况；③作品的类别，包括文字作品，口述作品，音乐、戏剧、曲艺、舞蹈、杂技艺术作品，美术、建筑作品，摄影作品，视听作品，工程设计图、产品设计图、地图、示意图等图形作品和模型作品，计算机软件，以及符合作品特征的其他智力成果；④作品的创作形式，包括原创或者各种形式的改编、翻译、注释、整理等；⑤作品的题材类型、体裁特征等情况；⑥著作权和与著作权有关权利的情况及其登记情况；⑦各种权利限制情况，包括相关财产权利在时间、地域方面的限制以及质押、诉讼等方面的限制；⑧与作品相关的其他无形资产权利的情况；⑨作品的创作成本、费用支出；⑩著作权资产以往的评估和交易情况，包括转让、许可使用以及其他形式的交易情况；⑪著作权权利维护情况；⑫宏观经济发展和相关行业政策与作品市场发展状况；⑬作品的使用范围、市场需求、同类产品的竞争状况；⑭作品使用、收益的可能性和方式；⑮同类作品近期的市场交易及成交价格情况。

在进行著作权资产评估时，评估人员应当明确著作权资产的权利形式。当评估对象为著作权许可使用权时，应当明确具体许可形式、内容和期限。著作权中的财产权包括：复制权、发行权、出租权、展览权、表演权、放映权、广播权、信息网络传播权、摄制权、改编权、翻译权、汇编权以及应当由著作权人享有的其他权利。这些权利是和特定作品（产品）相关联的。由于作品自身特性，并不是每一种作品都具有这些财产权利。与著作权评估有关的权利通常包括：出版者对其出版的图书、期刊的版式设计权利，表演者对其表演享有的权利，录音、录像制作者对其制作的录音、录像制品享有的权利，广播电台、电视台对其制作的广播、电视所享有的权利以及由法律、行政法规规定的其他与著作权有关的权利。

进行著作权资产评估，评估人员应当关注评估对象的基本状况以及在时间、地域和其他方面的限制条件，评估对象涉及的作品在《著作权法》中所属的作品类别，作品的发表状况、使用状态、登记情况以及著作权的保护期限。

进行著作权资产评估，评估人员应当要求委托人明确著作权资产评估对象的组成形式。著作权资产评估对象通常有下列组成形式：①单个著作权中的单项财产权利；②单个著作权中的多项财产权利的组合；③分属于不同著作权的单项或者多项财产权利的组合；④著作权中财产权和与著作权有关权利的财产权益的组合；⑤在权利客体不可分割或者不需要分割的情况下，著作权资产与其他无形资产的组合。

进行著作权资产评估，评估人员应当关注著作权的法律状态。著作权的法律状态包括著作权权利人信息、权利人变更情况、著作权质押情况和涉及诉讼情况等。

执行质押目的著作权资产评估业务时，评估人员应当要求委托人提交由著作权登记机关出具的登记证书；执行出资目的著作权资产评估业务时，评估人员应当关注著作权的登记情况；执行著作权资产评估业务时，评估人员应当具备著作权资产评估的专业知识和实践经验，能够胜任所执行的著作权资产评估业务；执行某项特定业务缺乏特定的专业知识和经验时，评估人员应当采取弥补措施，包括聘用专家工作及利用相关报告等。

进行著作权资产评估，评估人员应当了解与著作权资产共同发挥作用的其他因素，并重点关注下列情况：①著作权资产与相关有形资产以及其他无形资产共同发挥作用；②原创作品著作权与演绎作品著作权共同发挥作用；③著作权和与著作权有关权利共同发挥作用。当存在与评估对象共同发挥作用的其他因素时，应当分析这些因素对著作权资产价值的影响。

进行著作权法律诉讼资产评估，评估人员应当关注相关案情基本情况、经过质证的资料，以及著作权的历史诉讼情况。

3）著作权资产价值的评估方法

著作权资产价值的评估方法包括收益法、市场法和成本法三种基本方法及其衍生方法。

（1）收益法

采用收益法进行著作权资产评估时，评估人员应当根据著作权资产对应作品的运营模式估计评估对象的预期收益。著作权资产的预期收益通常通过分析计算增量收益、节省许可费和超额收益等途径实现。

采用收益法进行著作权资产评估时，评估人员应当确定资产的剩余经济寿命。剩余经济寿命可以通过综合考虑法律保护期限、相关合同约定期限、作品类别、创作完成时间、首次发表时间以及作品的权利状况等因素确定。

采用收益法进行著作权资产评估时，折现率可以通过分析评估基准日的利率、投资回报率，以及著作权实施过程中的技术、经营、市场、生命周期等因素确定；也可以采用无风险报酬率加风险报酬率的方式确定。著作权资产折现率的口径应当与预期收益的口径保持一致。

（2）市场法

采用市场法对著作权资产进行评估应按以下步骤操作：①该著作权资产或者类似著作权资产是否存在活跃的市场；②收集类似著作权资产交易案例的市场交易价格、交易时间及交易条件等交易信息；③选择具有比较基础的可比著作权资产交易案例；④收集评估对象近期的交易信息；⑤对可比交易案例和评估对象近期交易信息进行必要调整。

（3）成本法

采用成本法对著作权资产进行评估时，评估人员要合理确定作品的重置成本。作品的重置成本包括直接成本、间接费用、合理利润及相关税费。在确定著作权资产的重置成本时，评估人员还应该合理考虑评估对象的贬值。

小资料7-5　《中华人民共和国著作权法实施条例》（2013年修订）中作品的含义

《中华人民共和国著作权法实施条例》（2013年修订）中对作品的界定：

（1）文字作品，是指小说、诗词、散文、论文等以文字形式表现的作品。

（2）口述作品，是指即兴的演说、授课、法庭辩论等以口头语言形式表现的作品。

（3）音乐作品，是指歌曲、交响乐等能够演唱或者演奏的带词或者不带词的作品。

（4）戏剧作品，是指话剧、歌剧、地方戏等供舞台演出的作品。

（5）曲艺作品，是指相声、快书、大鼓、评书等以说唱为主要形式表演的作品。

（6）舞蹈作品，是指通过连续的动作、姿势、表情等表现思想情感的作品。

（7）杂技艺术作品，是指杂技、魔术、马戏等通过形体动作和技巧表现的作品。

（8）美术作品，是指绘画、书法、雕塑等以线条、色彩或者其他方式构成的有审美意义的平面或者立体的造型艺术作品。

（9）建筑作品，是指以建筑物或者构筑物形式表现的有审美意义的作品。

（10）摄影作品，是指借助器械在感光材料或者其他介质上记录客观物体形象的艺术作品。

（11）电影作品和以类似摄制电影的方法创作的作品，是指摄制在一定介质上，由一系列有伴音或者无伴音的画面组成，并且借助适当装置放映或者以其他方式传播的作品。

（12）图形作品，是指为施工、生产绘制的工程设计图、产品设计图，以及反映地理现象、说明事物原理或者结构的地图、示意图等作品。

（13）模型作品，是指为展示、试验或者观测等用途，根据物体的形状和结构，按照一定比例制成的立体作品。

小思考7-5

著作权与专利权、商标权在取得和保护期方面有何不同？

答：《中华人民共和国著作权法》《中华人民共和国著作权法实施条例》等法律法规规定，自然人作品著作权的保护期为作者终生及其死亡后五十年；法人或者非法人组织作品著作权的保护期为五十年，著作权自作品创作完成之日起产生。著作权的取得遵循“著作权自动产生原则”。

专利权、商标权的取得需要提出申请，经过国家审查、批准后产生。根据《专利法》第四十二条的规定，发明专利权的期限为二十年，实用新型专利权的期限为十年，外观设计专利权的期限为十五年，均自申请日起计算。根据《商标法》第三十七条的规定，注册商标的有效期为十年，自核准注册之日起计算。

7.6 计算机软件评估

计算机软件的价值越来越为人们所熟知。国外计算机软件的评估方法正逐渐趋于成熟，而我国的计算机软件的价值评估也开始发展。与其他作品的版权保护一样，计算机软件包括电子数据库也得到了《著作权法》《专利法》等法律的保护。但计算机软件与一般文学作品、艺术作品等版权作品存在一定的区别。

7.6.1 计算机软件的特点

（1）计算机软件无实物形态但以实物为载体，容易被复制，需要高智力投入而且需要长期投入。

（2）计算机软件价值评估的特殊性。计算机软件成本具有明显的不完整性和弱对应性，给企业带来的经济效益也可能受各种因素的影响而具有明显的不确定性。

7.6.2 计算机软件评估的方法

1）市场法

在计算机软件市场、技术市场和资产市场比较发达的国家和地区，市场法是一种常用的有效方法。通过在计算机软件市场、技术市场或资产市场上选择相同或者相似的资产作为参照物，选取各种价值影响因素，比较计算机软件的功能，将被评估的计算机软件与参照物计算机软件进行价格差异的比较调整，分析各项调整结果，确定评估计算机软件资产的评估值。其计算公式为：

$$V=\alpha\times\beta\times V'$$

式中：V为委托评估计算机软件的价值；V'为参照物计算机软件的价值；α为生产率调整系数；β为价值调整系数。

2）成本法

对于大型系统软件，一般可采用成本法进行评估。成本法是指按被评估资产的现时完全重置成本减去损耗或者贬值来确定被评估资产的价格。其基本公式为：

评估值=重置全价-贬值

用成本法评估计算机软件价值的基本模型有开发成本要素、开发过程成本或语句行数等三种成本评估模型。国内评估时，一般将上述三种方法结合起来，总结出一种操作性较强、目前评估实际应用比较广泛的计算机软件成本评估模型——参数成本法模型。该成本评估方法最初是由美国的参数成本预测计算机软件价值发展而来的。该模型对于系统软件、大型专业应用软件、刚开发完成还没有进入市场的计算机软件产品，以及不存在交易市场的自用计算机软件都适用。其计算公式为：

$$P=C_1+C_2$$

式中：P为计算机软件成本评估值；C_1为计算机软件开发成本；C_2为计算机软件维护成本。

计算机软件开发成本C_1由计算机软件工作量M和单位工作量成本W来决定。其计算公式为：

$$C_1=M\times W$$

式中：C_1为计算机软件开发成本；M为工作量（单位·人）；W为单位工作量成本。

计算机软件工作量M，是指在现时及现有条件下重新开发此计算机软件所需的工作量，是一般水平下计算机软件劳动工作量。单位工作量成本W为待估软件开发公司实际投入的成本与该计算机软件的实际工作量之比。

3）收益法

收益法是通过待评估计算机软件在未来的预期收益折现来加总求和，得到计算机软件价值的评估方法。其计算公式为：

$$P=\sum_{i=1}^{n}\frac{R_i}{(1+r)^i}$$

式中：P为计算机软件评估值；R_i为第i年的预期收益额；r为折现率；n为收益持续的年限。

采用收益法进行评估，关键是收益的大小、收益持续的年限以及折现率的确定。

小资料7-6

2013年1月16日国务院第231次常务会议通过了《国务院关于修改〈计算机软件保护条例〉的决定》，新修正的《计算机软件保护条例》自2013年3月1日起施行。

该条例所称计算机软件，是指计算机程序及其有关文档。其具体含义如下：

（1）计算机程序，是指为了得到某种结果而可以由计算机等具有信息处理能力的装置执行的代码化指令序列，或者可以被自动转换成代码化指令序列的符号化指令序列或者符号化语句序列。同一计算机程序的源程序和目标程序为同一作品。

（2）文档，是指用来描述程序的内容、组成、设计、功能规格、开发情况、测试结果及使用方法的文字资料和图表等，如程序设计说明书、流程图、用户手册等。

（3）软件开发者，是指实际组织开发、直接进行开发，并对开发完成的软件承担责任的法人或者其他组织；或者依靠自己具有的条件独立完成软件开发，并对软件承担责任的自然人。

（4）软件著作权人，是指依照本条例的规定，对软件享有著作权的自然人、法人或者其他组织。

7.6.3 计算机软件评估方法的特点

1）运用成本法评估计算机软件的特点

①以工作量或程序语句为软件成本的度量，软件成本主要体现在人员工资上；②国际上一般使用成本法进行软件评估；③对于专用软件以及虽属于通用软件但尚未投入生产销

售的，一般采用成本法进行评估；④对于自用型软件，不存在市场或市场容量少，采用成本法比较合适；⑤适用于软件的整体转让、定价等经济行为；⑥成本法对软件创造的整体价值考虑较少；⑦软件维护成本高，持续时间长，软件的维护成本预测的准确性低；⑧评估工作量大。

2）运用市场法评估计算机软件的特点

①存在具体可比性的参照软件；②价值影响因素明确，可以量化；③常用功能类比法；④多用于软件产品定价、软件整体价值评估等；⑤其他软件市场数据难采集，因此在我国目前可操作性不强。

3）运用收益法评估计算机软件的特点

①资产与经营收益之间存在稳定的比例关系；②未来的收益可以预测；③软件的受益期限较其他技术类产品短；④收益额受软件技术水平、技术风险、市场前景等因素的影响，其收益额预测的准确与否对软件的评估值影响很大；⑤对于已经生产并投放市场的软件可采用收益法，如财务软件；⑥自行开发生产，独家转让并可投入生产的软件也可以采用收益法进行评估；⑦可操作性强，工作量大。

小思考7-6

计算机软件未公开发表，是否享有著作权？

答：自然人、法人或者其他组织对其所开发的软件，不论是否发表，依照《计算机软件保护条例》都享有著作权。外国人、无国籍人的软件首先在中国境内发行的，享有著作权。外国人、无国籍人的软件，依照其开发者所属国或者经常居住地国同中国签订的协议或者依照中国参加的国际条约享有的著作权，受该条例保护。

7.7 商誉评估

7.7.1 商誉的概念和特点

20世纪70年代，美国著名会计学家亨德·里克森在《会计理论》一书中，对商誉的内涵作出了三种解释：其一，商誉是社会对企业具有好感的价值；其二，商誉是企业超额盈利的价值，即在较长时期内能获取较同业平均盈利水平更高的利润；其三，商誉是一个企业的总计价账户，是企业持续经营所带来的未入账的隐性资产价值的体现。商誉本身不是一项独立存在的资产，它附着于企业的生产与经营之中。

无论理论界如何定义商誉，可以肯定的是：商誉是企业能获取高于正常投资报酬率的收益所形成的价值。也就是说，商誉是企业由于所处地理位置的优势，或由于经营效率高、管理基础好、历史悠久、人员素质高等多种原因，与同行业企业相比较，可获得的超额利润。

20世纪70年代以后，随着人们对无形资产确认和计量的需要，无形资产被进一步分解、分化，从而形成了各项独立的无形资产。现在所谓的商誉，是指企业所有无形资产扣除各单项可确指的无形资产以后的剩余部分。因此，商誉是不可确指的无形资产。

商誉具有以下特点：

（1）商誉不能离开企业而单独存在，不能与企业可确指的资产分开出售。

（2）商誉是多项因素共同作用形成的结果，但形成商誉的个别因素不能以任何方法单独计价。

（3）商誉本身不是一项单独的、能产生收益的无形资产，只是超过企业可确指的各单项资产价值之和的价值。

（4）商誉是企业长期积累起来的一项价值。

7.7.2 影响商誉评估值的因素

1）企业获取超额收益的能力

企业获取超额收益的能力越强，说明企业在社会上的认同度越高，其商誉评估值也越高。

2）企业内外部环境因素

商誉受企业内外部环境因素的影响，包括企业的竞争环境、宏观经济环境等。企业所在的竞争环境是否激烈、宏观经济环境是否宽松，都会影响企业的超额收益，自然也会影响商誉的评估值。

3）社会折现率

在企业的超额收益确定时，社会折现率越高，商誉评估值越低；反之，社会折现率越低，商誉评估值越高。

4）企业经营管理水平和企业文化

企业经营管理水平直接影响企业未来获取超额利润的能力。企业文化是社会是否认同该企业的重要标志，这两个因素都会影响商誉评估值。

7.7.3 商誉评估时应注意的问题

商誉本身的特性决定了商誉评估的困难性，因此我们在商誉评估中要注意下列问题：

（1）商誉只存在于那些长期具有超额收益的企业之中。在同类型企业中，一个企业的超额收益越高，商誉评估值越大。因此，在评估商誉时，评估人员先要对被评估企业所属行业的收益水平有全面的了解和掌握。

（2）评估人员必须对被评估企业有未来的预期。企业是否拥有超额收益决定了企业有无商誉和商誉的大小。对目前亏损的企业，评估人员经分析预测，如果其未来超额收益潜力很大，则该企业也会有商誉存在。因此，在评估商誉时，评估人员必须对企业未来的收益加以综合分析和预测。

（3）商誉评估值的高低与企业为形成商誉投入的费用和劳务没有直接联系。也就是说，企业为形成商誉投资越多，其商誉评估值不一定就越高。因此，商誉评估不能采用成本法。

（4）商誉是众多因素共同作用的结果，但由于形成商誉的个别因素具有不能单独计量的特征，从而导致各项因素的定量差异调整难以运作，因此商誉评估也不能采用市场类比的方法进行。

（5）企业负债与否、负债的规模与企业的商誉没有直接联系。

（6）商誉不同于商标，它们反映了两个不同的价值内涵。企业拥有某项评估值很高的知名商标，并不意味着该企业就有商誉。为了科学地确定商誉的评估值，评估人员必须注意商誉与商标的以下区别：

①商标是产品的标志，而商誉则是企业整体声誉的体现。商标与其产品相结合，它所代表的产品质量越好，市场需求越大，商标的信誉越高，由此带来的超额收益越大，其评估值也就越大；而商誉则是与企业密切相关，企业经营机制完善并且运转效率越高，企业的经济效益就越好，信誉就越好，其商誉评估值也就越大。可见，商标价值来自产品所具有的超额获利能力，而商誉价值则来自企业所具有的超额获利能力。

②商誉作为不可确指的无形资产，是与企业及其超额获利能力结合在一起的，不能脱离企业而单独存在；商标则是可确指的无形资产，可以在原组织继续存在的同时转让给另一个企业或组织。

③商誉的价值只有在企业发生转移或转让时才会体现出来，不存在所有权与使用权之分；商标则存在所有权，转让时不仅可以转让其所有权，也可以转让其使用权。

商誉与商标在许多方面是密切关联的，两者之间有时存在相互影响的因素。例如，与商誉相对应的企业超额收益中也含有商标作用的因素，这也是在评估商誉时需要加以分析和确定的。

7.7.4 商誉的评估方法

商誉的评估方法有割差法、超额收益法等。

1）割差法

割差法是指将企业整体资产评估值与各单项资产评估值之和进行比较，从而确定企业商誉评估值的方法。其基本公式为：

商誉评估值=企业整体资产评估值-企业的各单项资产评估值之和（含可确指的无形资产）

企业整体资产评估值可以通过预测企业预期收益，并进行折现或资本化获取，对于上市公司，也可以按股票市价总额确定。上述评估方法的理论依据是：企业价值与企业可确指的各单项资产价值之和是两个不同的概念。假设有两家企业，它们各自可确指的各单项资产价值之和大体相当，但由于它们的经营业绩不同，因此预期收益悬殊，企业价值自然相去甚远。企业的各单项资产包括有形资产和可确指的无形资产，由于其可以独立存在和转让，因此其评估价值在不同的企业中趋同，但其不同的组合、不同的使用情况、不同的管理方式会导致企业运行效果不同，并且导致其组合的企业价值也不同。使各单项资产组合后产生的超过各单项资产价值之和的价值，即商誉。商誉评估值可能为正值，也可能为负值。当商誉评估值为负值时，有两种可能：一种是企业亏损；另一种是企业收益水平低于行业或社会平均收益水平。

［例7-10］A上市公司欲兼并B公司，根据B公司历年的经营情况和对未来的预期，预测B公司未来5年的净利润分别是100万元、110万元、120万元、150万元和180万元，从第6年开始，以后各年的净利润均为200万元。根据国债利率及企业经营风险情况确定的折现率和资本化率均为15%，采用单项资产评估法确定B公司各单项资产评估值之和（包括有形资产和可确指的无形资产）为800万元，则B公司的商誉评估值为：

$$\text{企业整体资产评估值}=\frac{100}{1+15\%}+\frac{110}{(1+15\%)^2}+\frac{120}{(1+15\%)^3}+\frac{150}{(1+15\%)^4}+\frac{180}{(1+15\%)^5}+\frac{200}{15\%\times(1+15\%)^5}$$

=86.96+83.18+78.90+85.76+89.49+662.91

=1 087.20（万元）

由于B公司各单项资产评估值之和为800万元，则运用割差法确定其商誉评估值为：

商誉评估值=1 087.20−800=287.20（万元）

2）超额收益法

商誉评估值指的是企业超额收益的资本化价格，把企业超额收益作为评估对象进行商誉评估的方法称为超额收益法。

超额收益法根据被评估企业的不同，可分为超额收益资本化价格法和超额收益折现法两种。

（1）超额收益资本化价格法

超额收益资本化价格法是把被评估企业的超额收益经资本化还原，以此来确定该企业商誉评估值的一种方法。其计算公式为：

$$商誉评估值=\frac{\begin{matrix}被评估企业\\预期年收益额\end{matrix}-\begin{matrix}行业平均\\收益率\end{matrix}\times\begin{matrix}被评估企业各单项\\资产评估值之和\end{matrix}}{适用的资本化率}$$

或：

$$商誉评估值=\frac{\begin{matrix}被评估企业各单项\\资产评估值之和\end{matrix}\times\left(\begin{matrix}被评估企业\\预期收益率\end{matrix}-\begin{matrix}行业平均\\收益率\end{matrix}\right)}{适用的资本化率}$$

$$被评估企业预期年收益率=\frac{被评估企业预期年收益额}{被评估企业各单项资产评估值之和}\times100\%$$

［例7−11］经评估，B公司各单项资产评估值之和为800万元，预期年收益额为240万元，B公司所在行业的平均收益率为25%，并以此作为适用的资本化率，则B公司的商誉评估值为：

商誉评估值=（240−800×25%）÷25%=160（万元）

或：

商誉评估值=800×［（240÷800）×100%−25%］÷25%=160（万元）

超额收益资本化价格法主要适用于经营状况一直较好、超额收益比较稳定的企业。

（2）超额收益折现法

在预测企业预期收益时，如果企业的超额收益仅能维持有限的若干年，则这类企业的商誉评估不宜采用超额收益资本化价格法，而应采用超额收益折现法。

超额收益折现法是把企业可预测的若干年预期超额收益进行折现，以其折现值确定企业商誉评估值的一种方法。其计算公式为：

$$商誉评估值=\sum_{i=1}^{n}\frac{R_i}{(1+r)^i}$$

式中：R_i为第i年企业预期超额收益；r为折现率；n为收益期限。

［例7−12］某企业预计将在今后6年内保持超额收益的经营态势，预计每年超额收益将保持在20万元，该企业的折现率为15%，则该企业的商誉评估值为：

商誉的价值=20×（P/A，15%，6）

=20×3.7845

=75.69（万元）

● 小资料7-7　　商誉的构成要素

商誉的构成要素按其包含内容的不同，可分为狭义和广义两大类。狭义的商誉构成要素主要包括：①杰出的管理人员；②科学的管理制度；③融洽的社会关系；④较高的资信级别；⑤良好的社会形象；⑥有利的地理位置；⑦先进的生产技术；⑧专营专卖特权。

● 小思考7-7

有观点认为，企业如果负债累累就不可能有商誉，这种观点是否正确？

答：这种观点有失偏颇。在市场经济条件下，负债经营是企业的融资策略之一，从财务管理的角度分析，企业负债不会影响资产收益率，但会影响投资者收益率，即资本金收益率，资本金收益率与资产收益率的关系可以表述为：

$$资本金收益率=\frac{资产收益率}{1-资产负债率}$$

上此公式表明，在资产收益率确定且大于负债资金成本的条件下，提高资产负债率，可以增加总收益，提高资本金收益率。而商誉评估值取决于企业的超额收益，因此提高资产负债率可以提高企业的商誉。当然，资产负债率应保持一定的限度，因为增大负债比例会加大企业的经营风险，最终也会影响企业的商誉。

本章小结

本章主要阐述了无形资产的特点和评估程序，以及各种类型的无形资产的评估方法。

无形资产是资产评估中最为复杂的部分，无形资产的种类多，各种类型的无形资产都具有自身的特点，因此各类无形资产也都有各自独特的评估方法。

主要概念

无形资产　专利权　非专利技术　著作权　商誉

基本训练

一、单项选择题

1.不应当确认为无形资产的是（　　）。

A.商标权　　B.土地使用权　　C.专营权　　D.商誉

2.下列选项中，（　　）不属于无形资产。

A.非注册商标　　B.专利权

C.计算机软件　　D.非专利技术

3.对外购无形资产，可以根据（　　）及该项资产具有的获利能力评定重估价值。

A.生产成本　　B.形成时所需的实际成本

C.预计价格　　D.折现价值

4.某发明专利权已使用了4年，尚可使用2年，目前该无形资产的贬值率为（　　）。

A.25%　　B.66.7%　　C.33.3%　　D.50%

5.无形损耗会对无形资产的（　　）产生影响。

A.剩余使用价值　　B.已使用价值

C.实体　　D.已使用年限

二、多项选择题

1.非专利技术的特点包括（　　）。

A.新颖性　　B.实用性　　C.获利性　　D.保密性

2.下列选项中，属于无形资产的是（　　）。

A.商誉　　B.非专利技术　　C.商标　　D.专营权

3.企业内部研究开发项目阶段的支出，被确认为无形资产的判断标准为（　　）。

A.技术上可行

B.有使用和出售的意图

C.在内部使用时能够证明其有用性

D.有足够的技术、财务资源和其他资源支持其开发完成

E.归属于该项无形资产开发阶段的支出能被可靠地计量

4.无形资产转让时的最低收费额的决定因素包括（　　）。

A.重置成本　　B.历史成本

C.机会成本　　D.生产产品的成本

5.适用于无形资产评估的方法有（　　）。

A.市场法　　B.成本法

C.收益法　　D.路线估价法

三、判断题

1.无形资产不能单独创造收益，必须附着于有形资产才能产生收益。（　　）

2.无形资产评估一般只能采用收益法，这是由无形资产的特征决定的。（　　）

3.商标未必有价值，但注册商标肯定有价值，必须予以评估。（　　）

4.采用成本法评估无形资产时，不需要扣除其功能性贬值和经济性贬值。（　　）

5.无形资产剩余经济寿命主要根据其带来的超额收益的时间来判断。（　　）

四、技能题

某企业拟转让其拥有的某产品的商标使用权，该商标产品单位市场售价为1 000元/台，比普通商标同类产品平均单位售价高100元/台，拟购买商标企业年生产能力为100 000台，双方商定商标使用许可期为3年，被许可方按使用该商标的产品年销售利润的30%作为商标特许权使用费，每年支付一次，3年支付完价款，被许可方的正常销售利润率为10%，收益率按10%计算，请根据上述条件计算该商标使用权的价格。

五、案例分析题

企业拟转让制药生产全套技术，经收集和初步测算获得下列资料：

一是该企业与购买企业共同享受该制药生产技术，双方设计能力分别为700万箱和

300万箱；二是该制药生产全套技术系从国外引进，账面价值为400万元，已使用3年，尚可使用9年，3年来通货膨胀率累计为10%；三是该项技术转让对该企业生产经营有较大影响，由于市场竞争，产品价格下降，在以后9年中减少的销售收入按折现率计算为80万元，增加开发费用以保住市场的追加成本按现值计算为20万元。

根据上述资料，试计算确定：

（1）该制药生产全套技术的重置成本净值；

（2）该无形资产转让的最低收费额评估值。

第8章
企业价值评估

【学习目标】

通过本章的学习，掌握如何运用市场法、成本法和收益法评估企业价值，特别是要掌握收益法中的收益额、折现率和收益期限的确定方法。

随着市场经济的发展，企业改制、公司上市、企业兼并、跨国经济合作等经济活动日益频繁，企业间的产权交易也越来越多，这种市场经济条件下的产权交易客观上要求对企业价值进行合理评价，为产权交易双方的正常合理的交易提供价值参考。

与其他资产评估类似，企业价值评估使用的方法有收益法、市场法和成本法，本章将重点介绍收益法。

8.1 企业价值评估概述

8.1.1 企业价值评估的概念及特点

1）企业的定义及特点

（1）企业的定义

企业是一个经济组织，是以营利为目的，按照法律程序建立起来的经济实体，是由各种要素资产组成的一个系统，具有持续经营能力并自负盈亏的法人实体。在这个系统中，各要素各自具备特定的功能，共同构成了一个有机的整体。

（2）企业的特点

企业作为一类特殊的资产，其特点主要表现在：

①营利性。企业经营的最终目的就是获取利润。企业的功能是以企业的生产经营范围为依据，以其生产工艺或服务流程为主线，将各类要素资产有机地组合起来，形成自己的产品或服务提供给销售者，并从中获取利润。

②持续经营性。持续经营假设是指被审计单位在编制会计报表时，假定其经营活动在可预见的将来会继续下去，不拟也不必终止经营或破产清算，可以在正常的经营过程中变现资产、清偿债务。企业要获取利润，必须进行经营，持续经营是保证正常盈利的一个重要方面。如果企业生产经营断断续续，由于其固定费用不会因经营间断而减少，因此必然会相对增加经营费用，影响盈利。

③整体性。构成企业的各个要素资产虽然各自具有不同功能，但它们是在服从特定系统的目标的前提下构成企业整体的。构成企业的各个要素资产功能不可能都很健全，但它们可以综合在一起，成为具有良好整体功能的资产综合体。

④权益可分性。企业的权益可以分为股东的全部权益和股东的部分权益。

2）企业价值及其评估

（1）企业价值

企业的价值不等于其各单项资产价值的简单相加。企业之所以有价值，是因为它今后能通过持续经营为所有者带来资本收益、积累和增值，不能为其所有者带来收益的企业就没有价值可言。企业价值最大的特点是具有整体性，其价值不是各单项有形资产和无形资产评估值的简单相加，而是由它们对企业价值的贡献所决定的。企业的价值在投资者眼里取决于企业的盈利水平，企业的各类资产只是投资人用于获利的手段或工具，各类资产的配置是否得当、是否被充分利用，都会显著影响企业的盈利能力，从而影响企业的价值。

（2）企业价值评估

自2017年10月1日起施行的《资产评估执业准则——企业价值》中规定："企业价值

评估，是指资产评估机构及其资产评估专业人员遵守法律、行政法规和资产评估准则，根据委托对评估基准日特定目的下的企业整体价值、股东全部权益价值或者股东部分权益价值等进行评定和估算，并出具资产评估报告的专业服务行为。”

①企业整体价值，是指公司包括股东和债权人的所有出资人共同拥有的企业营运所产生的价值，即所有资本（包括付息债务和股东权益）通过营运所形成的价值。企业整体价值评估是将企业作为一个有机的整体，根据其拥有或占用的全部资产进行经营，是全部资产的整体获利能力。企业整体价值等于企业总资产价值减去企业负债中的非付息债务价值后的余值，或企业所有者权益价值加上企业全部付息债务的价值。

②股东全部权益价值，是指企业所有者全部权益价值，也就是企业的所有者权益或净资产价值。企业全部权益价值也可以由企业整体价值减去全部付息债务价值得到。

③股东部分权益价值，就是企业一部分股权的价值，或股东全部权益价值的一部分。在现实企业经营过程中，控股股东与少数股东的权益不是对等的，控股股东的话语权往往大于其占股比例，因此存在着控股权溢价和少数股权折价的现象。因此，评估人员应该知道，股东部分权益价值不必然等于股东全部权益价值与股权比例的简单乘积。在资产评估实务中，股东部分权益价值的评估通常是在得到股东全部价值的基础上进行的，评估人员应当适当考虑由于控股权和少数股权等因素产生的溢价和折价，并在评估报告中对相关情况予以披露。

（3）企业价值评估的目的类型

①以企业并购为目的。并购是实现企业低成本高速度发展的一个有效途径，对被并购企业进行价值评估，可以为被并购企业和实施并购的企业商讨价格和做出相关决策提供价值参考，并降低并购业务的风险。

②以企业价值管理为目的。以开发企业潜在价值为主要目的的价值管理正在成为当代企业管理的新潮流，管理人员的业绩越来越多地取决于他们在提高企业价值方面的贡献。企业价值管理强调对企业整体获利能力的分析和评估，通过制定和实施合适的发展战略及行动计划保证企业的经营决策有利于企业股东财富价值的增加。

③以为风险投资提供服务为目的。风险投资是推动高新技术产业发展的重要力量，处于创业阶段的高新技术企业，一旦离开风险投资资金的支持，想进一步发展壮大几乎是不可能的。而处于创业期的高新技术企业要想获得风险投资资金的支持，其投资价值必须得到风险投资者的认可。风险投资者对高新技术企业的价值判断，一是依靠自身的职业判断，二是借助中介机构的力量，对拟投资的高新技术企业进行价值评估，以评估结论作为其投资决策的参考，以利于正确引导风险投资。

评估时要注意企业整体价值不同于股东全部权益价值或股东部分权益价值，股东部分权益价值也不必然等于股东全部权益价值与股权比例的乘积。

3）企业价值评估的前提条件

（1）企业的获利能力

企业价值评估的前提条件首先是企业的获利能力，获利能力是企业价值的根本所在，也是企业价值评估中应明确的关键因素和条件。企业价值评估通常是基于企业产权转让或交易的需要，因此评估的企业价值一般是指企业的市场价值。企业作为一种特殊的商品，能在市场中进行转换和交易，关键在于其具有获利能力。

（2）企业是否持续经营

在企业评估实践中必须明确的评估的另一个前提条件是，被评估企业是否持续经营。本章所阐述的企业价值评估主要是针对持续经营企业而言的，对破产清算中的企业价值评估不做深入讨论。

8.1.2 企业价值评估范围的界定

1）企业价值评估的一般范围

企业价值评估的一般范围即企业的资产范围。企业价值评估的范围应该是企业的全部资产，除了企业自身拥有的资产外，还包括企业主体能控制或拥有的部分，如全资子公司、控股子公司以及非控股公司的股权投资等。评估人员在评估过程中，要根据相关资料界定企业主体所拥有的经济权属，这些资料包括：①企业的资产评估申请报告和上级主管部门批复文件所规定的评估范围；②企业有关产权转让或产权变动的协议、合同和企业章程中规定的企业资产变动范围。

2）企业价值评估的具体范围

评估范围界定对任何一项资产的评估都极为重要。对于有形、可确指的单项资产评估而言，其评估范围的界定相对较为容易；而对于企业价值评估而言，情况要复杂一些。因为对于企业而言，形成完整生产能力所使用的资产是一个有机的整体，具有整体性。企业价值评估可以视为对权益的评估，但不取决于权益数量的大小。

由于企业的价值及其高低取决于企业的获利能力，而企业的获利能力是企业中所有有效资产共同作用的结果。整体资产的权益依其性质和归属，可分为控制权益、投资权益和所有者权益。

企业中的资产按其用途可以分为经营性资产和非经营性资产；按其发挥效能的情况，可以分为有效资产和无效资产。通常，在进行资产重组时，往往要剥离非经营性资产和无效资产，有时也会剥离一部分经营性资产，但剥离的经营性资产应以不影响企业正常的生产经营为前提，否则会影响企业的获利能力，影响对企业收益的预测。因此，企业评估的范围至少包括两个层次：其一是企业资产范围的界定；其二是企业有效资产的界定。将企业中的有效资产与无效资产进行合理划分是进行企业价值评估的重要前提。

在划定企业价值评估的具体范围时，应注意以下两点：

（1）对于在评估时点一时难以界定的产权或因产权纠纷暂时难以得出结论的资产，应划为“待定产权”，暂不列入企业评估的资产范围。

（2）在产权界定范围内，对于企业中存在的生产能力闲置或浪费，某些局部资产的功能与整体资产的总体功能不一致等情况，按照效用原则，应提醒相关方进行资产重组，重新界定企业评估的具体范围，以避免造成相关方的权益损失。

8.1.3 企业价值评估的方法

企业价值评估的方法，根据其评估目的、评估对象、价值类型、资料收集情况等相关条件，分为市场法、成本法和收益法三种资产评估基本方法，在评估过程中应恰当地选择一种或者多种资产评估基本方法。

企业价值评估中的市场法，是指将评估对象与可比上市公司或者可比交易案例进行比较，确定评估对象价值的评估方法。

企业价值评估中的成本法，是指以被评估企业评估基准日的资产负债表为基础，合理评估企业表内及表外各项资产、负债价值，确定评估对象价值的评估方法。

企业价值评估中的收益法，是指将预期收益资本化或者折现，确定评估对象价值的评估方法。

小资料 8-1

2017年10月1日起施行的《资产评估执业准则——企业价值》第十一条规定：

执行企业价值评估业务，应当根据评估业务的具体情况，确定所需资料的清单并收集相关资料，通常包括：

（一）评估对象权益状况相关的协议、章程、股权证明等有关法律文件、评估对象涉及的主要资产权属证明资料。

（二）被评估单位历史沿革、控制股东及股东持股比例、经营管理结构和产权架构资料。

（三）被评估单位的业务、资产、财务、人员及经营状况资料。

（四）被评估单位经营计划、发展规划和收益预测资料。

（五）评估对象、被评估单位以往的评估及交易资料。

（六）影响被评估单位经营的宏观、区域经济因素资料。

（七）被评估单位所在行业现状与发展前景资料。

（八）证券市场、产权交易市场等市场的有关资料。

（九）可比企业的经营情况、财务信息、股票价格或者股权交易价格等资料。

小思考 8-1

股份有限公司价值评估后，各股东是否按照其占股比例分配企业价值？

答：不一定，因为股东部分权益价值并不必然等于股东全部权益价值与股权比例的乘积。

8.2 企业价值评估的市场法

企业价值评估的市场法，是指将评估对象与类似上市公司或者类似交易案例进行比较，确定评估对象价值的评估方法。它是利用产权市场上与被评估企业相同或相似企业的交易作为参照，通过被评估企业与参照企业之间的对比分析，进行必要的差异调整，修正市场交易价格，从而确定被评估企业整体资产价值的一种评估方法。

运用市场法评估企业价值是基于类似资产应该具有类似交易价格的理论推断，因此，市场法的技术路线是在市场上寻找与被评估企业类似的交易案例，根据交易案例的交易价格推断并确定被评估企业价值。

市场法常用的两种具体方法是上市公司比较法和交易案例比较法。

上市公司比较法是指获取并分析类似上市公司的经营和财务数据，计算适当的价值比率，在与被评估企业进行比较分析的基础上，确定评估对象价值的具体方法。上市公司比较法中的类似企业应当是公开市场上正常交易的上市公司，评估结论应当考虑流动性对评估对象价值的影响。

交易案例比较法是指获取并分析类似企业的买卖、收购及合并案例资料，计算适当的价值比率。价值比率通常包括盈利比率、资产比率、收入比率和其他特定比率。在选择、计算、应用价值比率时，应当考虑：①选择的价值比率有利于合理确定评估对象的价值；②计算价值比率的数据口径及计算方式一致；③应用价值比率时，对类似企业和被评估企业之间的差异进行合理调整。

在运用交易案例比较法时，应当考虑评估对象与交易案例的差异因素对价值的影响。评估时应当根据所获取类似企业经营和财务数据的充分性与可靠性、可收集到的可比企业数量，适当选择与被评估企业进行比较分析的类似企业。注意，所选类似企业与被评估企业应具有可比性，类似企业应当与被评估企业属于同一行业，或者受相同经济因素的影响。注册资产评估师在选择类似企业时，应当关注业务结构、经营模式、企业规模、资产配置和使用情况、企业所处经营阶段、成长性、经营风险、财务风险等因素。

8.2.1 企业价值评估市场法的基本公式

企业价值评估市场法的基本计算公式为：

$$\frac{P_1}{X_1}=\frac{P_2}{X_2}$$

即：$P_1=X_1\cdot\frac{P_2}{X_2}$

式中：P_1为被评估企业价值；P_2为可比企业价值；X_1为被评估企业与企业价值相关的可比指标；X_2为可比企业与企业价值相关的可比指标。

参数X通常采用3个财务变量，即息税前利润、无负债的净现金流量和销售收入。$\frac{P}{X}$通常又称为可比价值倍数。

8.2.2 企业价值评估市场法相关因素的选择

运用市场法比较企业价值时应注意两个因素的选择，即类似企业的选择和可对比指标的选择。

（1）类似企业的选择。判断企业是否具有可比性，一要考虑行业标准，尽量选择与被评估企业行业相同、地位类似的企业；二要考虑财务标准，盈利能力相当的企业一般具有类似的财务结构。

（2）可对比指标的选择。评估实践中最常见的两个指标为现金流量和利润。目前，证券市场交易活跃，可在证券市场上寻找上市公司作为类似企业。证券市场上通常使用市盈率倍数法对企业价值进行评估。

［例8-1］拟用市场法评估D公司的价值，在市场上找到3家与D公司类似公司（A公司、B公司和C公司），分别计算各公司的市场价值与销售额的比率、各公司的市场价值与账面价值的比率，以及各公司的市场价值与净现金流量的比率，这些比率即为可比价值倍数（$\frac{P}{X}$），结果见表8-1。

把3家样本公司的各项可比价值倍数分别进行平均，得到应用于D公司评估的3个倍数，计算出来的各个公司的比率或倍数在数值上相对接近（如果它们差别很大，就意味着

表 8-1　　　　　　　　　　　　　　**类似公司比率汇总表**

指标	A公司	B公司	C公司	平均
市场价值/销售额	1.0	0.9	0.8	0.9
市场价值/账面价值	1.8	1.5	1.2	1.5
市场价值/净现金流量	18	15	24	19

平均数附近的离差是相对较大的，所选样本公司与目标公司在某项特征上就存在着较大的差异性，此时的可比性就会受到影响，需要重新筛选样本公司）。计算数据显示，A公司、B公司、C公司与D公司的可比性较强。

假设D公司的年销售额为15 000万元，账面价值为8 000万元，净现金流量为660万元，根据这3个数据可作估算如下：

①根据销售额估算D公司价值：P=15 000×0.9=13 500（万元）

②根据账面价值估算D公司价值：P=8 000×1.5=12 000（万元）

③根据净现金流量估算D公司价值：P=660×19=12 540（万元）

将根据上述3个指标估算出的企业价值进行平均，得到D公司的评估价值为12 680万元。

8.2.3　企业价值评估市场法中的其他方法

1）整体交易参照法

整体交易参照法是在产权转让市场上收集与被评估企业相同或类似的被转让企业的交易价格，分析被评估企业与被转让企业的差异，通过调整差异，确定被评估企业的整体资产价值的方法。

2）市盈率倍数法

市盈率的计算公式为：

市盈率=市价÷净收益

市盈率倍数法的基本思路是：①从证券交易所中收集与被评估企业相同或相似的上市公司，把上市公司的股票价格按不同口径的收益额计算出不同口径的市盈率；②分别按各口径市盈率相对应的口径计算被评估企业的各口径收益额；③将上市公司各口径的市盈率乘以被评估企业对应口径的收益额，得出被评估企业的初步价值；④对按不同口径市盈率计算出的企业价值分别给出权重，加权平均计算出企业价值。

运用市盈率倍数法评估企业价值，需要有较为完善的、发达的证券交易市场，其所涵盖的行业部门齐全且有足够数量的上市公司。如果证券市场发育程度较低，市盈率不能反映企业的收益与其市场价值的比例关系，则该方法的应用将会受到较大限制。

小资料 8-2　　企业价值评估中的市场法的理论依据

企业价值评估的市场法就是在市场上找出一个或几个与被评估企业相同或相似的参照企业，分析、比较被评估企业和参照企业的重要指标，在此基础上，修正、调整参照企业的市场价值，最后确定被评估企业的价值，其理论根据是替代原则。运用市场法时应注意三个问题：①企业价值评估的市场法是基于类似资产应该具有类似交易价格的理论来推断的。②运用市场法评估企业价值存在两个障碍：一个是企业的个体差异；另一个是企业交易案例的差异。③用相关因素间接比较的方法评估企业价值的关键在于对可比企业的选择和对可比指标的选择。

小思考 8-2

企业当年亏损，计算出的市盈率为负数，按照市盈率倍数法评估出的该企业的价值也为负数，对于这种情况该如何处理？

答：此时不能使用市盈率倍数法作为评估方法，应该使用其他方法进行评估。

8.3 企业价值评估的成本法

企业价值评估的成本法也称资产基础法、成本加和法，是指以被评估企业评估基准日的资产负债表为基础，合理评估企业表内及表外各项资产、负债价值，确定评估对象价值的评估方法。成本法的理论基础是“替代原则”，即任何一个精明的潜在投资者，在购置一项资产时愿意支付的价格都不会超过建造一项与所购资产具有相同用途的替代品所需的成本。

注册资产评估师在运用成本法进行企业价值评估时，应当根据各项资产价值的具体情况来选择适当的评估方法。在对持续经营前提下的企业价值进行评估时，单项资产或者资产组合作为企业资产的组成部分，其价值通常受其对企业贡献程度的影响；对长期股权投资项目进行评估时，根据相关项目的具体资产、盈利状况及其对评估对象价值的影响程度等因素，合理确定是否将其单独评估；对专门从长期股权投资获取收益的控股型企业进行评估时，应当考虑控股型企业总部的成本和效益对企业价值的影响；对同一评估对象采用多种评估方法时，应当对各种初步评估结论进行分析，结合评估目的、不同评估方法使用数据的质量和数量，采用定性或者定量分析方式形成最终评估结论。

评估时应根据会计政策、企业经营等情况，对被评估企业资产负债表表内及表外的各项资产、负债进行识别，并非每项资产和负债都可以被识别和单独进行评估。当存在对评估对象价值有重大影响且难以识别和评估的资产或者负债时，应当考虑成本法的适用性。

成本法的基本思路是将构成企业的各种要素资产的评估值加总求得企业价值。企业重建并不是对被评估企业的简单复制，而是对企业生产能力和盈利能力的重建。因此，企业价值评估的成本法是紧紧围绕企业的盈利能力进行的，所得出的企业价值就是企业有形资产和无形资产的总和减去负债，但是成本法以企业单项资产的再建成本为出发点，有忽视企业获利能力的可能性，在评估中很难考虑那些未在财务报表上出现的项目，如企业的管理效率、自创商誉、销售网络等。因此，以持续经营为前提对企业进行评估时，成本法一般不应作为唯一的评估方法。

在运用成本法评估企业价值时，评估人员应该首先明确各项资产的评估前提，即持续经营假设前提和非持续经营假设前提。在不同的假设前提下，运用成本法评估出的企业价值是有区别的，对于持续经营假设前提下的各单项资产，应按贡献原则评估其价值，而对于非持续经营假设前提下的各单项资产的评估，则应按变现原则进行。

在持续经营假设前提下，一般不宜单独运用成本法对企业价值进行评估，因为运用成本法评估企业价值，是先分别估测构成企业的所有可确指资产，然后将其相加，所以此种方法无法把握持续经营企业价值的整体性，亦难以把握各单项资产对企业的贡献。对企业各单项资产间的工艺匹配和有机组合因素产生出的整合效应，即不可确指的无形资产无法进行有效衡量。因此，在一般情况下，不宜单独运用成本法来评估在持续经营假设前提下的企业价值；在特殊情况下，评估人员在采用成本法对持续经营企业价值进行评估时，应予以充分的说明。

采用成本加和法评估整体资产具有一定的不合理性，其原因在于：①采用成本加和法模糊了单项资产与整体资产的区别。整体资产具有综合获利能力，它虽然是由各单项资产构成的，却不是各单项资产的简单加总，而是经过企业有效配置后作为一个独立的有获利能力的实体而存在。采用成本加和法来评估，只能得到各单项资产加总的价值，而不是评估它的获利能力。②成本加和法反映的是企业整体资产的个别价值，而决定企业整体资产价值的是社会价值。企业整体资产的社会价值，由社会绝大多数的、一般生产条件下的劳动耗费所决定。具有相同获利能力的企业，不管其个别劳动投入和名义资产额如何，市场只承认它们具有相同的价值，只能按同一价格交易。③采用成本加和法不能很好地体现资产评估的评价功能。评价功能是指资产评估可以通过对资产未来的经营情况、收益能力的预测来评价资产的价值，而成本加和法是从投入的角度，即从资产购建的角度出发，没有考虑资产的实际效能和企业运行效率。在这种情况下，无论其效益好坏，同类企业中只要原始投资额相同，其评估值就会趋于一致。而且，效益差的企业资产可能不是满负荷运转甚至不使用，在此情况下，评估师对经济性贬值难以进行客观判断，因此，可能还会造成效益差的企业的最终评估值高于效益好的企业的评估值，从而难以对资产的经营效果进行评价。

运用成本法评估持续经营的企业价值应同时运用收益法来进行验证。因为，企业的财务数据往往难以真实反映企业的盈利能力，这样就影响了基于企业财务数据进行的企业预期收益预测的可靠性。因此，将成本法与收益法配合使用可以起到互补的作用。

小思考 8-3

成本加和法既然不能反映企业的真实价值，那么评估时是否就不能用这种方法了？

答：以往实施的《资产评估操作规范意见（试行）》和财政部《关于印发〈资产评估报告基本内容与格式的暂行规定〉的通知》（财评字〔1999〕91号）规定，收益法仅作为验证企业价值评估值的方法。而现在，收益法作为决定企业价值的重要方法被广泛使用。所以，简单地延续过去对收益法的理解和应用来进行企业价值评估显然是不行的，在进行企业价值评估时，成本加和法可以与其他方法配合使用。

8.4 企业价值评估的收益法

企业价值评估的收益法，是指将预期收益资本化或者折现，确定评估对象价值的评估方法。注册资产评估师应当结合企业的历史经营情况、未来收益可预测情况、所获取评估资料的充分性，恰当考虑收益法的适用性。收益法常用的具体方法包括股利折现法和现金流量折现法。股利折现法是将预期股利进行折现以确定评估对象价值的方法，通常适用于缺乏控制权的股东部分权益价值的评估。现金流量折现法通常包括企业自由现金流折现模型和股权自由现金流折现模型。注册资产评估师应当根据企业未来的经营模式、资本结构、资产使用状况以及未来收益的发展趋势等，选择恰当的现金流折现模型。评估时应当充分分析被评估企业的资本结构、经营状况、历史业绩、发展前景，考虑宏观和区域经济因素、所在行业现状与发展前景对企业价值的影响，对委托方或者相关当事方提供的企业未来收益预测进行必要的分析、判断和调整，在考虑未来各种可能性及其影响的基础上合理确定评估假设，形成未来收益预测。

评估师在评估时应关注未来收益预测中营业收入、毛利率、营运资金、资本性支出等主要参数与评估假设的一致性。根据国家有关法律法规、企业所在行业现状与发展前景、协议与章程约定、企业经营状况、资产特点和资源条件等，在对企业收入成本结构、资本结构、资本性支出、投资收益和风险水平等进行综合分析的基础上，结合宏观政策、行业周期及其他影响企业进入经营稳定期的因素，合理确定预测期；综合考虑评估基准日的利率水平、市场投资收益率等资本市场相关信息和所在行业、被评估企业的特定风险等相关因素，合理确定折现率；根据企业未来收益趋势、终止经营后的处置方式等，选择恰当的方法来估算预测期后的价值。选择收益法进行企业价值评估，应当根据被评估企业的具体情况选择恰当的收益口径，并确定折现率与预期收益的口径保持一致。当预测趋势与企业历史业绩和现实经营状况存在重大差异时，注册资产评估师应当在评估报告中予以披露，并对产生差异的原因及其合理性进行分析。

8.4.1 企业价值评估收益法的计算公式

收益法适用于持续经营假设前提下的企业价值评估。企业价值评估是以企业整体资产的获利能力为对象，而收益法是以企业的整体获利能力为标的进行的评估，它以账面价值总额和收益预测值的折现值来描述企业的权益价值。

企业持续经营假设前提下的收益法中包含两种方法，即年金法和分段法。

1）年金法

假设企业年收益永续且恒等，则企业评估值的计算公式为：

$$V=\frac{A}{r}$$

式中：V为企业评估值；A为企业每年的年金收益；r为折现率（资本化率）。

［例8-2］预期A企业每年收益为150万元，根据市场情况确定资本化率为12%，则该企业的评估值为：

$$V=\frac{A}{r}=\frac{150}{12\%}=1\ 250\text{（万元）}$$

2）分段法

实际上企业的年收益不可能恒等，但在企业生产经营活动相对稳定，各期收益相差不大的情况下，一般可以预测该项资产未来若干年的收益额，再假设后续年份的收益额为一个固定值，此时企业评估值的计算公式为：

$$V=\sum_{i=1}^{n}\frac{R_i}{(1+r)^i}+\frac{A}{r(1+r)^n}$$

式中：V为企业评估值；R_i为企业第i年的收益（$i \leq n$）；A为第n年以后企业每年的年

金收益；r为折现率（资本化率）。

［例 8-3］待评估企业预计未来6年的收益额分别为200万元、220万元、240万元、280万元、320万元和350万元，以后各年收益额均为360万元，测定资本化率为12%，则待评估企业的评估值为：

$$V=\frac{200}{1+12\%}+\frac{220}{(1+12\%)^2}+\frac{240}{(1+12\%)^3}+\frac{280}{(1+12\%)^4}+\frac{320}{(1+12\%)^5}+\frac{350}{(1+12\%)^6}+\frac{360}{12\%\times(1+12\%)^6}$$

$$=178.57+175.38+170.83+177.95+181.58+177.32+1\ 519.89$$

$$=2\ 581.52\text{（万元）}$$

假设从第n+1年起，企业预期年收益将按固定比率g增长，则分段法的公式可写成：

$$V=\sum_{i=1}^{n}\frac{R_i}{(1+r)^i}+\frac{R_n(1+g)}{(r-g)(1+r)^n}$$

［例 8-4］待评估企业预计未来6年的预期收益额分别为100万元、120万元、140万元、180万元、220万元和280万元，第7年的收益额比第6年增长5%，以后各年的收益额均比上年增长5%，测定资本化率为12%，则待评估企业的评估值为：

$$V=\frac{100}{1+12\%}+\frac{120}{(1+12\%)^2}+\frac{140}{(1+12\%)^3}+\frac{180}{(1+12\%)^4}+\frac{220}{(1+12\%)^5}+\frac{280}{(1+12\%)^6}+\frac{280\times(1+5\%)}{(12\%-5\%)\times(1+12\%)^6}$$

$$=89.29+95.66+99.65+114.39+124.83+141.86+2\ 127.85$$

$$=2\ 793.53\text{（万元）}$$

假设企业为非永续经营，企业充分利用现有的资源，最大限度地获取投资收益，直到企业丧失生产经营能力为止，到第n年将企业变现，此时分段法的公式可写成：

$$V=\sum_{i=1}^{n}\frac{R_i}{(1+r)^i}+\frac{P_n}{(1+r)^n}$$

式中：P_n为第n年企业净资产的变现值。

8.4.2 应用收益法应注意的问题

应用收益法进行企业价值评估时应注意以下问题：

（1）评估人员应充分考虑被评估企业经营的历史情况、收益是否稳定、未来收益的可预测性，适当选择收益法中的具体方法。

（2）评估人员应当根据评估项目的具体情况选择恰当的收益口径。收益法中的预期收益可以现金流量、各种形式的利润或股利等口径表示，评估人员应根据被评估企业的具体情况，采用合理的假设对收益进行预测。当预测结果与被评估企业现实情况存在重大差异时，评估人员应当予以披露，并分析产生差异的原因。

（3）评估人员应当根据被评估企业的经营状况和发展前景合理确定收益期限。

（4）评估人员应当综合考虑评估基准日的利率水平、市场投资回报率、加权平均资金成本等资本市场相关信息和被评估企业所在行业的特定风险等因素，合理确定资本化率或折现率。

8.4.3 企业价值评估收益法计算公式的参数的确定

1）企业收益的界定及预测

企业的收益是运用收益法对企业价值进行评估的关键参数。在企业的价值评估中，企业的收益是指在正常条件下，企业所获得的归企业所有的所得额。

(1) 企业收益的界定

①企业收益的确认。评估人员进行企业收益的确认时，应注意以下两个方面：第一，企业创造的价值不能全部作为企业价值评估中的企业收益，如税收，不论是流转税还是所得税都不能视为企业收益。第二，凡是归企业所有的企业收支净额，都应作为企业的收益予以计算，无论是营业收支、资产收支，还是投资收支，只要形成净现金流入，就可视为企业收益。

②企业收益的表现形式与选择。企业的收益有两种基本表现形式，即净利润和净现金流量，选择净利润还是净现金流量作为企业价值评估的收益基础对企业的最终评估值有极大的影响。因此，在对企业的收益进行具体界定时，除了进行收益的确认之外，还要对企业的收益形式进行明确的界定。

一般情况下，应选择净现金流量作为评估的收益基础，原因在于：第一，企业的利润虽然与企业价值高度相关，但企业价值最终由其现金流决定而不是由其利润决定；第二，企业的净现金流量是企业实际收支的差额，不容易被更改，而企业的利润则要通过一系列复杂的会计程序进行确定，而且可能由于企业管理者的利益而被更改。

企业收益还可以通过息前净利润、息前净现金流量、息税前净利润、息税前净现金流量等具体指标反映和表示，评估人员可根据评估目的及实际情况加以选择。

③收益口径的选择。对于企业整体收益的确定，主要有三种方法，即利润总额法、净利润法和净现金流量法。

A.利润总额法。

利润总额法是指将企业在未来经营期内所获得的税前（未扣除所得税）利润作为测算企业整体资产收益额的一种方法。

在评估时，企业的收益可以通过企业提供的利润表分析确定，利润总额是一项综合反映企业在一定时期（一年）内所取得的纯收入的收益额指标，是衡量企业经济效果（投入产出率）的重要指标。按企业会计制度规定，其计算公式为：

$$\text{利润总额}=\text{营业收入}-\text{营业成本}-\text{税金及附加}-\text{销售费用}-\text{管理费用}-\text{财务费用}-\text{资产减值损失}+\text{公允价值变动收益（-公允价值变动损失）}+\text{投资收益（-投资损失）}+\text{营业外收入}-\text{营业外支出}$$

选择利润总额作为收益额，其主要优点有两个：一是利润总额能比较客观地反映企业经营的业绩；二是可充分利用企业财务资料，容易取得评估数据。但利润总额不是企业整体资产的收益，不能反映总资产的价值，因为税前利润中已扣除了由负债带来的利息支出；同时也不能反映企业的净资产价值，因为利润总额中有一部分所得税并不归资产所有者拥有。用利润总额法评估出的结果不能反映企业的价值，因此一般情况下不采用利润总额法来测算企业整体资产的收益。

B.净利润法。

净利润法是指利用企业在未来经营期内预期可以获得的、归属于资产所有者的净收益来测算企业整体资产收益额的一种方法。净利润即税后利润，相当于利润总额扣减所得税后的余额，即：

净利润=利润总额-所得税费用

净利润法的优点在于它能够比较客观地反映企业的实际经营业绩，缺点是由于企业折旧等会计计提政策的不同，会导致企业所实现的净利润缺乏可比性。

用这种方法计算企业整体资产的收益通常在一定限定条件下使用，也就是企业在无限期经营、资产折旧采用直线折旧法的情况下使用。在无限经营期内，这种方法用于更新资产，而企业在有限经营期内所获得的资产折旧实际上是对企业现有资产的一种补偿，是其未来收益的附加值，可能会引起企业利润的大幅度波动，使得不同折旧政策条件下的净利润缺乏可比性。所以，一般来说，企业在有限期内经营或在采用加速折旧情况下不宜采用净利润法来确定整体资产评估价值。

C.净现金流量法。

净现金流量法是指运用企业未来经营活动中现金流入量与流出量的差额来确定企业整体收益的方法。

净现金流量所反映的是企业在一定时期内现金流入和流出的资金活动结果。在数额上，它是以收付实现制为原则的经营活动中现金流入量和现金流出量的差额。其基本计算公式为：

净现金流量=现金流入量-现金流出量

企业整体资产评估中的净现金流量一般是指营运型净现金流量，是对现有企业常规经营运行情况下的现金流入和流出活动的描述。其计算公式为：

净现金流量=调整后的净利润+折旧-追加投资

折旧是损耗，但这种损耗是为取得收益而发生的贬值，是资产价值的时间表现形式。由于资产，特别是固定资产在一个限定时间内并不能耗完，它对企业生产经营的贡献年复一年地存在。需要指出的是，这其中也包括无形资产、长期待摊费用的摊销，这种贡献从价值角度上讲就是折旧。从另一个角度来看，折旧在整个资产使用期限内并未真正发生支出，也没有一家企业因折旧的存在而准备大量资金用于支付，但是折旧所形成的价值却被企业以收入形式获得。

净现金流量法的优点在于它符合企业经营中不断追加投资和回收投资的动态过程，比较真实地模拟企业在未来经营中收益的实现途径和过程。其缺点是运用这种方法测算企业的业务连续性强，需要从长远的角度考虑问题。这种方法是目前国际上比较常用的方法，也是大家比较愿意接受的一种方法。

利润总额、净利润和净现金流量都是反映企业盈利能力和盈利水平的财务指标，其预期值均可用于资产评估的收益法，这是三者的共同点。但对同一企业或同一资产，这三个指标不仅在数值上是不相等的，而且在财务含义、计算口径和计算公式上也都有重大差异。利润总额和净利润均是静态指标，而净现金流量是动态指标。净现金流量不仅是数量的描述，而且与发生的时间形成密不可分的整体。利润总额中含有所得税，是税前指标，净利润和净现金流量是税后指标。三个指标既有重大不同又存在着内在的确定性的联系，其相互之间的关系为：

净现金流量=利润总额-所得税+折旧及摊销-追加投资

评估界一致认为，应提倡以净现金流量作为预期收益额，因为它以收付实现制为原则，排除了人们主观认定的固定资产折旧费的干扰；同时，它不仅考虑了现金流量的数量，还考虑了收益的时间价值和货币的时间价值，并且它是税后指标，因此净现金流量比利润总额和净利润更能客观地反映企业或技术资产的净收益。西方发达国家的评估界通常都是以净现金流量作为预期收益额，但由于净现金流量的界定需要收集较多的基础数据，计算也比较复杂，有多种因素不能被周全地考虑，因而，目前我国评估界多采用净利润指标。

（2）企业的收益预测

企业的收益预测大致分为三个阶段：第一阶段是对企业收益的历史及现状的分析与判断；第二阶段是对企业未来可预测的若干年的预期收益的预测；第三阶段是对企业未来持续经营条件下的长期预期收益趋势的判断。

评估企业未来收益，首先从企业收益现状的分析和判断开始。在研究企业收益的近期特点和发展趋势时，应有针对性地研究影响企业收益增减变动的重大因素，包括对未来销售的预测。然后根据企业的特点、产品特征、收益的特点和发展趋势，选择合适的预测方法进行预测。

①企业收益预测的基本步骤。

企业预期收益的预测大致可分为以下几个步骤：评估基准日审计后企业收益的调整、企业预期收益趋势的总体分析和判断、企业预期收益的预测。

A.评估基准日审计后企业收益的调整。评估基准日审计后企业收益的调整包括两方面：一是对审计后的财务报表进行非正常因素调整，主要是利润表和现金流量表的调整，将一次性、偶发性或以后不再发生的收入或费用进行剔除，把企业评估基准日的利润和现金流量调整到正常状态下；二是研究审计后报表的附注和相关披露，对在相关报表中披露的影响企业预期收益的非财务因素进行分析，并在该分析的基础上对企业的收益进行调整，使之能反映企业的正常盈利能力。

B.企业预期收益趋势的总体分析和判断。企业提供的关于预期收益的预测是评估人员预测企业预期收益的重要参考资料，但它不是预期收益的唯一根据，评估人员应在自身专业知识和所收集的其他资料的基础上做出客观、独立的判断。评估人员必须深入企业现场进行实地考察和现场调研，与企业的核心管理层进行充分的交流，了解企业的生产工艺过程、设备状况、生产能力和经营管理水平，再辅之以其他数据资料对企业未来收益趋势做出合乎逻辑的总体判断。

C.企业预期收益的预测。企业预期收益的预测是在前两个步骤完成的前提下，运用具体的技术方法和手段进行测算。在一般情况下，企业的收益预测也分两个时间段。对于已步入稳定期的企业而言，收益预测的分段较为简单，分为两段：一段是对企业未来3~5年的收益预测；另一段是对企业未来3~5年后的各年收益预测。而对于仍处于发展期，收益尚不稳定的企业而言，对其收益预测的分段应是首先判断出企业在何时步入稳定期，即其收益呈现稳定性，而后将其步入稳定期的前一年作为收益预测分段的时点。对企业何时步入稳定期的判断，应在与企业管理人员进行充分沟通和持有大量资料并加以理性分析的基础上进行，其确定较为复杂。

企业未来3~5年的收益预测是在评估基准日调整的企业收益或企业历史收益的平均收益趋势的基础上，结合影响企业收益实现的主要因素在未来变化的情况，采用适当的方法进行的。目前较为常用的方法有综合调整法、产品周期法和实践趋势法等。

在明确了企业收益预测前提条件的基础上，就可以着手对企业未来3~5年的预期收益进行预测。预测的主要内容有：对影响被评估企业及所属行业的特定经济及竞争因素的估计；对未来3～5年市场的产品或服务的需求量或被评估企业市场占有份额的估计；对未来3～5年销售收入的估计；对未来3～5年成本费用及税金的估计；对完成上述生产经营目标需追加投资及技术、设备更新改造因素的估计；对未来3～5年预期收益的估计等。关于企业的收益预测，评估人员应把企业或其他机构提供的有关资料作为参考，根据收集到的数据资料，在经过充分分析论证的基础上做出独立的预测判断。

在具体运用预测方法测算企业收益时，大多采用财务报表格式予以表现，如采用利润表或现金流量表的形式表现。运用利润表或现金流量表并不是说企业预期收益预测就相当于企业利润表或现金流量表的编制，企业收益预测的过程是一个比较具体、需要大量数据并且需要运用科学方法的运作过程，其需要对表内各项目（栏目）进行合理的测算和汇总分析，以得到所测年份的企业收益。

企业收益预测表见表8-2，评估人员可以根据需要自行设计企业收益预测表。

表8-2　　企业2021—2024年收益预测表　　单位：万元

项　目	2021年	2022年	2023年	2024年
一、产品销售收入				
减：产品销售税金及附加				
产品销售成本				
其中：折旧				
产品销售费用				
二、产品销售利润				
加：其他业务利润				
减：管理费用				
财务费用				
三、营业利润				
加：投资收益				
营业外收入				
减：营业外支出				
四、利润总额				
减：所得税				
五、净利润				
加：折旧和无形资产摊销				
减：追加资本性支出				
六、净现金流量				

②企业收益预测的方法。

短期预测所使用的方法通常以时间序列为主，预测精度要求较高。中期预测所使用的方法以时间序列、经济计量模型等为主，预测精度要求在±15%以内。长期预测所采用的方法以经济计量模型、投入产出模型、系统动力学模型等为主，主要预测变化趋势，预测精度无法要求太高。

时间序列分析是建立在一个假定的基础之上的，即假定未来是过去趋势的延伸。这种方法简单，运用方便，然而它只能用在经济平稳发展时期，不能用于经济转折时期。此法主要用于短期预测。回归分析模型是找出一个经济变量与若干其他变量之间的数量关系，然后用某种方法给出外生变量的未来值，从而算出预测系统经济变量的预测值。

一般来说，上述两种经济计量模型在预测企业未来收益中是比较重要的。除此之外，在预测企业未来收益中还常用到直观预测方法及增长曲线预测模型。

A.直观预测方法。直观预测方法也叫定性预测方法，是评估者根据自己掌握的实际情况、实践经验和专业水平，对评估客体或对象前景的性质、方向和程度做出的判断。它是在对环境情况进行系统分析的基础上提出数量估计。因需求的数据少，能考虑无法定量的因素，所以比较简单易行。

B.增长曲线预测模型。经济增长曲线与人的身高和体重随着年龄的增长而增长的曲线相似，其特征为：开始增长快，然后逐渐变慢，最后趋于一个限度，这种有机的曲线即为增长曲线法的基础。预测模型主要有指数曲线模型、修正指数曲线模型、龚伯兹曲线模型及罗杰斯蒂曲线模型等。

2）折现率（资本化率）及其估测

（1）折现率的构成

折现率是将未来有限期收益还原或转换为现值的比率。资本化率是指将未来非有限期收益转换成现值的比率。资本化率在资产评估业务中有不同的称谓，如资本化率、还原利率等。折现率和资本化率在本质上是相同的，都属于投资报酬率。投资报酬率通常由两部分组成：一部分是正常投资报酬率；另一部分是风险投资报酬率。正常投资报酬率亦称无风险报酬率、安全利率，它取决于资金的机会成本，即正常的投资报酬率不能低于该投资的机会成本。这个机会成本通常以政府发行的国库券利率和银行储蓄利率作为参照依据。风险报酬率的高低主要取决于投资风险的大小，风险大的投资要求的风险报酬率就高。

（2）影响折现率的因素

①技术因素。所谓技术因素，是指技术资产的技术水平、性能、成熟程度及有效使用期限对其投资收益所产生的影响。单从资产收益角度而言，成熟可靠、水平高、通用性与实用性强的技术资产，其折现率低，资产价值高。

②时间因素。技术资产的评估须依据评估时点原则。由于许多市场因素和相关条件会随时间而呈间歇性循环反复变化，因此在确定折现率时，须考虑时间因素的影响。

③政策法律因素。政策的支持、法律的保护都会影响技术资产的未来超额收益，它对技术所有权价格的影响会更大，使用权价格可通过有限许可或提高分成率的方式来降低出让方的风险。

④社会经济因素。社会经济因素主要是指政治经济稳定状况和社会治安状况。一般而言，一个政治经济不稳定的国家，其折现率较高，只有具有较高的投资收益率，投资者才会冒此风险进行投资。

⑤技术资产类型。例如，专利技术、专有技术、计算机软件等不同类型的资产，其收

益与风险是不同的。

⑥市场因素。市场因素包括市场的供求状况、产出品的市场占有率及市场竞争的激烈程度等对技术资产未来超额收益的影响。

（3）确定折现率应遵循的原则

①匹配性原则。匹配性原则即收益额与折现率计算口径应相互匹配，与技术资产的年预期超额收益相对应的折现率应是投资收益率，而不是投资利润率。而且，不能孤立地看待折现率，防止盲目扩大未来超额收益的计算范围，将不属于技术资产产生的收益计入。

②客观性原则。收益法中用技术资产超额收益求取的是客观值而非实际值，因此与此相对应的折现率的确定也是客观的，而非实际的投资收益率。

③可操作性原则。该原则是指折现率的选取和计算要切合实际，具有较好的可操作性，能为人们所接受并自觉地在估价实践中加以应用。

④风险补偿原则。企业投资技术资产在争取市场盈利的同时，也伴随着投资风险，因此须在收益中补偿或准备补偿所有无法避免的投资风险，作为投资收益率的折现率应体现这一原则。按此原则，折现率一般要高于无风险的安全利率，这样评估出的资产价值才是客观的市场或非市场价格。

（4）确定折现率应注意的问题

①折现率一般不低于投资的机会成本，即折现率不低于政府发行的国库券利率和银行储蓄利率。

②行业基准收益率不宜直接作为折现率，但行业平均收益率可作为确定折现率的重要参考指标。

③贴现率不宜直接作为折现率。

（5）折现率的确定

无风险报酬率通常选择政府债券利率和银行储蓄利率作为参考依据。

风险报酬率的测算相对比较困难，因为它随评估对象、评估时点的不同而不同。就企业而言，在未来的经营过程中要面临经营风险、财务风险、行业风险、通货膨胀风险等。从投资者的角度来看，要投资者承担一定的风险，就要有相对应的风险补偿，风险越大，要求补偿的数额也就越大，风险补偿额与风险投资额的比就是风险报酬率。

风险报酬率可通过以下三种方法估测：

①风险累加法。

风险累加法是指估算时要考虑企业在其持续经营过程中可能要面临的风险，如行业风险、经营风险、财务风险、通货膨胀风险等，将企业可能面临的风险对回报率的要求予以量化并累加，便可得到企业评估折现率中的风险报酬率，用公式表示为：

风险报酬率=行业风险报酬率+经营风险报酬率+财务风险报酬率+通货膨胀风险报酬率

行业风险主要是指企业所在行业的市场特点、投资开发特点，以及国家产业政策调整等因素造成的行业发展不确定性给企业预期收益带来的影响。

经营风险是指企业在经营过程中，由于市场需求变化、生产要素供给条件变化，以及同类企业间的竞争给企业的预期收益带来的不确定性的影响。

财务风险是指企业在经营过程中的资金融通、资金调度、资金周转可能出现的不确定性因素对企业预期收益的影响。

通货膨胀风险是指通货膨胀因素可能对企业预期收益的影响。

在条件允许的情况下，评估人员应尽量采取统计和数理分析的方法对风险回报率进行量化。

②β系数法。

β系数法的基本思路是，行业风险报酬率是社会平均风险报酬率与被评估企业所在行业平均风险和社会平均风险的比率系数（β系数）的乘积。

β系数法估算风险报酬率的步骤为：

第一，将社会平均收益率扣除无风险报酬率，求出社会平均风险报酬率。

第二，将企业所在行业的平均风险与社会平均风险进行比较，求出企业所在行业的β系数。

第三，用社会平均风险报酬率乘以企业所在行业的β系数，便可得到被评估企业所在行业的风险报酬率。

β系数法估算风险报酬率的计算公式为：

$$R_r=(R_m-R_g)\times\beta$$

式中：R_r为被评估企业所在行业的风险报酬率；R_m为社会平均收益率；R_g为无风险报酬率；β为被评估企业所在行业的β系数。

在评估某一个具体的企业的价值时，还应考虑企业的规模、经营状况及财务状况，确定企业在其所在的行业中的地位系数α，然后将其与企业所在行业的风险报酬率相乘，得到该企业的风险报酬率。其计算公式变为：

$$R_r=(R_m-R_g)\times\beta\times\alpha$$

③加权平均法。

加权平均资本成本模型是把企业的所有者权益和长期负债所构成的投资成本，以及投资资本所需的回报率加权平均来获得企业评估所需折现率的一种数学模型。其计算公式为：

$$\text{企业评估的折现率}=\text{长期负债占投资资本的比重}\times\text{长期负债成本}+\text{所有者权益占投资资本的比重}\times\text{净资产投资要求的回报率}$$

式中：净资产投资要求的回报率=无风险报酬率+风险报酬率

3）收益额与折现率口径一致

不同的评估目的和评估价值目标用于企业评估的收益额可以有不同的口径，如利润总额、净利润、净现金流量等，而折现率既有中性的折现率（不存在收益口径），即无风险报酬率加风险报酬率，也有以行业平均收益率为基础的折现率。在运用收益法评估企业价值时，必须注意收益额与折现率之间结构与口径上的匹配和协调，以保证评估结果合理且有意义。

8.4.4　运用收益法评估企业价值的案例

本节为一个实际评估案例，通过对该案例的学习，可以更直观地了解收益法在实践过程中的应用。

1）评估目的和评估范围

A上市公司拟将控股子公司（B公司）出售给C公司，委托D注册评估师事务所对B

公司进行整体价值评估，评估基准日由A公司、C公司共同确定，为2020年12月31日。

本次评估范围和评估对象为：B公司列报的拟用于本评估报告所载明的评估目的的全部资产，包括流动资产、长期投资、房屋建筑物、机器设备、车辆、电子设备、其他设备、其他资产及相关负债。

整体企业价值评估的收益法是将企业未来收益折算为现值从而得出整体企业资产的评估值。D注册评估师事务所调查了解了B公司的生产经营情况、财务状况以及历史收益情况，并根据其历史收益水平、行业发展趋势、未来发展规划等，预测企业未来收益年限和收益额，综合分析社会、行业、企业的资金使用效益和资产收益水平，从而确定折现率并采用收益法的一般公式计算出整体企业资产评估值。

2）评估过程

（1）评估的前提条件、假设条件和计算公式

①评估的前提条件和假设条件。

第一，假定B公司提供的有关法律性文件和生产经营资料是真实的、完整的、合法的，有关预测资料能够真实全面地反映企业的生产经营情况。

第二，假定B公司在可以预见的将来继续存在，即假定其组织体系、职工队伍、生产经营的策略等按照预定的发展目标继续经营。

第三，假定资产占有方本次列报评估资产的产权于评估基准日均确属B公司所有，无任何纠纷或法律诉讼行为。

第四，假定B公司提供的财务会计报表的编制及会计核算方法均符合中华人民共和国的有关法律、法规，且其会计报表真实地反映被评估企业的财务状况和资产权益结构。

第五，假定市场环境及国民经济的总体和结构均按目前的状况正常发展。

第六，假定国家现行的法律、法规、利率和汇率等无重大变化。

第七，假定不考虑国家宏观经济政策发生变化以及遇有自然力和其他不可抗力对资产价值的影响。

②计算公式。

$$P=\sum_{i=2021}^{2025}\frac{R_i}{(1+r)^{i-2020}}+\frac{R_{2024}}{r(1+r)^5}$$

式中：P为净资产于评估基准日的现值，即评估值；i为公历年份，用四位数表示；R_i为第i年的净利润，R_{2025}及以后年度的净利润假定与2024年相同且固定不变；r为折现率。

（2）行业背景分析（略）

（3）企业经营状况分析

①基本情况。

B公司创建于2011年9月15日，于2012年6月28日正式投产，位于深圳市××区××路××工业区内，厂区占地6 840平方米，注册资金为860万美元，固定资产投资约6 000万元人民币，平均年产值超过1.5亿元人民币。

②经营特征分析。

B公司的主要经营范围为彩盒印刷包装，属于包装印刷类企业。

③生产工艺及设备技术水平分析。

B公司的设备配置主要为制版印刷机、照排机和胶版印刷机，主要印刷设备见表8-3。

表 8-3　　B公司主要印刷设备

设备名称	规格型号	生产企业	购入时间	数量
二色胶印机	××	德国海德堡公司	2013年4月	1台
速霸对开五色胶印机	××	德国海德堡公司	2014年3月	1台
六色胶印机	××	德国海德堡公司	2018年9月	1台
三菱印刷机	××	日本三菱公司	2017年3月	1台
三菱钻石五色平张胶印机	××	日本三菱公司	2020年9月	1台

从B公司的设备配置情况来看，主要设备均为2016年以后购入，印刷技术与国际水平保持同步。从设备的设计生产能力、目前产出能力及工艺流程设计、生产物流安排角度分析，主要生产设备的产出均存在一定的发展空间，在产能上基本能够适应近期内印刷包装市场增长的需求量对企业生产能力的要求。

④财务状况与经营业绩。

B公司近年来的资产负债表（简表）以及利润表（简表）见表8-4和表8-5。

表 8-4　　B公司近年来的资产负债表（简表）　　单位：万元

项目 \ 年度	2014	2015	2016	2017	2018	2019	2020
流动资产	14 771.52	15 176.24	15 853.06	19 260.27	18 534.50	20 174.47	14 990.76
其中：存货	1 220.81	1 248.11	2 265.64	2 662.16	2 871.99	1 049.11	580.14
应收账款	7 889.59	8 524.67	6 049.05	6 910.12	7 704.90	7 509.19	8 689.93
长期投资	346.33	12.50	37.50	37.50	4 947.30	7 332.00	7 988.93
固定资产原值	5 723.45	6 843.29	7 515.45	8 137.01	6 164.19	5 928.93	6 752.84
固定资产净值	3 171.77	3 817.83	3 829.77	4 485.75	4 128.25	3 703.05	4 170.29
⋮	⋮	⋮	⋮	⋮	⋮	⋮	⋮
资产总计	18 346.81	19 057.48	19 870.03	24 247.03	28 158.06	31 485.92	27 183.76
流动负债	7 199.54	8 441.97	8 163.10	12 080.62	15 419.65	17 263.92	16 964.06
其中：短期借款	1 170.00	1 730.00	1 730.00	5 530.00	6 230.00	8 435.00	6 058.00
长期负债	245.36	0.00	0.00	0.00	0.00	366.62	537.62
负债总计	7 444.90	8 441.97	8 163.10	12 080.62	15 419.65	17 630.54	17 501.69
净资产	10 901.91	10 615.51	11 706.93	12 166.41	12 738.41	13 855.38	9 682.07

⑤主要财务指标分析。

主要财务指标经计算见表8-6。

表 8-5　　**B公司近年来的利润表（简表）**　　单位：万元

项目＼年度	2014	2015	2016	2017	2018	2019	2020
营业收入	11 759.40	14 534.05	15 898.95	16 537.70	16 630.25	18 472.82	14 159.69
营业成本	7 180.05	10 185.35	11 480.52	11 919.93	11 816.61	14 931.91	11 936.82
营业利润	4 579.35	4 348.70	4 418.43	4 605.66	4 791.75	3 534.63	2 217.00
利润总额	3 380.07	2 934.39	2 983.88	2 760.83	2 027.05	2 066.63	（2 073.30）
净利润	3 126.16	2 714.31	2 509.25	2 308.64	1 665.28	1 949.60	（2 073.30）

表 8-6　　**B公司主要财务指标**

项目＼年度	2014	2015	2016	2017	2018	2019	2020
资产负债率	40.58%	44.30%	41.08%	49.82%	54.76%	56.00%	64.38%
应收账款周转率（次）	1.43	1.70	2.13	2.55	2.28	2.43	1.51
存货周转率（次）	5.88	8.25	6.53	4.84	4.27	7.62	14.65
固定资产周转率（次）	3.71	4.16	4.16	3.98	3.86	4.72	3.60
销售毛利润率	38.94%	29.92%	27.79%	27.92%	28.95%	19.17%	15.70%
销售净利润率	26.58%	18.68%	15.78%	13.96%	10.01%	10.55%	-14.64%
净资产收益率	28.68%	25.23%	22.48%	19.34%	13.37%	28.14%	-17.62%

从偿债指标来看，B公司目前偿债能力较弱；从资产运用状况分析，应收账款周转率较低；从盈利能力分析，销售毛利润率和销售净利润率逐年下降。这表明包装印刷行业的市场竞争日益加剧，同时反映出营业成本和营业费用呈上升趋势。

（4）B公司未来收益预测

①经营收入预测。

A.医药包装。具体预测数据见表 8-7。

表 8-7　　**各年度销售收入预测**　　单位：万元

产品类别＼年度	2021	2022	2023	2024	2025
医药包装	10 430	11 470	12 160	13 010	13 660
烟类包装	450	410	390	370	310
酒类包装	2 250	2 300	2 370	2 490	2 540
日化包装	200	210	170	160	140
食品包装	210	230	240	260	270
小家电包装	230	240	250	260	280
其他包装	1 650	1 900	2 280	2 850	2 990
合计	15 420	16 760	17 860	19 400	20 190

B.烟类包装。具体预测数据见表8-7。

C.酒类包装。具体预测数据见表8-7。

D.日化包装。具体预测数据见表8-7。

E.食品包装。具体预测数据见表8-7。

F.小家电包装。具体预测数据见表8-7。

G.其他包装。具体预测数据见表8-7。

②经营成本预测。

根据B公司历年来经营成本统计资料和制造费用明细表，结合目前的纸业供需状况，同时考虑到随着公司的发展及产品销售量的增加，产品单位制造费用亦会相对降低，预测2021年至2025年各类产品的生产成本，见表8-8。

表8-8　**各类产品的生产成本预测**　单位：万元

年度 / 产品类别	2021	2022	2023	2024	2025
医药包装	7 900	8 740	9 300	9 990	10 640
烟类包装	360	330	320	310	270
酒类包装	1 690	1 740	1 770	1 900	1 940
日化包装	160	170	140	140	120
食品包装	160	180	190	200	210
小家电包装	160	180	190	200	220
其他包装	1 230	1 450	1 790	2 230	2 400
合计	11 660	12 790	13 700	14 970	15 800

③税金及附加预测。

B公司性质为中国内地与中国香港合资企业，城市维护建设税的税率为流转税的1%，教育费附加免交。税金及附加的预测主要参照企业历史上记入利润表中的税金占营业收入的比重测算，见表8-9。

表8-9　**税金及附加预测**　单位：万元

年度	2021	2022	2023	2024	2025
税金及附加	4.63	5.70	5.36	6.79	7.07

④营业费用的预测。

从近几年的情况来看，B公司营业费用平均在1 300万元，占产品销售收入的7%~9%，主要为运输费用、工资、交际应酬费和办事处经费。

营业费用的预测主要根据B公司的中期发展规划，通过对历史上营业费用构成的分析，结合本次营业收入的有关预测资料进行，营业费用的预测数据见表8-10。

表 8-10　　营业费用的预测　　单位：万元

项目＼年度	2021	2022	2023	2024	2025
工资	286.99	295.60	301.51	304.53	310.62
办公费	13.88	14.13	16.43	14.56	17.16
差旅费	49.34	52.79	46.44	50.15	39.12
运输费	439.47	494.42	523.30	572.30	577.43
电话费	13.20	14.78	15.22	14.15	14.43
保险费	4.63	5.03	5.36	5.82	6.06
广告费	49.34	46.93	44.65	42.68	40.38
办事处经费	160.37	167.60	134.08	197.88	168.20
交际应酬费	135.70	159.22	175.03	199.82	191.81
交通费	3.05	3.17	3.23	3.33	3.20
其他	9.25	13.41	12.50	11.64	14.13
诉讼费	2.00	2.00	2.00	2.00	2.00
汽车费	20.05	26.82	32.15	38.80	36.34
参展费	18.00	18.36	19.28	21.80	23.00
合计	1 205.27	1 314.26	1 331.18	1 479.46	1 443.88

⑤管理费用的预测。

管理费用的预测结果见表 8-11。

表 8-11　　管理费用的预测结果　　单位：万元

项目＼年度	2021	2022	2023	2024	2025
工资	324.00	333.72	340.39	343.79	350.67
职工福利费	50.40	55.44	60.98	64.03	60.83
职工教育经费	8.50	9.00	10.00	12.00	11.00
折旧费	136.50	138.00	140.76	144.98	147.88
修理费	2.50	1.80	4.23	3.50	3.20
办公费	8.51	9.02	10.37	11.20	10.75
差旅费	33.70	35.39	44.24	47.34	44.97
交际应酬费	55.36	68.09	83.07	106.33	125.47
会务费	5.20	6.14	7.68	8.45	8.87

续表

项目＼年度	2021	2022	2023	2024	2025
出国经费	20.80	22.05	19.85	18.26	19.72
职工保险	73.32	78.04	80.24	82.34	85.97
低值易耗品摊销	3.60	5.40	7.02	4.21	5.05
长期待摊费用摊销	11.39	11.98	10.44	3.38	6.76
清洁环保费	9.84	12.30	12.92	13.18	12.78
警卫消防费	3.50	4.00	3.80	4.20	4.00
计提坏账准备	125.70	231.30	251.40	267.90	291.00
顾问咨询费	10.80	3.00	2.00	1.50	2.50
税金	9.41	10.89	11.07	12.42	13.53
通信费	37.16	37.90	39.80	39.80	39.80
董事会费	5.30	6.36	7.63	5.04	6.08
市内交通费	0.58	0.65	0.72	0.68	0.66
汽车费	54.54	52.68	51.72	55.62	53.64
律师诉讼费	2.00	2.00	2.00	2.00	2.00
文体活动费	10.00	10.30	10.51	10.93	11.00
会计审计费	3.00	5.00	6.00	6.00	6.00
合计	1 005.61	1 150.45	1 218.84	1 269.08	1 324.13

⑥财务费用的预测。

目前，B公司的资产负债率为64.38%，公司拟采用的主要融资形式为流动资金贷款及票据贴现。根据产销规模，2021年B公司贷款额估计为6 410万元，其余资金缺口主要以结算票据贴现、信用往来解决。对B公司未来年度可能发生的财务费用进行估算，B公司2021年至2025年财务费用的预测结果见表8-12。

表8-12 财务费用的预测结果 单位：万元

项目＼年度	2021	2022	2023	2024	2025
贷款额	6 410	7 210	6 610	7 760	6 660
贷款利息	392	434	387	447	398
贴现息	35	35	43	41	37
存款利息收入	−23	−24	−27	−31	−35
合计	450	493	457	519	470

⑦营业外收支预测。

营业外收支系偶然性收支，预测未来收益时不对其进行测算。

⑧未来收益预测汇总。

将以上各项预测汇总，B公司2021年至2025年的收益见表8-13。

表8-13　**未来收益预测（简表）**　单位：万元

项目＼年度	2021	2022	2023	2024	2025
一、营业收入	15 420.00	16 760.00	17 860.00	19 400.00	20 190.00
减：营业成本	11 660.00	12 790.00	13 700.00	14 970.00	15 800.00
税金及附加	4.63	5.70	5.36	6.79	7.07
销售费用	1 205.27	1 314.26	1 331.17	1 479.46	1 443.88
管理费用	1 005.61	1 150.45	1 218.84	1 269.08	1 324.13
财务费用	450.00	493.00	457.00	519.00	470.00
二、营业利润（亏损以"-"号填列）	1 094.49	1 006.59	1 147.63	1 155.67	1 144.92
加：营业外收入					
其中：非流动资产处置利得					
减：营业外支出					
其中：非流动资产处置损失					
三、利润总额	1 094.49	1 006.59	1 147.63	1 155.67	1 144.92
减：所得税	164.17	150.99	172.14	173.35	171.74
四、净利润	930.32	855.60	975.49	982.32	973.18

（5）折现率的选取

折现率是将未来收益还原或转换为现值的比率。在一般情况下，折现率以无风险报酬率加上适当的风险报酬率进行计算。根据本次采用收益法计算现值的内涵及可比性，本次评估以行业平均净资产收益率为基础，另外考虑一定的风险报酬率，综合测算折现率。我们认为行业平均净资产收益率中已包含了最基本的无风险报酬率。

根据计算可知，2020年同类型上市公司的平均净资产收益率为7%，考虑到B公司资产负债率较高，应收账款周转率低于行业平均水平，且其业务收入的主要来源为A公司的医药包装，存在一定的经营风险，本次评估在以上净资产收益率的基础上加计4%的风险报酬率，折现率按11%计取。

（6）收益年期的选取

由于此次评估以B公司持续经营为前提，且从B公司的经营情况来看，企业有能力按照设定的经营目标和经营方式持续地经营下去，同时考虑到2020年以后的收益现值对评估值的影响较小，故收益年限定为无限期。

（7）B公司整体资产评估结果

如前所述，评估计算公式为：

$$P=\sum_{i=1}^{5}\frac{R_i}{(1+r)^i}+\frac{R_{2025}}{r(1+r)^5}$$

计算过程见表8-14。

表8-14　　**B公司整体评估计算过程表**　　单位：万元

项目＼年度	2021	2022	2023	2024	2025	2026年及以后
净利润	930.32	855.60	975.49	982.32	973.18	973.18
折现率	11%	11%	11%	11%	11%	11%
折现系数	0.9009	0.8116	0.7312	0.6587	0.5935	5.3950
净现值	838.13	694.40	713.28	647.05	577.58	5 250.31
净现值合计	8 720.75					

经计算，评估值为8 720.75万元。

由于上述盈利预测及评估值未考虑B公司的投资收益及长期投资价值，故企业整体资产的评估结果应在以上计算值的基础上加计对该公司采用其他评估方法得到的评估基准日长期投资之市场价值，则：

企业整体评估值=8 720.75+9 484.86=18 205.61（万元）

小资料8-3　费用的分类

费用分为直接费用、间接费用和期间费用。直接费用包括直接材料费和直接人工费；间接费用是指企业为生产商品和提供劳务等而发生的各项间接费用，在工业企业一般称为制造费用，如车间生产管理人员的工资及福利费用，车间所发生的办公费、水电费、折旧费等，间接费用要按一定的标准进行分配，计入生产成本；期间费用是指不计入产品生产成本，直接计入发生当期损益的费用，包括管理费用、营业费用、财务费用等。

小思考8-4

贴现率与折现率是一回事吗？

答：贴现率是商业银行对未到期票据提前兑现所扣金额（贴现息）与票据票面金额的比率。贴现率虽然也是将未来值换算成现值的比率，但贴现率通常是银行根据市场利率和贴现票据的信誉程度来确定的，且票据贴现大多数是短期的，并无固定期限。从本质上讲，贴现率接近市场利率，而折现率是针对具体评估对象的风险而生成的期望投资报酬率。从内容上讲，折现率与贴现率并不一致。

补充阅读材料
8-1

《欧洲评估准则》简介
（节选）

本章小结

本章主要从企业价值评估的特点、基本理论、评估方法等方面对企业价值评估进行了阐述，并且阐述了不同的评估方法在应用时有不同的前提条件，重点分析了收益法中的参数的确定。通过案例分析着重探讨了运用收益法评估的重点和难点，以利于对企业价值评估的准确理解和在实践中的具体把握。

主要概念

企业价值评估　企业价值评估的市场法　企业价值评估的成本法　企业价值评估的收益法　折现率

基本训练

一、单项选择题

1. 选择什么层次和口径的企业收益作为企业评估的依据，首先应服从于（　　）。

A. 企业评估的方法　　B. 企业评估的目标

C. 企业评估的假设条件　　D. 企业评估的价值标准

2. 在持续经营假设前提下，运用成本加和法评估企业价值时，各单项资产的评估，应按（　　）原则确定其价值。

A. 变现　　B. 预期　　C. 替代　　D. 贡献

3. 从量的角度来讲，企业价值评估与构成企业的各单项资产评估值之和之间的差异主要表现在（　　）方面。

A. 管理人员的才干　　B. 商誉

C. 企业的获利能力　　D. 无形资产

4. 从本质上讲，企业评估的真正对象是（　　）。

A. 企业的生产能力　　B. 企业的全部资产

C. 企业的整体资产　　D. 企业的获利能力

二、多项选择题

1. 在企业价值评估中，能否按企业持续经营状态评估需要考虑（　　）等因素。

A. 评估的价值类型

B. 评估目的

C. 企业要素资产的功能和状态

D. 企业提供的产品或服务是否是市场所需要的

2. 企业评估中所选择的折现率一般不低于（　　）。

A. 行业基准收益率　　B. 政府发行的国库券利率

C. 贴现率　　D. 银行储蓄利率

3. 下列各项中，不宜直接作为企业产权变动时价值评估的折现率的有（　　）。

A. 投资报酬率　　B. 行业基准收益率

C.机会成本　　　　　　　　　　D.贴现率

4.用于企业评估的收益额通常包括（　　）。

A.息前净现金流量　　　　　　　B.无负债净利润

C.净利润　　　　　　　　　　　D.利润总额

5.企业作为一类特殊的资产，具有（　　）等特点。

A.营利性　　　B.持续经营性　　　C.收益无限期　　　D.整体性

三、判断题

1.企业价值取决于其要素资产组合的整体盈利能力，不具备现实或潜在盈利能力的企业也就不存在整体企业价值。（　　）

2.上市公司的企业内在价值应该等同于该公司全部股票市值之和。（　　）

3.用收益法评估企业价值时，评估时点企业的实际收益可以直接用来计算企业价值。（　　）

4.评估企业价值时，对企业价值的判断不能是基于对新产权主体行为的估测，只能是基于对企业存量资产运作的合理判断。（　　）

5.企业整体资产是企业各项可确指资产的汇集，其价值等于各项可确指资产价值之和。（　　）

四、技能题

1.某待评估企业未来3年的预期收益分别为100万元、120万元和130万元。根据企业实际情况推断，从第4年开始，企业的年预期收益额将在第3年的水平上以2%的增长率增长，假定折现率为8%，试评估该企业的价值。

2.假定社会平均收益率为10%，企业所在行业基准收益率为12%，国库券利率为4%。某待评估企业的投资资本由所有者权益和长期负债两部分构成，其中所有者权益占投资资本的比重为60%，长期负债占40%，利息率为6%，待评估企业的风险系数β为1.2，试确定该企业投资资本的折现率。

3.某企业距其企业章程规定的经营期限只剩5年，到期后不再继续经营。预计未来5年的收益额分别为10万元、11万元、12万元、12万元、13万元，5年后，该企业变现预计可收回100万元，假定资本化率为10%，试评估该企业的价值。

五、案例分析题

1.某待评估企业的基本情况如下：

（1）该企业未来5年的预期利润总额分别为100万元、110万元、120万元、120万元、130万元，从第6年开始，利润总额将在第5年的基础上，每年比前一年增长2%。

（2）该企业适用的所得税税率为25%。

（3）据查，评估基准日社会平均收益率为9%，无风险报酬率为4%，待评估企业所在行业的基准收益率为9%，企业所在行业的平均风险与社会平均风险的比率β为1.2。

（4）待评估企业生产经营比较平稳，将长期经营下去。

试评估该企业的净资产价值。

2.某待评估企业的基本情况如下：

（1）该企业未来5年预期净利润分别为100万元、110万元、120万元、120万元、130万元。

（2）该企业适用的所得税税率为25%。

（3）据查，评估基准日社会平均收益率为9%，无风险报酬率为4%，被评估企业所在行业的基准收益率为9%，企业所在行业的平均风险与社会平均风险的比率β为1.2。

（4）该企业长期负债占投资资本的50%，平均长期负债利息率为6%，未来5年中年平均长期负债利息额为20万元，年流动负债利息额为10万元。

（5）待评估企业生产经营比较平稳，将长期经营下去。

试用年金法评估该企业的投资资本价值。

第9章
资产评估报告

【学习目标】 通过本章的学习，掌握资产评估报告的基本概念、作用、种类、基本要素以及基本制度等内容，了解资产评估报告的编制过程，了解资产评估报告所涵盖的各种文件。

资产评估报告是资产评估机构在完成评估工作后向委托人提交的说明评估过程和评估结果的书面报告。资产评估报告不仅是对被评估资产在特定条件下的公允价值的书面意见，还是评估机构和注册资产评估师为资产评估项目承担相应法律责任的证明文件。

9.1 资产评估报告的基本概念及制度

1999年3月2日，财政部以财评字〔1999〕91号文印发《资产评估报告基本内容与格式的暂行规定》，这就是业内常说的“91号文”。这份文件首次确立了目前普遍执行的评估报告书、评估说明和评估明细表的格式。

2007年11月28日，中国资产评估协会印发了《资产评估执业准则——评估报告》，自2017年10月1日起施行。在这项新准则中，为规范资产评估报告编制和出具行为，保护资产评估当事人合法权益和公共利益，规定了资产评估机构及其资产评估专业人员遵守法律、行政法规和资产评估准则，根据委托履行必要的资产评估程序后，由资产评估机构对评估对象在评估基准日特定目的下的价值出具专业报告。

资产评估机构及其资产评估专业人员要谨遵法律、行政法规和资产评估准则，公平公正地出具专业报告。

国际资产评估准则（IVS）和美国专业评估执行统一准则（USPAP）对资产评估报告的规定都是从报告类型与报告要素方面来进行规范的。而我国对资产评估报告的要求则是从基本内容与格式方面来进行规范的。资产评估报告书应该包括资产评估报告书正文、资产评估说明、资产评估明细表等相关附件。

9.1.1 资产评估报告的概念、作用和种类

1）资产评估报告的概念

资产评估报告是指资产评估机构及其资产评估专业人员遵守法律、行政法规和资产评估准则，根据委托履行必要的资产评估程序后，由资产评估机构对评估对象在评估基准日特定目的下的价值出具的专业报告。

资产评估报告是按照一定格式，通过一定内容来反映评估目的、假设、程序、标准、依据、方法、结果及适用条件等基本情况的报告书。狭义的资产评估报告即资产评估结果报告书，是资产评估机构与注册资产评估师就被评估资产在特定条件下的价值所发表的专家意见，也是评估机构与注册资产评估师为资产评估项目承担相应法律责任的证明文件。广义的资产评估报告是一种工作制度，它规定评估机构在完成评估工作之后必须按照一定程序，以书面形式向委托方及相关主管部门报告评估过程和结果。

2）资产评估报告的作用

资产评估报告有以下几个方面的作用：

（1）资产评估报告对委托评估的资产提出价值评估意见。该意见不代表任何一方的利益，是一种独立专家估价的意见，具有较强的公正性与客观性，因而成为被委托评估资产作价的重要参考。

（2）资产评估报告是反映和体现资产评估工作情况，明确委托方、受托方及有关方面责任的依据。资产评估报告反映和体现受托的资产评估机构与执业人员的权利与义务，并

以此来明确委托方、受托方有关方面的法律责任。它也是评估机构履行评估协议和向委托方或有关方面收取评估费用的依据。

(3) 对资产评估报告进行审核，是管理部门完善资产评估管理的重要手段。资产评估报告是反映评估机构和评估人员职业道德、执业能力，以及评估质量高低和机构内部管理机制完善程度的重要依据。有关管理部门通过审核资产评估报告书，可以有效地对评估机构的业务开展情况进行监督和管理。

(4) 资产评估报告是建立评估档案、归集评估档案资料的重要信息来源。资产评估报告的底稿、资产评估报告制作过程中用到的各种数据和依据，以及工作底稿和资产评估报告制作中形成的有关文字记录等都是资产评估档案的重要信息来源。

3) 资产评估报告的种类

国际上对资产评估报告有不同的分类，如美国的《专业评估执业统一准则》将评估报告分为完整型评估报告、简明型评估报告、限制型评估报告和评估复核。

国内通常将资产评估报告分为以下几个不同的种类：

(1) 按资产评估的范围划分，资产评估报告可以分为整体资产评估报告和单项资产评估报告。凡是对整体资产进行评估所出具的资产评估报告都称为整体资产评估报告；凡是仅对某一部分、某一项资产进行评估所出具的资产评估报告都称为单项资产评估报告。

(2) 按评估对象的不同划分，资产评估报告可以分为资产评估报告、房地产估价报告、土地估价报告等。评估标的物之间存在差别，加上资产评估、房地产估价和土地估价的管理尚未统一，因此这三种报告不仅具体格式不相同，而且在内容上也存在较大的差别。

(3) 按评估报告所提供信息资料的内容的详细程度划分，资产评估报告可以分为完整评估报告和简明评估报告。

9.1.2 资产评估报告的内容

资产评估报告应包括下列主要内容：

(1) 标题及文号

资产评估报告封面须载明下列内容：资产评估项目的名称、资产评估机构出具的评估报告的编号、资产评估机构的全称和评估报告提交日期等。有服务商标的，评估机构可以在报告封面载明其图形标志。

(2) 目录

(3) 声明

声明包括的内容：①本资产评估报告依据财政部发布的资产评估基本准则和中国资产评估协会发布的资产评估执业准则和职业道德准则编制。②委托人或者其他资产评估报告使用人应当按照法律、行政法规规定和资产评估报告载明的使用范围使用资产评估报告；委托人或者其他资产评估报告使用人违反前述规定使用资产评估报告的，资产评估机构及其资产评估专业人员不承担责任。③资产评估报告仅供委托人、资产评估委托合同中约定的其他资产评估报告使用人和法律、行政法规规定的资产评估报告使用人使用；除此之外，其他任何机构和个人不能成为资产评估报告的使用人。④资产评估报告使用人应当正确理解评估结论，评估结论不等同于评估对象可实现价格，评估结论不应当被认为是对评估对象可实现价格的保证。⑤资产评估机构及其资产评估专业人员遵守法律、行政法规和资产评估准则，坚持独立、客观、公正的原则，并对所出具的资产评估报告依法承担责任。⑥资产评估报告使用人应当关注评估结论成立的假设前提、资产评估报告特别事项说明和使用限制。⑦其他需要声明的内容。

（4）摘要

资产评估报告摘要提供评估业务的主要信息及评估结论。

（5）正文

评估报告正文应当包括：①委托人及其他资产评估报告使用人。②评估目的。③评估对象和评估范围。④价值类型及其定义。⑤评估基准日。⑥评估依据。⑦评估方法。⑧评估程序实施过程和情况。⑨评估假设。⑩评估结论。特别事项说明。评估报告使用限制说明。资产评估报告日。资产评估专业人员签名和资产评估机构印章。

（6）附件

资产评估报告附件一般包括以下基本内容：①评估对象所涉及的主要权属证明资料。②委托方和相关当事方的承诺函。③评估机构的资质及签字注册资产评估师的资格证明文件。④评估对象涉及的资产清单或资产汇总表。⑤有关经济行为文件。

9.1.3 评估程序和工作底稿

1）评估程序

注册资产评估师执行资产评估业务，应当遵守法律、法规和资产评估准则的相关规定，履行适当的评估程序，通常执行下列基本评估程序：

①明确评估业务基本事项；

②签订业务约定书；

③编制评估计划；

④现场调查；

⑤收集评估资料；

⑥评定估算；

⑦编制和提交评估报告；

⑧工作底稿归档。

注册资产评估师不得随意删减基本评估程序，应当根据评估准则，结合评估业务具体情况，制定并实施适当的具体评估步骤。在执行评估业务过程中，由于受到客观限制，无法或者不能完全履行评估程序，可以根据能否采取必要措施弥补程序缺失和是否对评估结论产生重大影响，决定继续执行评估业务或者终止评估业务。同时，应当记录评估程序履行情况，形成工作底稿。

2）工作底稿

工作底稿通常分为管理类工作底稿和操作类工作底稿。管理类工作底稿是指注册资产评估师在执行评估业务过程中，为承接、计划、控制和管理评估业务所形成的工作记录及相关资料。操作类工作底稿是指注册资产评估师在履行现场调查、收集评估资料和评定估算程序时所形成的工作记录及相关资料。

管理类工作底稿通常包括以下内容：①评估业务基本事项的记录；②业务约定书；

③评估计划；④评估业务执行过程中重大问题处理记录；⑤评估报告的审核记录。

操作类工作底稿的内容因评估目的、评估对象和评估方法等不同而有所差异，通常包括以下内容：①现场调查记录与相关资料，包括委托方提供的资产评估申报资料，现场勘查记录，函证记录，主要或者重要资产的权属证明材料，与评估业务相关的财务、审计等资料，其他相关资料。②收集的评估资料，包括市场调查及数据分析资料，相关的历史和预测资料，询价记录，其他专家鉴定及专业人士报告，委托方及相关当事方提供的说明、证明和承诺，其他相关资料。③评定估算过程记录，包括重要参数的选取和形成过程记录，价值分析、计算、判断过程记录，评估结论形成过程记录，其他相关资料。

注册资产评估师收集委托方和相关当事方提供的与评估业务相关的资料作为工作底稿，应当由提供方在相关资料上签字、盖章，或者以其他方式进行确认。注册资产评估师在评估业务完成后，应当及时整理工作底稿并归档。工作底稿应当反映内部审核过程。审核人在审核工作底稿时，应当书面表示审核意见并签字。注册资产评估师应当根据评估业务特点和工作底稿类别，编制工作底稿目录和索引号，反映工作底稿间的钩稽关系。注册资产评估师应当在评估报告日后90日内，将工作底稿与评估报告等一起归入评估业务档案，并由所在评估机构按照国家有关档案管理的法律、法规及本准则的规定妥善管理。评估业务档案自评估报告日起至少保存10年，国家法律、法规另有规定的，依照其规定。对于电子文档或者其他介质的评估业务档案，评估机构应当采取适当措施保证信息的完整性和有效性。评估机构不得在规定的保存期内对已完成归档的评估业务档案删改或者销毁。

工作底稿的管理应当执行保密制度。除下列情形外，工作底稿不得对外提供：①司法部门按法定程序进行查询；②依法有权审核评估业务的政府部门按规定程序对工作底稿进行查阅；③资产评估行业协会按规定程序对执业质量进行检查；④其他依法可以查阅的情形。

小资料9-1　　资产评估执业准则

为了规范资产评估行为，保护资产评估当事人合法权益和公共利益，促进资产评估行业健康发展，维护社会主义市场经济秩序，由中华人民共和国第十二届全国人民代表大会常务委员会第二十一次会议于2016年7月2日通过的《中华人民共和国资产评估法》，自2016年12月1日起施行。中国资产评估协会还颁布了一系列资产评估执业准则，如《资产评估基本准则》《资产评估执业准则——资产评估程序》《资产评估执业准则——不动产》《资产评估执业准则——机器设备》《资产评估执业准则——资产评估报告》《资产评估执业准则——珠宝首饰》《资产评估执业准则——无形资产》《资产评估执业准则——森林资源资产》《资产评估执业准则——企业价值》《资产评估执业准则——利用专家工作及相关报告》《资产评估执业准则——资产评估档案》《资产评估执业准则——资产评估委托合同》《资产评估职业道德准则》《金融不良资产评估指导意见》《实物期权评估指导意见》等，自2017年10月1日起施行。

小思考9-1

哪些情况下不需要进行资产评估？

答：不需要进行资产评估的经济行为有：

（1）经各级人民政府或者国有资产监管机构批准，对整体资产或部分资产实施的无偿划转，如中国联通和中国网通的分拆。但若企业出于一定目的，对整体资产或部分资产实施的无偿划转也可以进行资产评估，尤其是现在很多中央企业的下放和地方企业划转到中央，在无偿划转中，审计报告必须要有，资产评估可做可不做。

（2）国有独资企业、行政事业单位的下属独资企业、事业单位之间的合并、资产（产权）划转、置换和转让。国有独资企业下属的两个全资子公司组建了一个有限责任公司，或者母公司和子公司组建了有限责任公司，公司之间进行资产的合并、划转、置换和转让，必须进行资产评估。一般情况下，若评估值出现负数，则按零值计算；若国有独资公司评估值出现负数，不允许变为零，必须合并。

（3）100万元以下的资产转让。

（4）有限责任公司改制为股份有限公司，股权结构不发生变化的情况。

9.2 资产评估报告书的编制

9.2.1 资产评估报告书的编制步骤

资产评估报告书的编制是评估机构完成评估工作的最后一道工序，也是资产评估工作中的一个重要环节。编制资产评估报告书的主要步骤有：整理工作底稿和归集有关资料、评估明细表的数字汇总、评估初步数据的分析和讨论、编写评估报告书、资产评估报告书的签发与送交。

（1）整理工作底稿和归集有关资料

资产评估现场工作结束后，有关评估人员必须着手对现场工作底稿进行整理，按资产的性质进行分类，同时对有关询证函、被评估资产背景材料、技术鉴定情况和价格取证等有关资料进行归集和登记。对现场未予确定的事项，还需进一步落实和查核。

这些现场工作底稿和有关资料都是编制资产评估报告书的基础。

（2）评估明细表的数字汇总

在完成现场工作底稿和有关资料的归集任务后，评估人员应着手评估明细表的数字汇总。明细表的数字汇总应根据明细表的不同级次由明细表汇总到分类汇总，再到资产负债表式的汇总。无法采用电脑软件汇总的评估机构，在数字汇总过程中应反复校对各有关表格的数字的关联性和各表格栏目之间数字的钩稽关系，防止出错。

（3）评估初步数据的分析和讨论

在完成评估明细表的数字汇总，得出初步的评估数据后，应召集参与评估工作过程的有关人员，对评估报告的初步数据进行分析和讨论，比较各有关评估数据，复核记录估算结果的工作底稿，对存在作价不合理的部分评估数据进行调整。

（4）编写评估报告书

编写评估报告书又可分为两步：

第一步，在完成资产评估初步数据的分析和讨论，并对有关部分的数据进行调整后，由具体参加评估的各组负责人员草拟出各自负责评估部分资产的评估说明，同时提交全面负责、熟悉本项目评估具体情况的人员草拟出的资产评估报告书。

第二步，就评估基本情况和评估报告书初稿的初步结论与委托方交换意见，听取委托方的反馈意见后，在坚持独立、客观、公正的前提下，认真分析委托方提出的问题和建议，考虑是否应该修改评估报告书，对评估报告中存在的疏忽、遗漏和错误之处进行修正，待修改完毕即可撰写资产评估正式报告书。

（5）资产评估报告书的签发与送交

评估机构撰写完资产评估正式报告书后，经审核无误，按以下程序进行签名盖章：先由负责该项目的注册评估师签章（两名或两名以上），再送复核人审核签章，最后由评估机构负责人审定签章并加盖机构公章。

资产评估报告书签发盖章后即可连同评估说明及评估明细表送交委托单位。

9.2.2 资产评估报告书编制的基本要求

为规范注册资产评估师编制和出具评估报告行为，维护社会公共利益和资产评估各方当事人合法权益，根据《资产评估基本准则》，制定了评估报告的基本要求：①注册资产评估师应当清晰、准确地陈述评估报告内容，不得使用误导性的表述。②注册资产评估师应当在评估报告中提供必要信息，使评估报告使用者能够合理理解评估结论。③注册资产评估师执行资产评估业务，可以根据评估对象的复杂程度、委托方要求，合理确定评估报告的详略程度。④注册资产评估师执行资产评估业务，评估程序受到限制且无法排除，经与委托方协商后仍需出具评估报告的，应当在评估报告中说明评估程序受限情况及其对评估结论的影响，并明确评估报告的使用限制。⑤评估报告应当由两名以上注册资产评估师签字盖章，并由评估机构盖章。有限责任公司制评估机构的法定代表人或者合伙制评估机构负责该评估业务的合伙人应当在评估报告上签字。⑥评估报告应当使用中文撰写，需要同时出具外文评估报告的，以中文评估报告为准。评估报告一般以人民币为计量币种，使用其他币种计量的，应当注明该币种与人民币的汇率。⑦评估报告应当明确评估报告的使用有效期。通常，只有当评估基准日与经济行为实现日相距不超过一年时，才可以使用评估报告。

资产评估报告书编制的技术要点是指在资产评估报告编制过程中的主要技能要求，它具体包括了文字表达、格式与内容方面的基本要求，以及复核与反馈等方面的技能要求。

（1）文字表达方面的基本要求

资产评估报告书既是一份对被评估资产价值起咨询和公证作用的文书，又是一份用来明确资产评估机构和评估人员工作责任的文字依据。所以，它的文字表达既要清楚、准确，又要提供充分的依据说明，还要全面地叙述整个评估的具体过程。其文字的表达必须准确，是指不得使用模棱两可的措辞，其陈述也要简明扼要，在文字表达上应该使用中性的语句，尤其是涉及承担责任条款的部分。

（2）格式和内容方面的要求

对资产评估报告书格式和内容方面的技能要求，按照现行政策规定行事。

（3）资产评估报告书的复核与反馈方面的要求

资产评估报告书的复核与反馈也是资产评估报告书编制的具体技能要求，通过对工作底稿、评估说明、评估明细表和报告书正文的文字、格式及内容的复核和反馈，可以使有关错误、遗漏等问题在出具正式报告书之前得到修正。由于大多数资产委托方和占有方对委托评估资产的分布、结构、成新率等具体情况总是会比评估机构和评估人员更熟悉，所以，在出具正式报告之前征求委托方意见，收集反馈意见也很有必要。

对资产评估报告必须建立起多级复核和交叉复核的制度，收集反馈意见主要是通过委托方或占有方熟悉资产具体情况的人员。对委托方或占有方意见的反馈信息，应谨慎对待，应本着独立、客观、公正的态度接受其反馈意见。

(4) 撰写资产评估报告书应注意的事项

编制资产评估报告书除了需要掌握上述三个方面的要点外，还应注意以下几个事项：

①实事求是，切忌出具虚假报告。报告书必须建立在真实、客观的基础之上，不能脱离实际情况，更不能无中生有。报告拟定人应是参与该项目并较全面了解该项目情况的主要评估人员。

②坚持一致性，切忌出现表里不一。报告书文字、内容前后要一致，摘要、正文、评估说明、评估明细表内容与格式、数据也要一致。

③提交资产评估报告书要及时、齐全、保密。在正式完成资产评估工作后，应按业务约定书的约定时间及时将报告书送交委托方。送交报告书时，报告书及有关文件要送交齐全，涉及外商投资项目的资产评估报告，必须严格按照有关规定办理。此外，还要做好客户保密工作，尤其是对评估涉及的商业秘密和技术秘密，更要加强保密工作。

④应注意防止报告书的恶意使用，避免报告书的误用，以合法规避执业风险。

⑤注册资产评估师执行资产评估业务，应当关注评估对象的法律权属，并在评估报告中对评估对象法律权属及其证明资料来源予以必要说明。注册资产评估师不得对评估对象的法律权属提供保证。

⑥注册资产评估师执行资产评估业务受到限制无法实施完整的评估程序时，应当在评估报告中明确披露受到的限制、无法履行的评估程序和采取的替代措施。

小资料 9-2　国资委与评估行业协会的关系

(1) 行业协会是资产评估准则的制定者，包括资产评估指南、操作规范的制定。

审核评估报告是完全依照相关行业准则进行的，若相关准则不合适，国务院国有资产监督管理委员会（以下简称“国资委”）将组织地方各级国资委制定适合国有企业的评估准则，准则应随使用情况的变化而变化。

(2) 行业协会是资产评估机构和执业人员的管理者。

(3) 各级国资委是企业国有资产评估项目的管理者，只能管理出资企业及各所属企业。

各级国资委与行业协会有相互渗透的地方：行业协会在检查评估机构时会渗透到企业；国资委在抽查企业时，会通过企业延伸到评估机构。

(4) 各级国资委及其所管辖企业是资产评估报告的使用者而不是监管者。

国资委虽然有审阅评估报告的职责，但没有要求注册评估师改写评估报告的权力，即它既没有权力去要求注册评估师在出具评估报告时应该怎么写、不应该怎么写，也没有义务去承担评估时应该承担的责任。也就是说，无论其对评估报告提出什么意见，注册评估师都要坚持独立、客观、公正的原则，坚持遵守各项评估准则，这一点应该特别注意。

小思考 9-2

补充阅读材料 9-1

验资业务中使用资产评估报告的问题

如何判断资产评估的合理性？

答：对资产是被高估还是被低估有常规的判断。

(1) 通常情况下，中外合资企业的资产会被高估。

(2) 对上市公司进行资产置换，或向上市公司注入资产，假如上市公司效益很好，则资产通常会被高估；假如上市公司收益一般，则资产通常会被低估；如果是与上市公司进行资产置换，上市公司面临危机，此时资产会被严重低估。

(3) 企业改制过程中，若有管理层入股，且这个决策由管理层做出，则资产会被低估；若是主辅分离，全体职工人人有份，则资产会被严重低估。

本章小结

本章主要阐述了资产评估报告的种类、要素、内容等，并对资产评估报告书的编制进行了详细的描述。

主要概念

资产评估报告

基本训练

一、单项选择题

1.广义的资产评估报告是（　　）。

A.一种工作制度　　　　B.资产评估报告书

C.公正性报告　　　　D.法律责任文书

2.评估基准日应根据经济行为的性质由（　　）确定，并尽可能与评估目的的实现日接近。

A.受托方　　B.委托方　　C.资产占有方　　D.以上均可

3.整体资产评估报告书的内容不仅要反映资产价值和负债状况，通常还须反映以整体资产为依托的（　　）。

A.所有者权益　　　　B.有形资产

C.单项资产　　　　D.长期待摊费用

4.关于资产评估报告书摘要与资产评估报告书正文的关系表述正确的是（　　）。

A.资产评估报告书摘要的法律效力高于资产评估报告书正文

B.资产评估报告书正文的法律效力高于资产评估报告书摘要

C.两者具有同等法律效力

D.两者法律效力的高低由当事人协商确定

5.按有关规定，资产评估说明中的资产评估有关事项的说明是由（　　）提供的。

A.委托方　　　　B.受托方

C.资产占有方　　　　D.委托方与资产占有方

二、多项选择题

1.按现行规定，资产评估报告书应包括（　　）。

A.资产评估报告书正文　　B.资产评估说明

C.资产评估明细表及相关附件　　D.资产评估结果确认书

2.资产评估报告书的应用者一般包括（　　）。

A.资产评估委托方　　B.资产评估管理机构

C.资产评估受托方　　D.有关部门

3.资产评估报告书正文阐明的评估依据包括（　　）。

A.法律法规依据　　B.经济行为依据

C.产权依据　　D.取价依据

E.计算依据

4.按有关规定，目前资产评估报告书正文及相关附件的基本内容及格式包括（　　）。

A.资产评估报告书封面的基本内容及格式

B.资产评估报告书摘要的基本内容及格式

C.资产评估报告书正文的基本内容及格式

D.备查文件的基本内容及格式

E.资产评估委托协议的基本内容

三、判断题

1.资产评估报告对资产业务定价具有强制执行的效力，评估者必须对结论本身合乎职业规范要求负责。（　　）

2.单项资产评估报告一般不考虑负债和以整体资产为依托的无形资产。（　　）

3.按现行规定，对国有资产评估项目实行立项确认审批制度。（　　）

4.资产评估报告应在评估结论中单独列示不纳入评估汇总表的评估结果。（　　）

5.资产评估报告的使用权归资产占有方所有，未经许可不得向他人提供或公开。（　　）

主要参考文献

[1] 中国资产评估协会. 资产评估基础 [M]. 北京：中国财政经济出版社，2021.
[2] 中国资产评估协会. 资产评估相关知识 [M]. 北京：中国财政经济出版社，2021.
[3] 中国资产评估协会. 资产评估实务（一）[M]. 北京：中国财政经济出版社，2021.
[4] 中国资产评估协会. 资产评估实务（二）[M]. 北京：中国财政经济出版社，2021.
[5] 乔志敏，王小荣. 资产评估学教程 [M]. 7版. 北京：中国人民大学出版社，2020.
[6] 朱萍. 资产评估学教程 [M]. 6版. 上海：上海财经大学出版社，2020.
[7] 刘玉平，等. 资产评估原理 [M]. 2版. 北京：中国人民大学出版社，2020.
[8] 姜楠，王景升. 资产评估 [M]. 4版. 大连：东北财经大学出版社，2016.